Liebe Schülerinnen und Schüler,

vor euch liegt euer neues Buch für das Fach Geschichte. Dieses Buch soll euch helfen, selbstständig Geschichte zu entdecken. Dafür bietet es euch verschiedene Hinweiszeichen, die euch helfen sollen, euch in eurem neuen Geschichtsbuch zurechtzufinden.

Bischof — Einige Wörter sind *kursiv* geschrieben. Sie werden am Rand der jeweiligen Seite erklärt.

M 1 — Der Buchstabe **M** bezeichnet alle Materialien, die den Text ergänzen und mithilfe der Arbeitsaufgaben erschlossen werden. **M** kann ein Bild, eine Karte, ein Diagramm, eine Zeichnung oder eine Textquelle sein.

Aufgaben — Die Arbeitsaufträge leiten euch dazu an, Texte und Abbildungen auszuwerten und die Zusammenhänge zu verstehen.
Jede Aufgabe beginnt mit einem Operator. Das ist ein Verb, das genau beschreibt, was jeweils zu tun ist. Eine Übersicht über die Operatoren findet ihr im hinteren Buchdeckel.

Dieses Symbol schlägt euch vor, eine ausgewählte Aufgabe mithilfe einer bestimmten kooperativen Lernform zu erarbeiten. Eine Übersicht und Erläuterung über diese Formen zum Lernen mit einem Partner oder in einer Gruppe findet ihr auf Seite 8/9.

Die Lupe kennzeichnet Aufgaben, die nicht allein mit den Materialien der Seite gelöst werden können. Hier müsst ihr selbst recherchieren und Dinge erforschen.

Quellen — Alle Begriffe, die im Kapitel und auf den Zusammenfassungsseiten **fett** gedruckt sind, gehören zum sogenannten Grundwissen. Im Minilexikon werden diese Wörter farbig hervorgehoben.

Dies ist das Zeichen für einen Webcode. Dazu müsst ihr im Internet auf der Seite des Verlages (www.westermann.de/webcode) den entsprechenden Mediencode in das Suchfenster eingeben, z. B. WES-112129-101, und gelangt so zu interessanten Angeboten, wie Filmclips oder Hörszenen.

METHODE — Hier stellen wir euch Methoden des Faches Geschichte vor. Mit diesen Seiten könnt ihr Schritt für Schritt lernen, wie man z. B. Schaubilder auswertet, mit Bildquellen umgeht oder ein Herrscherbild analysiert.

LERNAUFGABE — Auf dieser Seite wendet ihr eure erworbenen Kenntnisse und Kompetenzen an einem Beispiel an. Ihr sollt hier selbstständig und eigenverantwortlich arbeiten.

BLICK IN DIE WELT — Diese Seiten ermöglichen euch den Blick auf andere Erdteile oder Kulturen. Ihr erfahrt, was sich an verschiedenen Orten zeitgleich abgespielt hat, z. B. wie in Afrika im Mittelalter ein mächtiges Königreich entstand oder wer den Kontinent Australien entdeckt hat.

ZUSAMMENFASSUNG — Auf dieser Seite findet ihr eine Zusammenfassung mit allen wichtigen Informationen und Grundbegriffen des Kapitels, eine Zeitleiste mit wichtigen Daten sowie Tipps für Filme, Spiele oder Bücher.

WISSEN ANWENDEN KOMPETENZCHECK — Am Ende jedes Kapitels könnt ihr eure Kenntnisse und Kompetenzen testen. Dort findet ihr Aufgaben mit verschiedenen Schwierigkeitsgraden sowie einen Webcode zu den Lösungen. Damit könnt ihr euren Wissensstand eigenständig überprüfen.

01 HERRSCHAFT IM MITTELALTER 10

02 LEBEN IM MITTELALTER ... 50

Finnland
Helsinki
Sankt Petersburg
Tallinn
Estland
Kasan
Nishnij Nowgorod
Riga
Lettland
Moskau
Litauen
Russland
Vilnius
Saratow
Minsk
Kasachstan
Weißrussland
Don
Wolgograd
Kiew
Charkiw
Wolga
Ukraine
Dnipro
Donezk
Don
Rostow
Kaspisches Meer
Moldawien
Odessa
Chişinău
Rumänien
Bukarest
Georgien
Tiflis
Baku
Schwarzes Meer
Donau
Armenien
Aserbaidschan
Jerewan
Bulgarien
Sofia
Skopje
Istanbul
Türkei
Ankara
Iran
Adana
Tigris
Athen
Aleppo
Euphrat
Syrien
Bagdad
Zypern
Libanon
Irak
Beirut
Damaskus
Kreta
Amman
Kuwait
Israel
Jerusalem
Jordanien
Alexandria
Kairo
Saudi-Arabien
Nil
Ägypten

05 DAS FRÜHNEUZEITLICHE EUROPA ZWISCHEN KONFESSIONELLER AUSEINANDERSETZUNG UND ABSOLUTISTISCHEM HERRSCHAFTSANSPRUCH 138

06 BAUWERKE ALS AUSDRUCK POLITISCHEN UND RELIGIÖSEN DENKENS 176

07 WARENAUSTAUSCH UND KULTURTRANSFER 194

METHODENSEITEN IM ÜBERBLICK

LERNAUFGABEN IM ÜBERBLICK

Stühletausch

Vergleich und Vorstellung von Ideen, Materialien, Ergebnissen, gemeinsame Auswertung

1. Jeder Schüler löst die gestellte Aufgabe und legt sein Ergebnisblatt auf seinen Stuhl.
2. Nun sucht sich jeder Schüler einen anderen Stuhl und liest das dort ausgelegte Ergebnis. Dann notiert er eine Rückmeldung.
3. Jeder geht auf seinen Platz zurück und liest die Rückmeldung zu seiner Lösung.
4. Gemeinsam wird in der Klasse ein auswertendes Gespräch geführt.

Galeriegang

Präsentation von Gruppenergebnissen

1. Bildet möglichst gleich große Gruppen.
2. Innerhalb der Gruppen werden unterschiedliche Themen bearbeitet.
3. Anschließend werden die Gruppen neu zusammengesetzt: Aus jeder alten Gruppe wechselt ein Experte in eine neue Gruppe.
4. Dort präsentiert dann der Experte die Arbeitsergebnisse und beantwortet Fragen.

Graffiti

Individuelles und kooperatives Lernen, Vorwissen oder bereits Gelerntes sammeln, strukturieren und visualisieren

1. Bildet so viele Gruppen, wie es Aufgaben gibt. Jede Gruppe erhält einen Arbeitsauftrag und einen Papierbogen.
2. Jede Gruppe beginnt mit ihrer Aufgabe. Jedes Gruppenmitglied schreibt seine Gedanken/Ideen zu der Aufgabe auf und achtet nicht darauf, was die anderen schreiben.
3. Nach einer gewissen Zeit wechselt ihr an einen anderen Gruppentisch und notiert dort eure Ideen. Ihr wechselt so lange die Tische, bis ihr wieder an dem eigenen ankommt.
4. Lest alle auf dem Bogen stehenden Ideen, ordnet sie, fasst die Ergebnisse zusammen und stellt sie der Klasse vor.

Think-Pair-Share

Kooperatives Lernen in einem 3-Schritt-System, Austausch von Ideen und Gedanken

1. Nachdenken:
   Denkt in Einzelarbeit über die Aufgabe nach, löst sie und macht euch Notizen.
2. Austauschen:
   Stellt eure Lösung dem Partner vor, lernt die Lösung des anderen kennen.
3. Stellt eurem Partner Fragen, tauscht euch aus und notiert ein gemeinsames Ergebnis.
4. Vorstellen:
   Stellt die gemeinsame Lösung in der Klasse vor, lernt weitere Lösungen kennen und vergleicht sie wieder mit der eigenen Lösung.

Fishbowl

Diskussionsform eines Themas in einer Kleingruppe, während eine Großgruppe zuhört und sich beteiligen kann

1. Die Arbeitsgruppe setzt sich in einen inneren Stuhlkreis und diskutiert ein Thema/Problem. Ein Stuhl bleibt für einen Gast frei.
2. Die übrigen Schüler sitzen in einem äußeren Stuhlkreis und hören zu. Die Gruppe im Innenkreis stellt ihre Arbeitsergebnisse vor.
3. Die Zuhörer im Außenkreis können sich am Gespräch beteiligen. Wer mitdiskutieren möchte, setzt sich als Gast auf den freien Stuhl bei der Arbeitsgruppe und äußert seinen Beitrag. Danach verlässt er den Innenkreis und setzt sich wieder auf seinen ursprünglichen Platz.
4. Andere, die nicht mehr mitdiskutieren möchten, können aussteigen und sich ebenfalls in den Außenkreis setzen. Zum Abschluss erfolgt eine Reflexion des Gesagten.

Partnervortrag

Vergleich und Vorstellung von Ideen, Materialien, Ergebnissen

1. Lest die Aufgabenstellung. Arbeitet in Einzelarbeit einen Vortrag aus.
2. Setzt euch mit eurem Partner zusammen und einigt euch, wer zuerst der Sprecher und wer der Zuhörer ist.
3. Der Zuhörer hört aufmerksam zu und wiederholt dann, was der Sprecher erzählt hat. Der Sprecher achtet darauf, ob sein Vortrag vollständig und richtig wiedergegeben wird.
4. Danach wechselt ihr die Rollen.

Kugellager

Vergleich und Vorstellungen von Ideen, Materialien, Meinungen, Hausaufgaben, Ergebnissen einer Einzelarbeit

1. Teilt euch in zwei Gruppen. Bildet dann einen inneren und einen äußeren Stuhlkreis. Jeweils ein Schüler aus dem Innenkreis und sein Gegenüber aus dem Außenkreis bilden Gesprächspartner.
2. Der Schüler aus dem Außenkreis stellt seine Fragen, der Schüler aus dem Innenkreis beantwortet sie.
3. Die Gesprächspartner wechseln, indem der Außenkreis sich einen Platz weiterbewegt. Jetzt stellt der Schüler aus dem Innenkreis seine Fragen und der Partner im Außenkreis beantwortet sie.
4. Der Platz- und Rollenwechsel wird zwei- bis dreimal wiederholt.

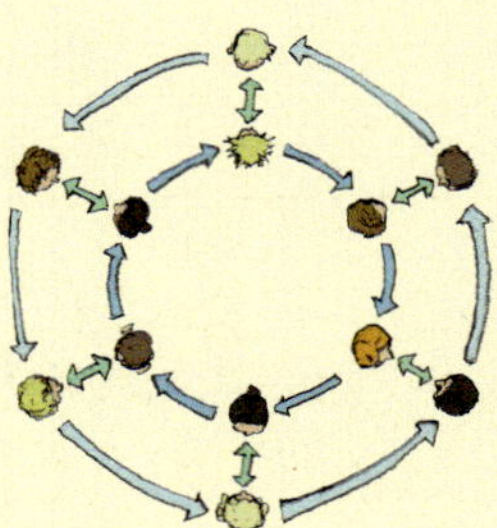

Placemat

Zusammenführen von individuellen Gedanken als Gesprächsanlass, um zu einem Gruppenprodukt zu kommen

1. Ein Blatt wird in fünf Felder eingeteilt. Jeder schreibt seine Ergebnisse zum Arbeitsauftrag in ein Außenfeld.
2. Diese Ergebnisse werden in der Gruppe besprochen.
3. In der Mitte wird anschließend das übereinstimmende Arbeitsergebnis notiert.
4. Die Gruppe stellt ihre Ergebnisse vor.

01

HERRSCHAFT IM MITTELALTER

Der Zeitabschnitt von 500 bis 1500 wird als Mittelalter bezeichnet. Diese zeitliche Begrenzung beinhaltet aber längere Übergangszeiten von der Epoche der Antike zum Mittelalter.

Das Mittelalter war sehr von christlichen Gedanken geprägt. Sie müssen in diesem Zeitabschnitt immer berücksichtigt werden. Besonders deutlich wird das bei den Mönchen, die in Klöstern ihr Leben ganz dem Glauben widmeten.

Das Rittertum und die Kreuzzüge wurden genauso wie die Politik der Könige und Kaiser vom Eintreten für den christlichen Glauben bestimmt. Im Mittelalter konnte der König sein Reich nur durch die Mithilfe von Adligen und der Kirche regieren. Sie herrschten an seiner Stelle und in seinem Auftrag vor Ort und bestimmten über die Menschen.

- → Warum waren die Klöster wichtig?
- → Mit wessen Hilfe regierte der König sein Reich?
- → Wie bestimmte die christliche Religion über die Herrschaft der Könige mit?
- → Wofür brauchten die Ritter ihre Burgen?
- → Wo trafen christliche und islamische Kultur aufeinander?
- → Welche Spuren des mittelalterlichen Lebens und der Herrschaft finden wir heute noch in unserer europäischen Kultur?

M 1 **König Otto I. und seine Frau im Magdeburger Dom** Skulpturen 14. Jh.
M 2 **Darstellung einer Lehensvergabe** Buchmalerei 13. Jh.
M 3 **Harburg in Schwaben** aktuelles Foto
M 4 **Investiturstreit** Buchmalerei 13. Jh.
M 5 **Mönche beim Gebet in der Klosterkirche** Buchmalerei 14. Jh.
M 6 **Christliche Kreuzfahrer im Kampf mit Arabern** Buchmalerei 13. Jh.

M 1 **Taufe im Frankenreich**
Buchmalerei um 975 (Ausschnitt)

M 2 **Karl der Große**
Karl regierte von 768–814 das Frankenreich und war der mächtigste Herrscher in Mitteleuropa. Reiterstatue aus Bronze um 870, Höhe ca. 24 cm

Info

Pfalz
Die Pfalzen dienten den mittelalterlichen Königen gleichzeitig als Aufenthalts- und Regierungsort. Von den Pfalzen aus wurden alle Entscheidungen getroffen. Königsboten brachten die Befehle dann in die entfernten Regionen.

Das Mittelalter – eine neue Epoche beginnt

Von der Antike zum Mittelalter

Etwa vom 4. zum 5. Jh. endete die Herrschaft der Römer in Westeuropa. Durch Europa zogen viele germanische Stämme und verdrängten die Römer. Ein Stamm, nämlich die Franken, beherrschte allmählich große Teile von ehemals römischen Gebieten in Mitteleuropa. Unter ihrem damaligen Anführer Chlodwig bekannten sich die Franken zum Christentum. Schließlich dehnten sie ihren Einfluss in östlicher Richtung in Teile des heutigen Deutschland aus.

Der Zeitabschnitt um 500 n. Chr., also der Beginn des fränkischen Großreichs, gilt bei Historikern häufig als Grenze zwischen Antike und Mittelalter. Doch diese Epochengrenze war kein plötzliches Ereignis. Es vollzog sich vielmehr ein langsamer Übergang und Wandel. Dabei blieben antike Denkweisen und Erkenntnisse, wie z. B. die Vorstellung von der Erde als Kugel, erhalten. Gleichzeitig geriet aber antikes Wissen langsam in Vergessenheit, wie z. B. der römische Straßenbau.

Auch außerhalb von Europa erfolgte ein Umbruch. Die neue Religion des Islam wurde im 7. Jh. in Arabien, Nordafrika und sogar im heutigen Spanien vorherrschend. Es gab vielfach einen friedlichen Austausch von Waren und Wissen zwischen Christen und Muslimen.

Karl der Große und das Christentum

Der fränkische König Karl vergrößerte sein Reich und wurde zum wichtigsten Herrscher in Mitteleuropa. Er führte viele Kriege und ließ in den eroberten Gebieten das Christentum zum Teil auch rücksichtslos verbreiten. So setzte sich der christliche Glaube als vorherrschende Religion in Europa durch. Schließlich strebte Karl die Oberherrschaft in kirchlichen Dingen an. Daher zog er nach Rom und wurde am 25. Dezember 800 vom Papst in Rom zum Kaiser gekrönt. In der Tradition antiker römischer Herrscher sah er sich …

- als Beschützer der christlichen Gemeinschaft und des Papstes,
- als Missionar, der den Glauben verbreiten müsse, und
- als höchster Herrscher, dem sich alle unterzuordnen hatten.

Obwohl Karl teilweise unnachgiebig herrschte, wurde er schon von seinen Zeitgenossen als idealer christlicher Herrscher verklärt: als derjenige, der den Glauben verbreiten ließ und das Christentum beschützte. Daher war er Vorbild aller nachfolgenden mittelalterlichen Könige und Kaiser.

Herrschaft vor Ort

Die fränkischen Herrscher waren kaum in der Lage, das riesige Gebiet des römisch-deutschen Reichs von einem Ort aus dauerhaft und alleine zu kontrollieren. Daher regierten sie immer nur kurze Zeit an einem Ort, bevor sie weiterzogen. Diese Pfalzen lagen wie ein dichtes Netz über das gesamte Reich verteilt. Gleichzeitig setzten die Könige Verwandte oder Vertraute ein, um die königlichen Befehle in Abwesenheit vor Ort auszuführen. Diese regierten statt des Königs in einem bestimmten Gebiet, waren ihm aber untertan. Je enger ein König sie an sich binden und ihnen vertrauen konnte, desto ungefährdeter konnte er regieren.

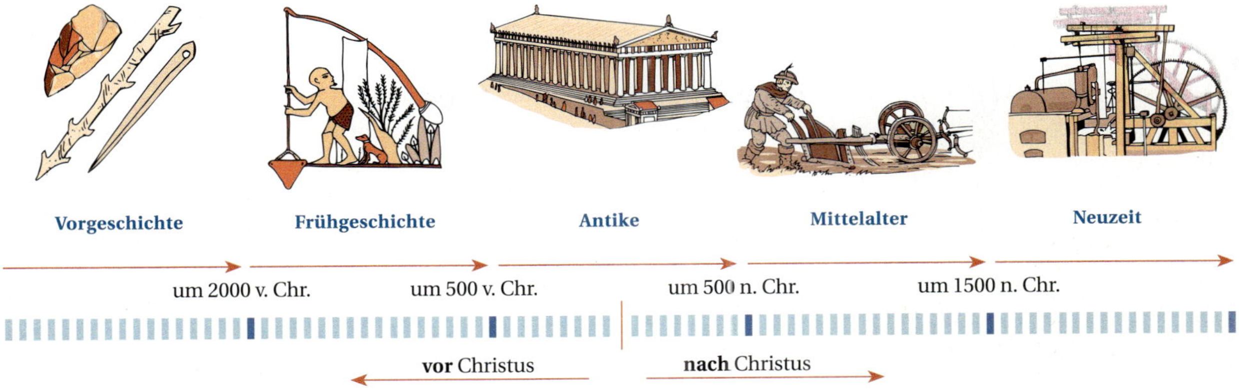

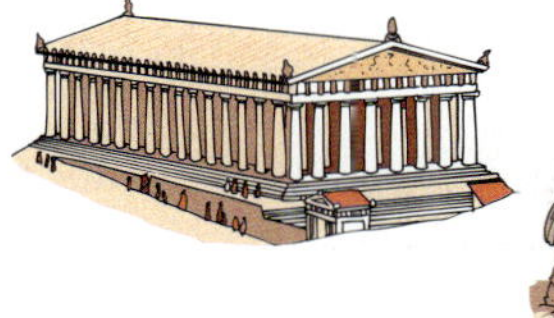

Vorgeschichte | Frühgeschichte | Antike | Mittelalter | Neuzeit

um 2000 v. Chr. | um 500 v. Chr. | um 500 n. Chr. | um 1500 n. Chr.

vor Christus | **nach** Christus

M 3 Die zeitliche Gliederung in Epochen

Das Reich Karls des Großen (768 – 814)

- Frankenreich um 768
- Erwerbungen Karls d. Gr.
- Kirchenstaat
- Grenzmark (Gebiet mit Grenzsicherungen)
- wichtiger Bischofssitz
- wichtiges Kloster
- wichtiger Ort mit Pfalz

Gebiete

- des Byzantinischen (Oströmischen) Reiches
- unter arabischer Herrschaft
- wichtiger Pass
- Kgr. = Königreich

© Westermann 86GX_3

M 4 Das Reich Karls des Großen

Aufgaben

Von der Antike zum Mittelalter

1. Benenne das Element, das in Mitteleuropa Antike und Mittelalter verbindet. → M1
2. Begründe den Übergang von den Römern zu den Franken als mögliche Epochengrenze zum Mittelalter. → M1, M3, M4

Karl der Große und das Christentum

3. a) Zähle die Gebiete auf, die unter Karl zum Frankenreich hinzukamen. → M4
   b) Benenne eine Region, die unter arabischer Herrschaft war. → M4
4. Stelle Vermutungen an, in welchen Gebieten oder Orten der Austausch mit arabischen Waren oder Wissen am intensivsten war.

Klöster als Zentren des Glaubens und Wissens

M 1 **Mönche errichten eine Klosterkirche.**
Mittelalterliche Buchmalerei

Missionierung in Mitteleuropa

Bereits im Frankenreich war der christliche Glaube in allen von den Franken beherrschten Gebieten verbreitet. Teilweise wurde er den besiegten Stämmen, wie z.B. den Sachsen, aufgezwungen. Heidnische Kultstätten wurden zerstört und an deren Stelle einfache, kleine Kirchen aus Holz oder Stein gebaut. Diese Missionierung war aber nicht abgeschlossen, denn weiterhin wurde in eroberten Gebieten das Christentum verbreitet.

Seit der Kaiserkrönung Karls des Großen standen das Christentum und dessen Verbreitung unter dem besonderen Schutz der fränkischen Könige. Sie nutzten auch das Wissen und die Fähigkeiten von gebildeten Geistlichen für die eigene Machtpolitik im römisch-deutschen Reich und holten immer wieder Geistliche als Berater, Schreiber oder Dolmetscher zu sich. Ihnen wurden Aufgaben übertragen, wie z.B. Gebiete für den König zu verwalten.

Klöster und Mönchtum

Zu den wichtigen Ausgangspunkten für die Missionierung wurden die **Klöster**. Das waren Orte, an denen Männer als Mönche gemeinschaftlich zusammenlebten. Frauen bildeten als Nonnen eigene Gemeinschaften. Mönche und Nonnen wollten ausschließlich dem christlichen Glauben dienen und Gott im Gebet verehren. Sie hatten sich dafür entschieden, ihre eigenen Bedürfnisse aufzugeben.

Die europäischen Wurzeln für das Klosterleben liegen in Italien. Benedikt von Nursia gründete 529 südlich von Rom eine Mönchsgemeinschaft und legte die Klosterregeln für das Zusammenleben fest.

Neben diesen Benediktinermönchen gab es im Mittelalter viele weitere Mönchsgemeinschaften wie Franziskaner, Dominikaner, Karmeliten und Zisterzienser. Sie wurden meist nach ihrem Ordensgründer oder Gründungsort benannt. Doch der Glaube und dessen Verbreitung waren allen gemeinsam.

M 2 **Ein Abt erklärt jungen Mönchen die Klosterregeln.**
Miniatur 12. Jh.

Zusammenleben in der Gemeinschaft

Jeder Mönch musste entsprechend der Regeln des Benedikt bei seinem Eintritt in das Kloster drei wichtige Regeln anerkennen und einhalten:

- Armut, also Verzicht auf eigenen Besitz,
- Ehelosigkeit, ohne Ehefrau und Kinder zu leben, sowie
- Gehorsam, d.h. sich stets an die Klosterregeln zu halten.

Die einheitliche Gemeinschaft wurde durch die gleichartige Ordenskleidung und Frisur deutlich. Das sehr einfache Mönchsgewand wies dabei besonders auf den Verzicht von Besitz hin.

Mönche und Nonnen lebten oft an einsamen oder abgeschiedenen Orten. Die Klostermauern boten dabei einerseits Schutz in den abgelegenen Gebieten, andererseits Abschottung von der übrigen Welt und ihren Einflüssen. An der Spitze der Klostergemeinschaft stand der Abt, der das Kloster leitete. Weibliche Klostergemeinschaften wurden von einer Äbtissin gelenkt. Mönche oder Nonnen waren innerhalb ihrer Gemeinschaft gleich, aber dem Abt oder der Äbtissin untergeordnet und mussten gehorsam sein.

M 3 Eintritt eines adligen Sohnes in ein Kloster
Adelige Söhne und Töchter wurden häufig mehrere Jahre in Klosterschulen erzogen. Im Gegenzug erhielt das Kloster dafür Geld oder Land von deren Familien.
Buchmalerei 14. Jh.

Beten und Arbeiten

„Ora et labora" – „Bete und arbeite", so wird der Tagesablauf im Kloster zusammengefasst. Gebet und Glaube standen immer an erster Stelle. Jede Tätigkeit wurde unterbrochen, wenn die Glocke zum Gebet rief. Dann versammelten sich Mönche oder Nonnen in der Klosterkirche und beteten gemeinsam. Erst danach widmeten sie sich wieder ihrer Arbeit im Kloster:

- Anbaumethoden in der Landwirtschaft wurden von ihnen verbessert, Pflanzen und Tiere gezüchtet.
- In den Klöstern erforschten sie die Wirkung von Heilpflanzen, entwickelten daraus Medizin und sorgten sich um die Krankenpflege.
- Auch die Verbreitung von Wissen, Schrift und Kultur im gesamten römisch-deutschen Reich wurde von den Mönchen und Nonnen gefördert.

Die Klostergemeinschaften hielten in ganz Europa Kontakt zueinander. Sie tauschten über Briefe oder Boten ihr Wissen aus und unterstützten sich gegenseitig. Nicht nur im römisch-deutschen Reich, sondern überall im christlich geprägten Europa wurden die Klöster so zu Wissenszentren.

Klöster heute

Auch heute entscheiden sich Christen bewusst dafür, ihr Leben im Kloster zu verbringen. Die überlieferten Klosterregeln des „ora et labora" gelten unverändert. Gewandelt haben sich einige Tätigkeiten der Mönche und Nonnen. Inzwischen sind einige Klöster außerdem Unternehmen, in denen eine Vielzahl moderner Berufe von Mönchen und Nonnen ausgeübt werden. Im Vordergrund steht aber noch immer das weltweite soziale Engagement wie z. B. in der Medizin und Krankenpflege, in der Ausbildung, dem Schulunterricht oder der Entwicklungshilfe in ärmeren Ländern.

M 4 Eine Nonne betrachtet ein Buch mit Kindergartenkindern.
Schwester Lucia besucht regelmäßig die Einrichtung, um mit den Kindern zu spielen und zu lernen. Aktuelles Foto

Aufgaben

Klöster und Mönchtum

1. a) Benennen die Regeln, die ein zukünftiger Mönch im Klöster befolgen musste. → M1, M2, M3
   b) Beurteile die klösterlichen Regeln für das Zusammenleben in der Mönchsgemeinschaft.

Beten und Arbeiten

2. a) „Klöster wurden zu Zentren des Wissens." Erläutere diesen Satz.
   b) Begründe den Wissensaustausch und die Kommunikation der Klöster untereinander.

M 5 Ein König ernennt einen Abt.
Um die Einsetzung des Abtes zu verdeutlichen, wird diesem ein Klostermodell gegeben. Buchmalerei 12. Jh.

M 6 In der Schreibstube eines Klosters
Bis zur Erfindung des Buchdrucks wurden Bücher von Hand abgeschrieben. Buchmalerei 11. Jh.

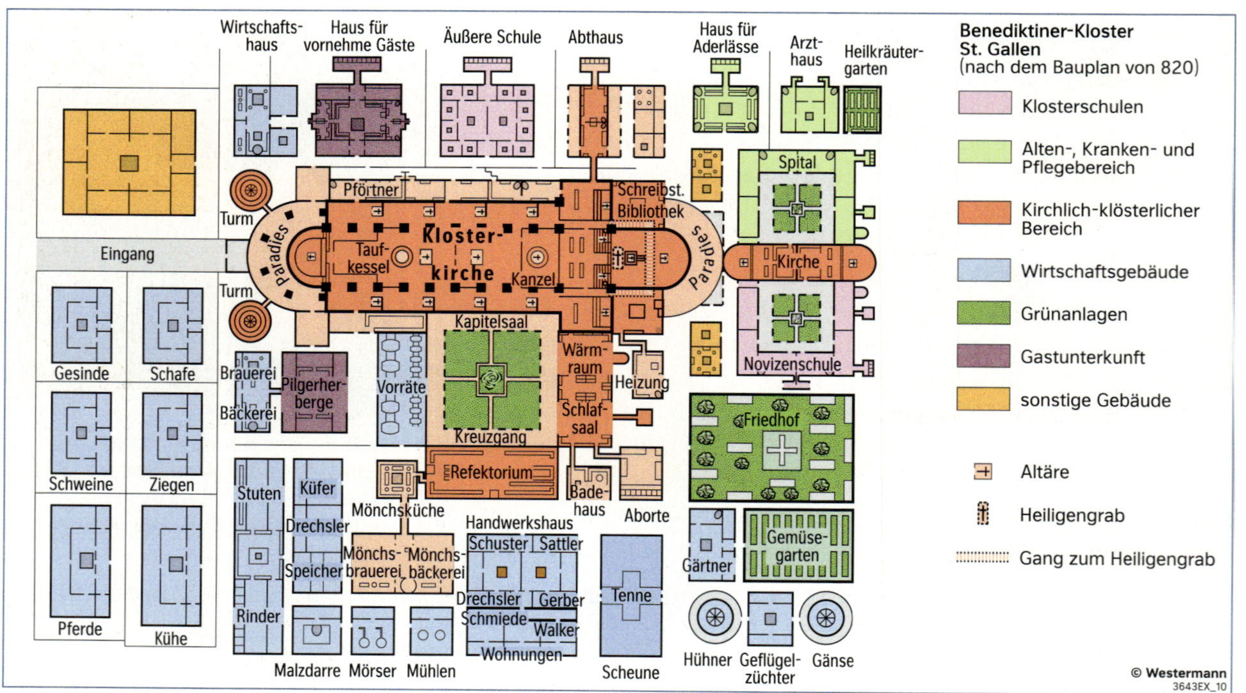

M 7 Der Bauplan für ein ideales Kloster
Der hier abgebildete Bauplan für das Kloster St. Gallen, der um 820 entstand, wurde in dieser idealen Form nie ausgeführt. Das Original, auf fünf zusammengereihten Pergamentblättern gezeichnet, misst 122 cm x 77,5 cm.

M 8 Der Eintritt ins Kloster

Der Abt des Klosters Reichenau, Walafrid von Strabo (809–849), beschrieb seine ersten Tage im Kloster:

Ich war völlig unwissend und staunte sehr, als ich die großen Klostergebäude sah, in denen ich von nun an wohnen durfte ... Allein schon nach wenigen Tagen fand ich mich besser zurecht und kaum hatte ich mich in die gemeinsame Ordnung fügen gelernt, so überwies mich der Lehrer Grimald einem der Meister, bei dem ich Lesen lernen sollte. ... Ich war da nicht allein, sondern es waren noch mehrere Knaben meines Alters, vornehmen und geringen Standes, die aber alle schon weiter vorgerückt waren. Die gütige Nachhilfe meines Lehrers und der Ehrgeiz trieben mich wechselweise an, dieser Beschäftigung mit Eifer zu folgen. Das Erste, was ich da tun musste, war, einige lateinische Redensarten auswendig zu lernen, um mich auf Latein mit meinen Kameraden verständigen zu können ...

Quellen zur Geschichte der Erziehung, S. 38 f. (bearbeitet)

M 9 Söhne von Adeligen in der Klosterschule
Klosterschulen waren bis ins 14. Jh. hinein der wichtigste Ausbildungsort. Nur dort konnte man Lesen, Schreiben, Rechnen oder Sprachen lernen.
Buchmalerei aus der Sächsischen Weltchronik 14. Jh.

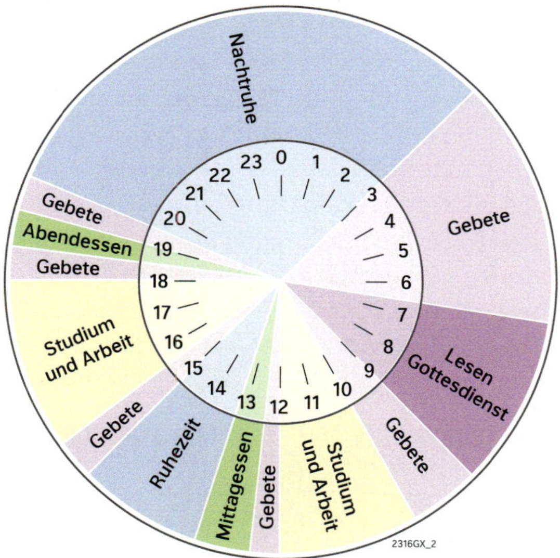

M 10 Der Tagesablauf in einem Kloster im Mittelalter

M 11 Klosterleben heute aktuelles Foto

Aufgaben

Klöster und Mönchtum

1. a) Beschreibe die Zusammenarbeit des Königs und der Klöster bei der Missionierung. → M5
   b) Begründe die Vervielfältigung der Bibel und anderer geistlicher Schriften in Klöstern. → M6
2. a) Stelle dir vor, du besuchst ein mittelalterliches Kloster. Zähle fünf heutige Berufe auf, die du auch dort finden würdest. → M7
   b) Benenne die Orte, die der geistlichen Ausbildung der Mönche dienten. → M7

Beten und Arbeiten

3. Gib die Probleme wieder, die Walafrid an den ersten Tagen im Kloster hatte. → M8, M9
4. a) Beschreibe den Ablauf in einem Kloster. → M10
   b) Ordne M9 und M11 in den Tagesablauf ein. → M10
5. Recherchiere, wo es in Schulortnähe heute noch ein Kloster gibt.

Lehnswesen und Grundherrschaft

Bischof
Ein Bischof steht als Priester an der Spitze eines kirchlichen Verwaltungsgebiets, eines Bistums.

Das Lehnswesen

Die mittelalterlichen Könige in Europa stützten sich bei ihrer Herrschaft auf treue Gefolgsleute und Vertraute. Vom König erhielten Adelige, *Bischöfe*, hohe Geistliche oder Klöster die Herrschaft eines Gebietes übertragen, denn nur mit ihrer Hilfe war das riesige Reich überhaupt regierbar. Das Land gehörte immer noch dem König, aber er verlieh es. Daher nennen die Historiker dieses System **Lehnswesen**:

- Der Lehnsherr verlieh zeitlich begrenzt ein Lehen. Dies konnte eine Sache sein, wie z. B. die Herrschaft über ein Stück Land oder ein Recht, z. B. das Steuerrecht in einem Gebiet.
- Der Lehnsnehmer oder Vasall verpflichtete sich gegenüber dem Lehnsherrn dazu, unterschiedliche Dienste zu leisten. So musste er ihm zur Seite stehen. Dem König schuldete er Truppen und Kriegsdienst.
- Lehnsherr und Vasall waren freie Adlige und schlossen die Übereinkunft freiwillig.

Die gegenseitige Treue und das Vertrauen waren notwendige Voraussetzungen. Daher schworen sich beide Personen, ähnlich wie heute bei einer kirchlichen Heirat, die gegenseitige Treue. Bei Untreue konnte das Lehnsverhältnis sogar aufgelöst, also beendet werden.

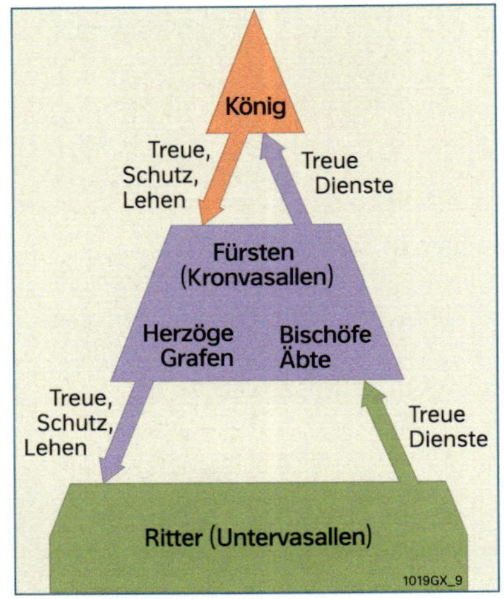

M 1 **Lehnspyramide**

Der Lehnsverband

An der Spitze des Lehnswesens stand der König, der unmittelbar einen Kronvasallen belehnte. Dieser Kronvasall konnte sein Lehen, das Land oder Herrschaftsrechte, wieder an Untervasallen weiter vergeben. Diese mussten dann ihrerseits wieder ihrem direkten Lehnsherrn die Treue schwören und Dienste leisten. Das Treueverhältnis von Lehnsherr und Vasall setzte sich wie in einer Pyramide nach unten fort. Der König blieb dabei stets oberster Lehnsherr, dem alle Untervasallen Treue schuldeten. Das Lehnswesen bildete das wichtigste Element mittelalterlicher Herrschaft, um das damalige Miteinander zu regeln.

M 2 **Die Belehnung eines Vasallen**
Der Lehnsmann kniet vor seinem Lehnsherrn, der als Zeichen der Treue dessen Hände umschließt.
Abbildung aus dem 13. Jh., Frankreich

Die Grundherrschaft

Die freien Adligen oder hohen Geistlichen hatten vom König durch die Vergabe von Land auch das Recht erhalten, an seiner Stelle über ein Gebiet zu herrschen. Die Historiker nennen dieses System **Grundherrschaft**, da es sich auf das Land bezog und damit über dieses bestimmt wurde:

- Der Grundherr war ein freier Adliger. Ihm gehörten die Dörfer, Felder, Wälder, Seen. Er gebot über alles und jeden, der dort lebte, also auch über die Menschen und Tiere.
- Die Hörigen, d.h. jene Menschen, die in dem Gebiet des Grundherrn lebten, mussten ihm gehorchen und dienen. Sie waren dem Grundherrn untertan, unfrei und blieben dies auch.

Der größte Grundbesitzer war natürlich der König. Doch dieser hatte das meiste Land an treue Gefolgsleute verliehen: Klöster, Adlige wie z.B. Ritter oder Bischöfe. Sie erteilten jetzt anstatt des Königs vor Ort die Befehle.

Grundherr und Hörige

Dem Grundherrn gehörte nun das ihm verliehene Land und er bestimmte. Die Bewohner hatten ihm zu gehorchen und werden deshalb Hörige genannt. Sie mussten …

- die ihnen gegebenen Felder und die ihres Herrn bewirtschaften,
- an ihn Abgaben leisten, also z.B. Schweine, Ziegen, Schinken, Käse oder andere Produkte abgeben und
- eine festgelegte Anzahl von Tagen für ihn arbeiten, sogenannte Frondienste leisten.

Beide waren sehr ungleiche Partner: der eine frei, die anderen unfrei. Der Grundherr hielt Gerichtstage und vergab sogar die Erlaubnis zur Heirat. Die Hörigen wurden von ihm vor Raub und Plünderung beschützt und sie mussten dem König keinen Kriegsdienst mehr leisten, denn diese Pflicht übernahm ihr Grundherr für sie.

Leben in der Grundherrschaft

Doch auch wenn die Hörigen untertänig und unfrei waren, so waren sie nicht völlig rechtlos. Anders als ein Sklave in der Antike besaß der hörige Bauer wesentliche persönliche Rechte. Er konnte eigenen Besitz erwerben oder alleine vor Gericht auftreten. Auch durfte er nicht einfach verkauft werden. Trotzdem war das Leben als Höriger vorgezeichnet. Aufstieg oder Veränderung waren nicht möglich. Das Mittelalter erscheint uns auch deshalb so fremd, weil es die heutige Vorstellung von persönlicher Freiheit damals nicht gab. Noch weit über das Mittelalter hinaus regelte die Grundherrschaft für Jahrhunderte das Leben der Menschen auf dem Land.

M 3 **Grundherr und Hörige**

Aufgaben

Lehnswesen

1. Formuliere Sprechblasen zu den Figuren des Vasallen und des Lehnsherrn. → M2
2. Beschreibt Vor- und Nachteile des Lehnswesens für die Herrschaft des Königs. → M1, Think-Pair-Share

Grundherrschaft

3. Beschreibe die Aufgaben eines Grundherren und der ihm untergebenen Hörigen. → M3
4. Stelle dir vor, du bist das Kind eines hörigen Bauern. Begründe deine Abhängigkeit vom Grundherren.
5. Erkläre, dass das Lehnswesen die Voraussetzung für die Grundherrschaft war. → M1, M3

M 4 Das Lehnswesen

Im Sachsenspiegel wurden die mittelalterlichen Rechtsgrundsätze durch Bilder veranschaulicht. Buchmalerei 13. Jh.

Der Handgang
Die grüne Kleidung verdeutlicht die adlige Herkunft beider Lehnspartner.

Der Treueid
Die erhobenen Finger symbolisieren das gegenseitige Gelöbnis der Treue.

Die Lehnsübergabe
Der König belehnt einen geistlichen und weltlichen Adligen.

M 5 Eine Übereinkunft unter Gleichen

Im Sachsenspiegel wird die Lehnsvergabe eines Adeligen an einen seiner Untervasallen geschildert:

Der Graf fragte den zukünftigen Vasallen, ob er ohne Vorbehalt sein Mann werden wolle, und dieser antwortete: „Ich will es."
Alsdann umschloss der Graf die zusammengelegten Hände des anderen mit seinen Händen, und sie besiegelten den Bund durch einen Kuss.
Zweitens gab [der Vasall] dem „Vorsprecher" des Grafen mit folgenden Worten sein Treueversprechen: „Ich verspreche bei meiner Treue, von nun an dem Grafen Wilhelm treu zu sein, aufrichtig und ohne Trug."
Drittens bekräftigte er sein Versprechen durch einen Eid.

Koschorrek, W.: Der Sachsenspiegel. S. 118 f. (bearbeitet)

Info

Sachsenspiegel
Das mit Bildern versehene Rechtsbuch entstand im 13. Jh. Darin waren die damaligen Gewohnheiten und Gebräuche aufgezeichnet. Im Sachsenspiegel wurde das damalige Rechtswissen weitergegeben.

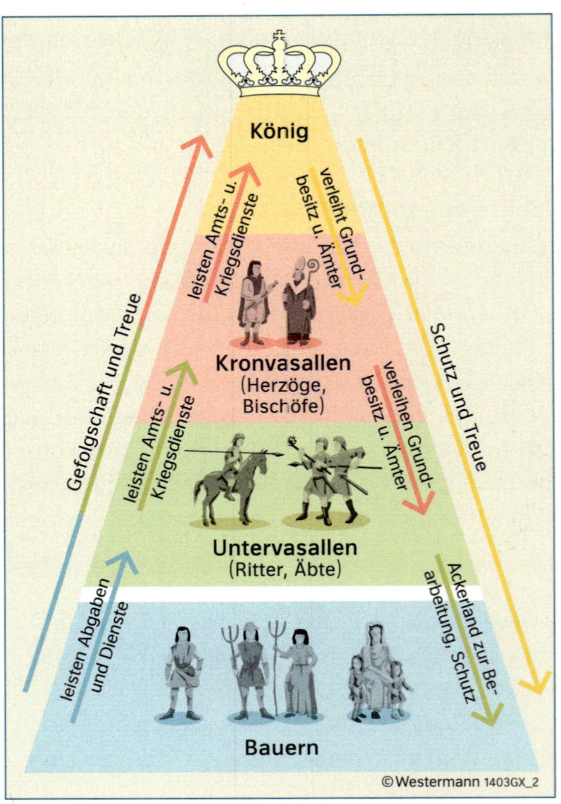

M 6 Schaubild zum Lehnswesen und zur Grundherrschaft

M 7 Wer sich in die Knechtschaft begibt

In einer fränkischen Urkunde aus der Zeit um 700 erklärte ein Bauer die Gründe für die Aufgabe seiner persönlichen Freiheit und den Eintritt in eine Grundherrschaft:

An meinen Herrn ... Ich besitze nun kein Vermögen [mehr], womit ich Eure Wohltaten vergelten könnte; deshalb habe ich beschlossen, dafür den Stand meiner Freiheit Euch unterwürfig zu machen, derart, dass ich von diesem Tage an aus Eurem Dienst mich durchaus nicht begeben werde, sondern gelobe, auf Euren und Eurer Beamten Befehl alles zu tun, was Eure übrigen Knechte tun.
Wenn ich dies nicht tun werde oder mich in irgendeiner Absicht Eurem Dienste entziehen will, oder unter die Herrschaft eines anderen [zu kommen] trachten will ..., sollt Ihr das Recht haben, mich nach Eurem Ermessen mit beliebiger Strafe zu belegen oder zu verkaufen oder mit mir zu tun, was Ihr sonst beschließen wollt.

Franz, G.: Quellen zur Geschichte des deutschen Bauernstandes im Mittelalter, S. 17. (bearbeitet)

M 8 Hörige entrichten Abgaben an den Grundherrn.
Holzschnitt, 1479 (spätere Kolorierung)

Arbeit auf den Feldern des Grundherrn

Obst- und Weinzehnt am 25. Mai

Fleischzehnt vom Rind, Kalb, Ziege und Geflügel am 24. Juni

Magddienste der Bäuerin für den Grundherrn

Kornzehnt am 13. Juli

Bauer darf nicht im Wald jagen

Wachdienste für den Grundherrn

Heirat nur mit Erlaubnis des Grundherren

Das beste Stück Vieh, wenn der Bauer stirbt

Bauer darf nicht aus dem Dorf wegziehen

Bauer darf nicht fischen

Lämmer*zehnt* am 1. Mai

Gänsezehnt am 15. August

M 9 Der Grundherr bestimmt das Leben eines Bauern
aktuelle Grafik, ergänzt durch eine Abbildung aus dem Sachsenspiegel, 13. Jh.

Zehnt: der zehnte Teil der Ernte, den die Bauern an den Grundherren abgeben mussten

Aufgaben

Lehnswesen

1. a) Zeige jeweils den Lehnsherrn und Vasall auf den Darstellungen des Sachsenspiegels. → M4
   b) Ordne den Textabschnitten den passenden Vorgang zu. → M5, M4
2. Werte das Schaubild mithilfe der Methodenschritte aus.
   → M6, Methode „Schaubilder auswerten" (S. 62/63)

Grundherrschaft

3. a) Benenne den Grund des Bauern für den Eintritt in die Grundherrschaft. → M7
   b) Gib mit eigenen Worten wieder, wodurch dessen Unfreiheit deutlich wird. → M7
4. Sortiere die Pflichten des Hörigen nach Naturalabgaben, Frondiensten oder sonstigen Vorschriften in einer Tabelle. → M8, M9

Die Entstehung des Ottonischen Reichs

M 1 Archäologischer Lehrpfad zur Ungarnschlacht
Bei archäologischen Grabungen im Landkreis Aichach stieß man im Jahr 2011 auf Überreste. Die Feldkapelle erinnert an die Ungarnschlacht. Aktuelles Foto

Die Stämme einigen sich auf einen König

Rund 120 Jahre waren seit dem Tod von Karl dem Großen vergangen. Sein Reich war schon lange in einen westlichen und östlichen Teil zerfallen. Der ostfränkische Teil befand sich im 10. Jh. in einer schwierigen Situation. Ständig war es im Norden von Einfällen durch die Wikinger oder im Süden und Osten durch die Ungarn bedroht, die auf Raubzügen immer wieder das Land plünderten. Unter den Bedrohungen war bereits vorher ein eigenes Zusammengehörigkeitsgefühl der ostfränkischen Stämme entstanden, denn nur gemeinsam konnte man der dauernden Gefahr begegnen.

Die *Herzöge* und die übrigen Stammesführer im östlichen Teil einigten sich im Jahr 936 auf den sächsischen Herzog als König Otto I. Gemeinsam wählten sie ihn in der Aachener Pfalz zum neuen König. Im benachbarten Dom wurde er gekrönt und bestieg dort den ehemaligen Thron von Karl dem Großen. Mit einem geeinten Heer aller ostfränkischen Stämme konnte Otto I. im Jahr 955 in der Nähe des heutigen Augsburg in einer großen Schlacht die Ungarn endgültig besiegen.

In mittelalterlichen Quellen wird berichtet, dass Otto noch auf dem Schlachtfeld den Beinamen „der Große" erhalten habe. Im Osten hatte sich kein völlig neues, aber ein unter Otto I. neu geeintes Reich gebildet.

Herzöge
waren die höchsten und mächtigsten Adeligen; so z. B. der Herzog von Bayern, von Sachsen oder von Schwaben.

M 2 Das römisch-deutsche Reich in den Jahren 936–1024
In der Bezeichnung werden die beiden wesentlichen Herrschaftsgebiete nördlich und südlich der Alpen deutlich.

Der König regiert das Reich mithilfe der Kirche

Wie die fränkischen Herrscher vor ihm zog auch König Otto I. stets durch sein Reich. Es war wichtig, dass der Herrscher immer wieder selbst unmittelbar vor Ort war, ihn die Adligen und auch die einfachen Menschen sahen und als ihren rechtmäßigen König anerkannten. Sein riesiges Reich konnte er daher nur mithilfe vertrauter Personen kontrollieren.

Info

Reisekönige im römisch-deutschen Reich

Die mittelalterlichen Herrscher kannten keine feste Hauptstadt oder Residenz, von der aus sie das Reich regierten. Sie zogen mit ihrem Gefolge durch das Reich, um auf sogenannten Hoftagen Entscheidungen zu treffen oder Recht zu sprechen. Königliche Pfalzen wurden für wenige Tage oder Wochen zum Herrschaftsmittelpunkt.

Neben den Herzogtümern mussten vor allem die vielen Bistümer und Klöster mit treuen Gefolgsleuten besetzt werden. Die Bischöfe und Äbte wurden vom König beauftragt …

- für ihn vor Ort die Steuern einzutreiben,
- in seinem Namen Recht zu sprechen,
- seine Befehle vor Ort umzusetzen und
- von dort Berichte an ihn zu übermitteln.

Im Gegenzug förderte er die Ausbildung der Geistlichen, unterstützte die Kirche bei der Missionierung eroberter Gebiete und ließ Bistümer gründen. Außerdem stattete er im gesamten Reich die Bistümer oder Klöster immer wieder mit Landbesitz aus.

Seine Kirchenpolitik wurde für die nachfolgenden Könige zum Vorbild. Mithilfe der Bischöfe und Äbte kontrollierten sie große Teile des Reiches und setzten in den Bistümern und Klöstern systematisch eigene Anhänger ein. So sicherten sie ihre Herrschaft gegen Herzöge und andere Adelige ab.

Die Verbindung von Religion und Herrschaft

Auch Otto I. wurde wie schon Karl der Große vom Papst um Schutz gebeten. Mit großem Heer und Gefolge zog König Otto I. über die Alpen, denn für die Kaiserkrönung war es notwendig, nach Italien und nach Rom zu reisen. Im Jahr **962** erfolgte schließlich die **Kaiserkrönung Ottos des Großen**. Er versprach dem Papst, die römische Kirche zu schützen und den christlichen Glauben weiter zu verbreiten.

In der Kaiserwürde steckte der Glaube an eine direkte Auswahl durch Gott, der die Herrschaft des Kaisers rechtfertigte. Neben der Führung und dem Schutz der Christenheit ergab sich daraus immer noch der Anspruch auf die Oberherrschaft in Europa. Für fünf Jahrhunderte verschmolzen königliche Machtpolitik, Kirche und christlicher Glaube miteinander.

M 3 Otto der Große mit seiner Frau Editha
Figurenpaar um 1250 aus dem Magdeburger Dom

M 4 Kaisersiegel Ottos I. (um 965)
Die Umschrift des Siegels lautet: Otto Imp[erator] Aug[ustus] – Otto erhabener Kaiser.
Er hält eine Kugel mit Kreuz in der linken Hand. Sie soll die Weltherrschaft und die Unendlichkeit Gottes symbolisieren.
(Durchmesser 6,5 cm)

Aufgaben

Die Stämme einigen sich

1. a) Benenne die Stammesherzogtümer, aus denen das Reich von Otto I. bestand. → M2
   b) Beschreibe den Einfluss der Ungarn auf die Einigung der Stammesherzogtümer. → M1, M2

Der König regiert das Reich

2. Beurteile die Zusammenarbeit von Otto I. mit den Bischöfen und Äbten.
3. Zähle alle Elemente auf, die die Kaiserwürde von Otto I. ausdrücken. → M3, M4

M 5 Die Wahl und Krönung Otto I. im Jahr 936

Der sächsische Geschichtsschreiber Widukind lebte etwa zur Zeit Otto I., erzählte aber erst später von dessen Krönung. Sie wurde zum Vorbild nachfolgender Krönungen:

Nachdem also der Vater des Vaterlandes und der größte wie beste König Heinrich gestorben war, wählte sich das gesamte Volk der Franken und Sachsen seinen Sohn Otto, der bereits vorher vom Vater zum König designiert[1] worden war, als Herrscher aus. Als Ort der allgemeinen Wahl nannte und bestimmte man die Pfalz Aachen. ...

[Dort] versammelten sich die Herzöge und obersten Grafen mit der übrigen Schar der vornehmsten Ritter in dem Säulenhof, der mit der Pfalzkapelle Karls des Großen verbunden ist, setzten den neuen Herrscher auf einen dort aufgestellten Thron, huldigten ihm, gelobten ihm Treue, versprachen ihm Unterstützung gegen alle seine Feinde und machten ihn nach ihrem Brauch zum König.

Während dies die Herzöge ... vollführten, erwartete der Erzbischof mit der gesamten Priesterschaft und dem ganzen Volk im Innern der Pfalzkapelle den Auftritt des neuen Königs. ...

Er wandte sich zum Volk um, das ringsumher [in der Pfalzkapelle] stand ... sodass er vom ganzen Volk gesehen werden konnte und sagte: „Seht, ich bringe euch den von Gott erwählten und von dem mächtigen Herrn Heinrich einst designierten, jetzt aber von allen Fürsten zum König gemachten Otto; wenn euch diese Wahl gefällt, zeigt dies an, indem ihr die rechte Hand zum Himmel emporhebt." Da streckte das ganze Volk die Rechte in die Höhe und wünschte unter lautem Rufen dem neuen Herrscher viel Glück.

Dann schritt der Erzbischof mit dem König, der nach fränkischer Sitte mit einem eng anliegenden Gewand bekleidet war, hinter den Altar.

Derselbe ... wandte sich an den König und sprach: „Nimm dieses Schwert, auf dass du alle Feinde Christi verjagst ...". Dann ... legte [er] ihm den Mantel um, ... nahm ... Zepter und Stab und sprach: „Durch diese Abzeichen bist du aufgefordert ... deine Untertanen zu leiten ...".

Auf der Stelle wurde er mit dem heiligen Öl gesalbt und mit dem goldenen Diadem gekrönt ... [Dann] wurde er von denselben Bischöfen zum Thron geführt, zu dem man über eine Wendeltreppe hinaufstieg, und er war zwischen zwei Marmorsäulen von wunderbarer Schönheit so aufgestellt, dass er von da aus alle sehen und selbst von allen gesehen werden konnte.

[1] vorherbestimmt

Deutsche Geschichte in Quellen 1, S. 143 ff. (bearbeitet)

M 6 Die Ungarnschlacht im Jahr 955

Der sächsische Geschichtsschreiber Widukind berichtete in seiner „Sachsengeschichte" von den Taten Ottos des Großen:

Im Bereich von Augsburg schlug er sein Lager auf und hier stieß zu ihm das Aufgebot der Franken und Bayern. ... Aber die Sache kam anders, als man glaubte. Denn die Ungarn ... unternahmen ... mit ungeheurem Geschrei einen Angriff ... und trieben die übrigen Bewaffneten ... in die Flucht. Als der König erkannte, dass nun der Kampf in seiner ganzen Wucht unter ungünstigen Umständen bevorstehe, ... ergriff er den Schild und die *heilige Lanze*[1] und richtete selbst als Erster sein Pferd gegen die Feinde, wobei er seine Pflicht als tapferster Krieger und als bester Feldherr erfüllte.

Durch den herrlichen Sieg mit Ruhm beladen, wurde der König von seinem Heer als Vater des Vaterlandes und Kaiser begrüßt; darauf ordnete er für die höchste Gottheit Ehrungen und würdige Lobgesänge in allen Kirchen an ... und kehrte von Jubelstürmen und höchster Freude begleitet als Sieger nach Sachsen heim, wo er von seinem Volk herzlichst empfangen wurde. Denn eines solchen Sieges hatte sich kein König vor ihm in zweihundert Jahren erfreut.

[1] Die Heilige Lanze galt als wundertätige Reliquie, in die angeblich ein Nagel vom Kreuz Christi eingefügt war.

Deutsche Geschichte in Quellen 1, S. 154 ff. (sprachl. verändert)

M 7 Reichsinsignien

Die Herrschaftszeichen mittelalterlicher Könige bestanden neben der Reichskrone, dem Reichsapfel und dem Reichszepter noch aus einem aufwendig verzierten Reichskreuz und einem Schwert.

M 8 Otto I. schwört vor der Kaiserkrönung

Otto I. leistete dem Papst unmittelbar vor der Krönung ein Versprechen und einen Sicherheitseid:

Dir, dem Herren Papste Johannes, werde ich, König Otto, beim Vater, beim Sohne und beim Heiligen Geiste versprechen und schwören ...: Wenn ich, so Gott will, nach Rom komme, dann werde ich die heilige römische Kirche und dich, ihren Leiter, nach bestem Vermögen hoch- und sicherstellen. Und du sollst niemals mit meinem Willen oder meiner Zustimmung oder auf meine Veranlassung ... einen Schaden nehmen.

Deutsche Geschichte in Quellen 1, S. 158 ff.

M 9 Krönungszeremonie Buchmalerei um 1340

Info

Trennung von Staat und Religion in modernen Demokratien

In den europäischen Staaten wurde die Trennung von Staat und Kirche in den jeweiligen Verfassungen vorgenommen. Im Grundgesetz, der Verfassung der Bundesrepublik Deutschland, ist festgelegt, dass ...

- vom Staat keine Religion vorgegeben oder bevorzugt wird,
- sich der Staat nicht in die Kirchenverwaltungen einmischt und
- keine kirchlichen Ämter verleiht, wie z. B. Bischöfe ernennt, aber
- mit den christlichen Kirchen und anderen religiösen Gemeinschaften neutral zusammenarbeitet.

Die Vorschriften des Grundgesetzes gelten für alle staatlichen Institutionen und Behörden, z. B. auch für die Schulen.

M 10 Eidesformel im heutigen Deutschland

Jeder Bundeskanzler muss zu Beginn seiner Amtszeit vor dem Parlament ein Treuebekenntnis ablegen. Der religiöse Bezug kann dabei auch weggelassen werden:

Ich schwöre, dass ich meine Kraft dem Wohle des deutschen Volkes widmen, seinen Nutzen mehren, Schaden von ihm wenden, das Grundgesetz und die Gesetze des Bundes wahren und verteidigen, meine Pflichten gewissenhaft erfüllen und Gerechtigkeit gegen jedermann üben werde. So wahr mir Gott helfe.

Grundgesetz, Artikel 56

M 11 Vereidigung der Bundeskanzlerin aktuelles Foto

Aufgaben

Die Stämme einigen sich

1. Ermittle die vier Stationen der Königserhebung. Trage den genauen Ort, die beteiligten Personen und die Handlung in eine Tabelle ein. → M5, M7

Ort	Personen	Handlung
Säulenhof		

2. Fasse den Bericht Widukinds über die Ungarnschlacht in vier Sätzen zusammen. → M6

Religion und Herrschaft

3. Beschreibe, wie die Einheit von Kaiser und Papst ausgedrückt wird. → M8, M9
4. Belege die Trennung von Kirche und Staat im heutigen Deutschland. → M10, M11
5. Vergleiche die mittelalterliche Sichtweise von Kirche und Staat mit der im modernen Staat. → M8, M9, M10, M11

M 1 Eine digitale Geschichtskarte wird im Unterricht eingesetzt.
Aktuelles Foto

Umgang mit Geschichtskarten

Die Darstellung historischer Räume

Für Historiker ist es wichtig, geschichtliche Abläufe und historische Räume in Karten abzubilden. Diese Karten unterscheiden sich von geographischen Karten aus dem Geographieunterricht. Geschichtskarten führen zurück in die Vergangenheit, denn sie zeigen z. B. ein Gebiet zu einem früheren Zeitpunkt oder es wird eine Entwicklung dargestellt.

Eine Geschichtskarte besteht häufig aus einer Vielzahl von Zeichen, Farben und Symbolen. Diese muss man als Betrachter verstehen, zuordnen und auswerten können. Erst nach der Entschlüsselung der Geschichtskarte sind dann historische Folgerungen oder Bewertungen möglich. Deshalb muss der Betrachter eine Geschichtskarte sehr sorgsam anhand vorgegebener Schritte analysieren.

Schritte zur Auswertung von Geschichtskarten:

Schritt 1: Thema der Karte erfassen
- Wie lautet das Thema der Karte?
- Welche Gebiete und welcher Zeitabschnitt sind auf der Karte dargestellt? Orientiere dich dabei anhand der Flüsse und eingezeichneten Städte.

Schritt 2: Symbole und Markierungen zuordnen
- Welche Symbole wurden in der Karte laut Legende verwendet?
- Suche die Symbole in der Karte und beachte auch die Ausdehnung eines Gebietes entsprechend des Maßstabes.

Schritt 3: Karte auswerten
- Was bedeuten die Symbole, Farben, Pfeile oder Schraffuren in der Karte?
- Erkläre die Bedeutung jeweils anhand von Beispielen.

Schritt 4: Folgerung aus der Karte ziehen
- Welche Aussagen lassen sich aus den Informationen der Karte ableiten?
- Diskutiert mögliche historische Auswirkungen und Folgen.

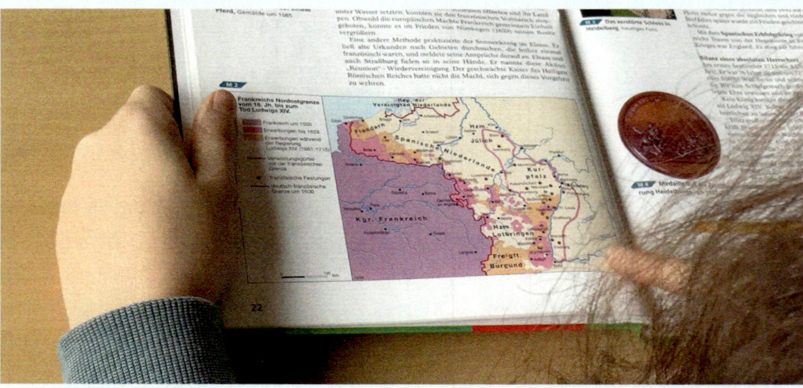

M 2 Eine Schülerin arbeitet mit einer Geschichtskarte. Aktuelles Foto

Aufgabe

Werte die Geschichtskarte M4 mithilfe der vorgegebenen vier Schritte aus.

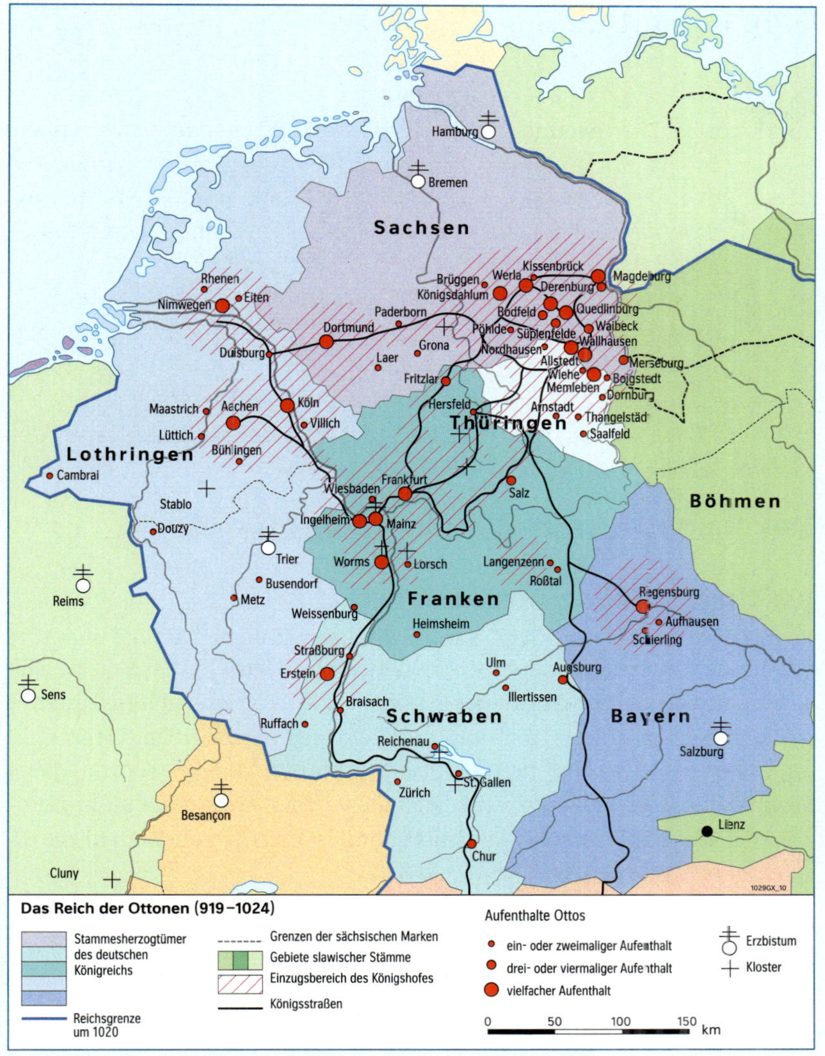

M 3 Die Aufenthaltsorte von Otto I. als König (936-973)

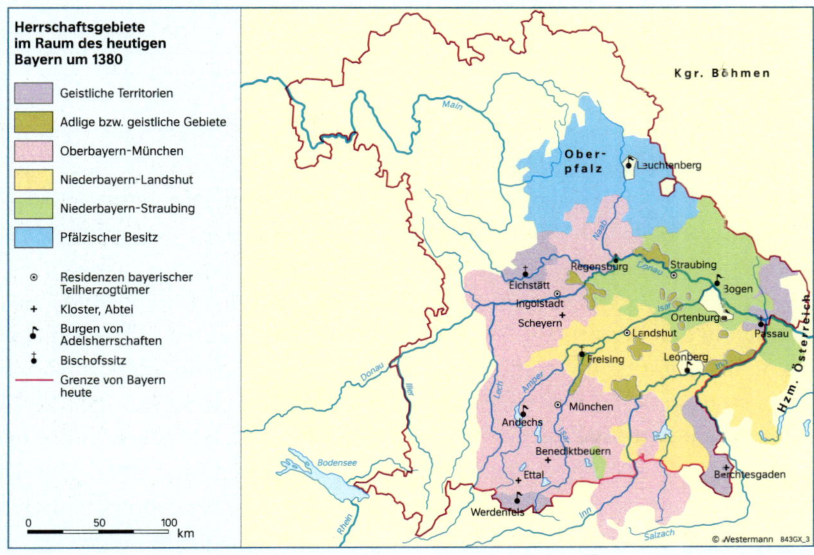

Mögliche Lösung:

Schritt 1:

- Das Reich der Ottonen von 919 bis 1024.
- Wichtige Flüsse waren Rhein, Main und Donau.

Schritt 2:

- Es werden Herzogtümer (verschiedene Blautöne) und
- Städte von unterschiedlicher Größe dargestellt (rote Punkte).

Schritt 3:

- Für das Herzogtum Franken wird Türkis verwendet, für Bayern ein hellblauer Farbton.
- In beiden Herzogtümern finden sich Städte mit vielfachen Aufenthaltsorten von Otto I., wie z. B. Regensburg oder Frankfurt.

Schritt 4:

- Die Karte verdeutlicht, welcher Raum der unmittelbaren Herrschaft von Otto I. unterworfen war. Weite Teile des Reichs wurden von ihm nie direkt besucht. Dort übten ihm vertraute Personen in seinem Namen die Herrschaft aus.

M 4 Bayern um 1380

M 1 **Einvernehmen von Papst und Kaiser**
Christus übergibt jedem, Papst und Kaiser, ein Schwert als Zeichen ihrer Macht. Buchmalerei aus dem Sachsenspiegel 1231

Der Investiturstreit – ein Kampf um Macht

Der Streit um die Bischofseinsetzung

Es war üblich, dass die Könige sowohl Adelige wie auch Bischöfe und Äbte belehnten. Sie vertrauten ihnen die Herrschaft über ein Gebiet an und setzten sie auch in ihr kirchliches Amt ein: die Investitur. Auch Heinrich IV. (1050–1106) hatte diese Tradition fortgeführt. Doch seit einigen Jahrzehnten mehrten sich in der Kirche kritische Stimmen, die dies als königliche Einmischung betrachteten, auch weil diese Praxis häufig mit einer Geldzahlung verbunden war. So konnte leicht der Anschein entstehen, ein Bischof habe sich das Amt erkauft.

Info

Investitur
Die mittelalterlichen Herrscher benötigten Vertraute, um ihr Reich regieren zu können. Die Könige sahen sich als von Gott auserwählt. Daraus leiteten sie auch das Recht ab, die Bischöfe und Äbte im Reich auszuwählen und sie in ihr Amt einzusetzen. Diese Investitur verlief ähnlich wie eine Belehnung. Der König ernannte einen Vertrauten z. B. zum Bischof und übergab ihm die Herrschaft im Bistum.

M 2 **Heinrich IV.**
Buchmalerei nach 1106

Heinrich IV. und Papst Gregor VII.

In der Tradition seiner Vorgänger sah sich Heinrich IV. als der von Gott auserwählte, zukünftige Kaiser. Daraus leiteten die Könige seit Otto I. das Recht und die Aufgabe ab, die Reichskirche zu lenken. Dies bedeutete für die Könige, neben den Bischöfen im Reich, stets auch den Bischof von Rom, also den Papst, einzusetzen und über ihn zu bestimmen.

Papst Gregor VII. kam im Jahr 1073 aber ohne Mitwirkung von Heinrich IV. auf den Papstthron. Der Papst forderte eine kirchliche Erneuerung, wollte den Einfluss des römisch-deutschen Königs auf die Kirche zurückdrängen und das Selbstverständnis des Papstes stärken. Er verfasste Leitsätze, in denen er die Rechte des Papstes festschrieb. Vor allem verbot er jede andere als die päpstliche Investitur von Bischöfen und Äbten. Damit wurde aber im sog. **Investiturstreit** ein Konflikt mit dem römisch-deutschen König unausweichlich, denn das gefährdete die Macht des Königs.

Der Streit spitzt sich zu

Heinrich IV. setzte weiterhin Bischöfe ein, worauf der Papst ihm zunächst mit dem Bann drohte, also ihn aus der Kirche auszuschließen. Noch hielten die Bischöfe zum König, sogar als Heinrich IV. im Januar 1076 den Papst absetzte. Jener wiederum reagierte und schloss den König aus der kirchlichen Gemeinschaft aus. Danach überstürzten sich die Ereignisse:

- Eine Reihe von Bischöfen stellte sich auf die Seite des Papstes.
- Die Fürsten wollten mehr Macht für sich selbst und schlossen ein Bündnis gegen den König. Sie drohten, einen anderen König zu wählen, sollte Heinrich nicht zum Papst ziehen und sich aus dem Bann lösen.
- Mächtige Herzöge standen an der Spitze der Gegner und versperrten dem König den direkten Weg nach Italien.
- Alle Untertanen des Königs wurden vom Papst von ihrem Treueid zum König befreit und mussten Heinrich nicht mehr gehorchen.

Anders als von seinen Gegnern erwartet, zog Heinrich mitten im Winter über die Alpen, um sich aus dem päpstlichen Bann zu lösen und so seiner Absetzung durch die Fürsten zu entgehen. Vor den Toren der Burg Canossa in Italien unterwarf er sich 1077 dem Papst und erkannte dessen Macht an.

M 3 Heinrich IV. unterwirft sich dem Papst in Canossa.
Der Fußkuss entspricht dabei wohl dem echten Geschehen.
Fresko aus dem Vatikan um 1655

WES-112129-101
Hörszene zum Gang nach Canossa

Die Schlichtung des Streits

Obwohl Heinrich IV. alle Forderung erfüllt hatte, kehrte keine Ruhe ein. Die Fürsten brachen ihr Versprechen und wählten einen Gegenkönig, der jedoch nach einer Schlacht starb. Noch über Jahrzehnte hinweg ging die Auseinandersetzung zwischen Heinrich IV. und den Fürsten weiter. Es kam sogar so weit, dass sein Sohn und Nachfolger Heinrich V. gegen ihn in die Schlacht zog. Erst der Tod Heinrichs IV. ebnete den Weg zur Schlichtung des Streits mit dem Papsttum.

Im Wormser Konkordat von 1122 einigte man sich darauf, dass die Bischöfe und Äbte künftig nur noch vom Papst eingesetzt wurden. Erst danach wurden sie vom König mit Gebieten belehnt und mussten ihm den Treueid leisten. Die Fürsten ließen sich vom König alle Herrschaftsrechte in ihren Gebieten bestätigen und verfolgten künftig eigene Interessen.

Bischofseinsetzung heute

Bis heute werden die Bischöfe ausschließlich vom Papst ernannt. Dabei kann es auch sein, dass ein Bischof im Bistum zuerst von den hohen Geistlichen, dem Domkapitel, gewählt wird. Doch diese Wahl muss ebenfalls vom Papst bestätigt werden. Bevor ein Bischof dann wirklich sein Amt antreten kann, muss er vorher dem Papst noch die Treue schwören. Heute mischt sich der Staat, also die Bundes- oder Landesregierung, aber nicht in diese kirchlichen Entscheidungen ein.

M 4 Bischof nach seiner Einsetzung
Im April 2014 wurde Stefan Oster von Papst Franziskus zum Bischof von Passau ernannt und im Mai in sein Bistum eingesetzt. Aktuelles Foto

Aufgaben

Der Streit um die Bischofseinsetzung

1. a) Benenne den Grund für das Zerbrechen der Einheit von Kaiser und Papst. → M1
   b) Vertrete die päpstliche oder königliche Sichtweise, die bischöfliche oder die fürstliche Meinung. → M1, Fishbowl

Der Streit spitzt sich zu

2. Stelle dir vor, du bist ein Adliger und sollst dich für die königliche oder fürstliche Seite entscheiden. Begründe deine Wahl. → M2, M3
3. Stelle den heutigen Einfluss des Papstes und des Staates bei einer Bischofsernennung dar. → M4

M 5 Investitur eines Bischofs durch einen König
Der König überreicht dem zukünftigen Bischof den Krummstab als Zeichen der Herrschaft über das Gebiet des Bistums und seiner Bischofswürde. Buchmalerei 10. Jh.

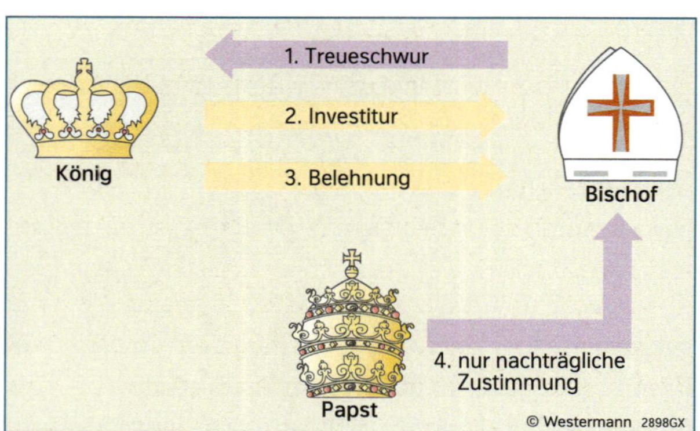

M 7 Die Investitur im Mittelalter vor 1075

M 6 „Dictatus Papae" – Leitsätze des Papstes

Papst Gregor VII. legte zu Beginn seiner Amtszeit seine Vorstellungen vom Papsttum und der Kirche fest:

II. Dass allein der römische Bischof mit Recht „allgemein" genannt wird.
III. Dass er allein Bischöfe absetzen und wieder einsetzen kann ...
VIII. Dass er allein die kaiserlichen Herrschaftszeichen verwenden kann.
IX. Dass alle Fürsten allein des Papstes Füße küssen.
X. Dass allein sein Name in den Kirchen genannt wird ...
XII. Dass es ihm erlaubt ist, Kaiser abzusetzen ...
XXVI. Dass nicht für katholisch gilt, wer sich nicht in Übereinstimmung mit der römischen Kirche befindet.

Quellen zum Investiturstreit, S. 149 ff.

M 8 „Steige herab" – Schreiben von König Heinrich IV. an Papst Gregor VII. vom 24. Januar 1076

Nachdem der Papst den König drohend aufgefordert hatte, die Belehnung einiger italienischer Bischöfe wieder rückgängig zu machen, antwortete Heinrich im Bündnis mit den deutschen Bischöfen:

Heinrich, nicht durch Anmaßung, sondern durch Gottes gerechte Anordnung König, an Hildebrand, nicht mehr den Papst, sondern den falschen Mönch. Diese Anrede hast du nämlich für die von dir angerichtete Verwirrung verdient.
... Du scheutest dich nicht nur nicht, die Lenker der heiligen Kirche, nämlich Erzbischöfe, Bischöfe und Priester, die doch Gesalbte des Herrn sind, anzutasten ... Und wir haben dies alles ertragen, während wir uns bemühten, die Stellung des apostolischen Stuhles zu wahren.
Aber du hast unsere Demut für Furcht gehalten und dich daher nicht gescheut, dich sogar gegen die uns von Gott verliehene königliche Gewalt zu erheben; du hast zu drohen gewagt, du würdest sie uns nehmen, als ob wir von dir das Königtum empfangen hätten, als ob in deiner und nicht in Gottes Hand Königs- und Kaiserherrschaft lägen.
Dieser unser Herr Jesus Christus hat uns zum Königtum, dich aber nicht zur geistlichen Herrschaft berufen ... So steige du denn, der du durch diesen Fluch und das Urteil aller unserer Bischöfe und unser eigenes verdammt bist, herab, verlasse den apostolischen Stuhl, den du dir angemaßt hast ...
Ich, Heinrich, durch die Gnade Gottes König, sage dir zusammen mit allen meinen Bischöfen: Steige herab, steige herab!

Deutsche Geschichte in Quellen 1, S. 294 ff. (sprachl. angepasst)

M 9 Bann des Königs

Papst Gregor VII. antwortete am 14. Februar 1076 auf das Schreiben des Königs in Form eines Gebetes:

Heiliger Petrus, Fürst der Apostel ... höre mich, Deinen Knecht ... Du bist mein Zeuge ... dass die Christenheit, welche Dir besonders anvertraut ist, mir gehorche. Besonders ist mir an Deiner Statt und durch Deine Gnade von Gott die Gewalt, zu binden und zu lösen im Himmel und auf Erden, anvertraut und verliehen worden.
Auf diese Zuversicht also bauend, zur Ehre und zum Schutz Deiner Kirche, widersage ich im Namen des allmächtigen Gottes, kraft Deiner Macht und Gewalt, dem König Heinrich, Kaiser Heinrichs Sohn, der gegen Deine Kirche mit unerhörtem Hochmut sich erhoben hat, die Herrschaft über das gesamte Reich der Deutschen und Italiens und löse alle Christen von dem Band des Eides, welchen sie ihm geleistet haben oder noch leisten werden, und ich untersage jedem, ihm fortan als einem König zu dienen.

Deutsche Geschichte in Quellen 1, S. 297 ff.

M 10 **Heinrich vor dem Tor der Burg Canossa**
Holzstich aus dem 19. Jh.

WES-112129-102
Film über den Gang nach Canossa

Info

Gang nach Canossa

Es gibt nur die zeitgenössische Überlieferung eines Papstanhängers. In der modernen Forschung wird diese inzwischen angezweifelt. Die Historiker glauben, dass König und Papst bereits Verhandlungen über die Lösung aus dem Bann geführt hatten und nur noch eine Bußaktion des Königs erfolgte.

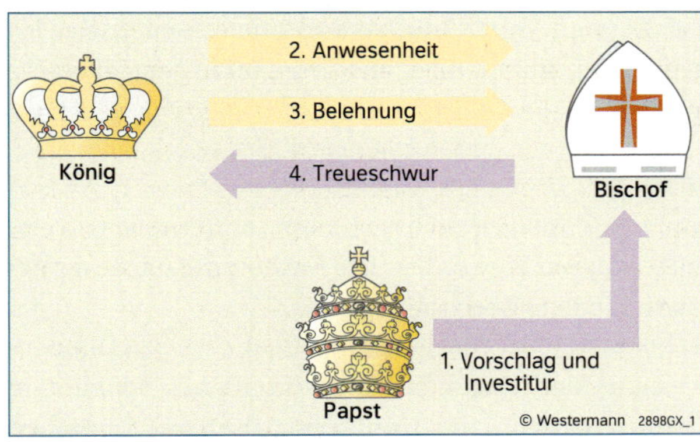

M 11 **Die Investitur im Mittelalter nach 1122**

M 12 Nichteinmischung des Staates heute

Im Grundgesetz wird in Artikel 140 die Unabhängigkeit der Kirche garantiert:

(1) Es besteht keine Staatskirche.
(2) Die Freiheit der Vereinigung zu Religionsgemeinschaften wird gewährleistet. ...
(3) Jede Religionsgesellschaft ordnet und verwaltet ihre Angelegenheiten selbstständig innerhalb der Schranken des für alle geltenden Gesetzes. Sie verleiht ihre Ämter ohne Mitwirkung des Staates oder der bürgerlichen Gemeinde.

Grundgesetz, Artikel 140

Aufgaben

Der Streit um die Bischofseinsetzung

1. Beschreibe die Investitur vor 1075. → M5, M7
2. a) Benenne alle päpstlichen Gebote, welche die bisherige Investitur verboten. → M6
   b) Erkläre, welche Artikel die Macht des Königs besonders gefährdeten. → M6
3. Vergleiche beide Texte: Auf wen berufen sich die Verfasser und was befehlen sie? → M8, M9

Der Streit spitzt sich zu

4. Gestalte ein Rollenspiel zu einzelnen Stationen des Investiturstreits. → M6, M8, M9, M10
5. Vergleiche die Investitur vor 1075 mit der nach 1122. → M7, M11
6. Stelle die heutige Trennung von Kirche und Staat mit eigenen Worten deinem Partner vor. → M12, Partnervortrag

Die höfische Kultur der Stauferzeit

M 1 Kaiser Friedrich I. Barbarossa mit seinen beiden Söhnen
Links steht sein Sohn Heinrich als gekrönter Mitkönig, rechts Friedrich als Herzog von Schwaben. Buchmalerei 12. Jh

Staufische Kaiser und ihre Politik

Im 12. und 13. Jh. regierten im römisch-deutschen Reich Könige und Kaiser aus der Herrscherfamilie der Staufer. Die beiden wichtigsten waren dabei Friedrich I., der wegen seines roten Bartes auch „Barbarossa“ genannt wurde, und sein Enkel, Friedrich II., der aber die meiste Zeit im italienischen Reichsteil verbrachte. Vor allem diese beiden staufischen Könige versuchten nach dem Investiturstreit, die Königsmacht wieder zu festigen. Hierzu stärkten sie ihren eigenen königlichen Hof, indem sie …

- dort weltliche Rechtsgelehrte mit der Ausfertigung von Urkunden beauftragten und
- den Einfluss kirchlicher Gelehrter zurückdrängten und sich durch eine eigene Beamtenschaft unabhängiger machten.

Friedrich II. band an seinem Hof sogar jüdische und muslimische Gelehrte ein und nutzte deren Wissen sowie Fertigkeiten für seine Herrschaft.

Die Entstehung des Rittertums

Die Ritter der Stauferzeit entstammten den berittenen Kriegern, die bereits unter Karl dem Großen oder Otto I. erfolgreich gekämpft hatten. Sie waren eng an den König gebunden und ursprünglich unfrei. Doch aufgrund der Nähe zum König und ihrer militärischen Erfolge wurden sie frei und bildeten eine gesellschaftliche Gruppe. Sie erhielten vom König Lehen und bestimmten als Grundherren.

Zum Rittertum gehörte auch ein beträchtlicher Besitz, denn ein Ritter musste sich mehrere Pferde, eine Rüstung, Waffen, sein Leben und seine Kriegszüge finanzieren können. Vom König bekam er für seinen Kriegseinsatz keinen Lohn, sondern bezahlte alles aus den Einkünften in seiner Grundherrschaft.

M 2 Ritter mit seinem Knappen
Buchmalerei 14. Jh.

Die Erziehung zum Ritter

Zum Ritter wurde ein junger Adeliger nicht geboren, sondern musste erst das Recht erwerben, so genannt zu werden. Die Ausbildung dazu war genau geregelt und in verschiedene Abschnitte geteilt:

- Als Page erlernte er bereits ab 7 Jahren den Kampf mit hölzernen Übungswaffen. Genauso musste der Junge aber auch ritterliches Benehmen, Anstandsregeln, Tanzen und Musizieren erlernen. Lesen und Schreiben waren dabei nicht so wichtig.
- Mit 14 Jahren wurde er Knappe. Am wichtigsten war aber, seinen Ritter auf Turniere und Kriegszüge zu begleiten, die Waffen und die Rüstung zu pflegen und selbst den Kampf mit echten Waffen zu üben.
- Wenn der Knappe sich bewährt und alle ritterlichen Tugenden erlernt hatte, dann erhielt er mit 21 Jahren die „Schwertleite“, bei der ihm ein Schwert umgegurtet wurde. Erst im 14. Jh. wandelte sich die Schwertleite zum Ritterschlag.

Diese Aufnahme in den Ritterstand beinhaltete, dass sich der Ritter mit seinen kriegerischen Fähigkeiten für den christlichen Glauben oder schutzbedürftige Menschen einsetzte. Trotzdem führten sie oft Kriege gegeneinander oder begingen andere Verbrechen.

M 3 **Ein Page serviert auf einem höfischen Fest das Essen.** Buchmalerei 14. Jh.

Ritterturnier und höfische Kultur

Die Turniere waren Kampfspiele mit festen Regeln und Schiedsrichtern. Der Sieger gewann z. B. das Pferd und die Rüstung des Unterlegenen. Genauso wichtig wie der Sieg war die Ritterehre, also ehrlich und regelgerecht gekämpft zu haben. Obwohl der Schwertkampf ebenso wie das Bogenschießen oder Lanzenstechen meist nur mit stumpfen Waffen durchgeführt wurde, starben während dieser ausgetragenen Kämpfe immer wieder Ritter.

Teil eines Turniers war ein Gottesdienst und ein üppiges Festmahl. Dabei achteten die Ritter auf Tischmanieren. Sie wollten sich nicht wie ein einfacher Bauer benehmen, sondern sich von diesem abheben. Schließlich gehörte auch das Musizieren zur höfischen Kultur ebenso wie das Tanzen oder die Literatur. Denn ihre Abenteuer und ihr Leben wurden bereits im Mittelalter zum Thema in Heldenerzählungen wie z. B. der Artussage. Es ging stets darum, die ritterlichen Tugenden zur Schau zu stellen. Aufgrund dieser besonderen Seite der Ritterkultur wird der Zeitabschnitt **um 1200** oft als **kulturelle Blüte zur Zeit der Staufer** bezeichnet.

Adelige Frauen und Minnesang

Die adeligen Frauen spielten in der von den Männern geprägten höfischen Kultur keine wichtige Rolle und waren doch Teil davon. Bei Festen wurden von Rittern neben Abenteuer- auch Liebesgeschichten und Liebesgedichte, die sogenannten Minnelieder, erzählt und gesungen. Sie wollten nicht nur den Siegerkranz eines Turniers aus den Händen einer schönen Frau erhalten, sondern dieser auch gefallen. Während der Kriegszüge verwalteten in der Regel die Ehefrauen der Ritter die gesamte Grundherrschaft.

M 4 **Ein Ritter tanzt mit zwei Damen.** Buchmalerei 14. Jh.

Aufgaben

Staufische Kaiser und Ritter

1. Recherchiere zu Friedrich I. und Friedrich II. Galeriegang
2. Erarbeite einen möglichen Stundenplan für einen Pagen und einen Knappen. → M2, M3

Ritterturnier und höfische Kultur

3. Benenne Tugenden eines Ritters. → M2, M3, M4
4. Erläutere den Zusammenhang zwischen dem Ritter als Krieger und der höfischen Kultur.
5. Erarbeite ein Hörspielskript zu einem Ritterturnier. Achte besonders auf den Ablauf und die Beteiligten.

M 5 **Über die Kunst, Vögel zu jagen (Originalseite und Vergrößerung)**
Friedrich II. ließ an seinem Hof von Gelehrten ein Werk zur Vogeljagd verfassen. Buchmalerei 13. Jh.

M 6 Gebet eines Ritters

In dem Gebet bat der Ritter um göttlichen Beistand für die Erfüllung seiner Pflichten:

Heiligster Herrgott, allmächtiger Vater, Du, der Du den Gebrauch des Schwertes auf Erden erlaubt hast, um die Arglist des Bösen zu bezwingen und die Gerechtigkeit zu verteidigen. Der Du zum Schutz des Volkes den Ritterstand eingesetzt hast. ... Hilf deinem Knecht und wende sein Herz zum Guten, damit er dieses Schwert hier niemals gebraucht, um jemand Unrecht zu tun, sondern dass er sich seiner stets bedient, um Recht und Gerechtigkeit zu verteidigen.

Bloch, M.: Feudalgesellschaft, S. 384.

M 7 Ermahnung der Ritter

Aus einem Gebetbuch des 13. Jhs.:

Derjenige, der den armen Mann erschlägt und ihm seinen Besitz nimmt, der ... hat eine unritterliche Gesinnung. Ritter, denkt an euren Auftrag: Wozu seid ihr Ritter geworden? Weiß Gott, um zu schlafen, seid ihr es nicht geworden ... Will ein Ritter sich gut um seine Pflichten kümmern, dann soll er sich Tag und Nacht für die Kirche und die armen Leute einsetzen.

Zirclaria, T.: Der wälsche Gast, S. 211.

M 8 **Ritter mit Rüstung im Turnier** Buchmalerei 14. Jh.

M 9 **Adlige beim Brettspiel** Buchmalerei 14. Jh.

M 10 Benimmregeln am Hofe und bei Tisch

In verschiedenen Schriften sind Anweisungen überliefert, wie sich ein Ritter bei Tisch und Hofe benehmen soll:

Niemand soll sich während des Essens über die Schüsseln legen und dabei schnaufen und schmatzen.
Man rede nicht mit vollem Munde.
Niemand esse, wenn er den Mund noch voll hat.
Man stochere nicht mit dem Messer in den Zähnen herum.
Man schiebe nicht die Speise mit dem Finger auf den Löffel.
Man esse nicht so gierig ...
Man folge nicht der bäuerischen Sitte, angebissenes Brot wieder in die Schüssel zu tauchen.
Ehe man trinkt, wische man den Mund ab, damit nicht Fett in den Trank kommt.

Siebert, J.: Der Dichter Tannhäuser, S. 194 ff. (sprachl. verändert)

M 11 Minnedichtung

In dem Minnesang lobte der Dichter eine nicht genannte Frau:

Gepriesen seist du, „Frau“,
was für ein makelloses Wort!
Wie wohltuend es doch ist, es auszusprechen
und ihm Ehre zu erweisen!
Es geriet niemals etwas so lobenswert wie dort,
wo du es an jener wahren Güte teilhaben lässt, die du bist.
Niemand vermag dein Lob mit Worten
vollständig zu beschreiben.
Wem immer du dich in Treue zuwendest,
der ist ein glücklicher Mann
und kann mit Lust leben.
Du gibst der ganzen Welt Lebensfreude:
könntest auch mir ein wenig davon geben!

Herr Reinmar der Alte: Swaz ich nu niuwer maere sage, etwa 1300–1340.

M 12 **Minnedichtung** Buchmalerei 14. Jh.

Aufgaben

Stauferzeit und Rittertum

1. Beschreibe die Buchseite und die daraus vergrößerte Szene. → M5
2. Stelle dir vor, du bist als Zuschauer bei einer Schwertleite anwesend. Schildere deine Eindrücke und nimm Bezug auf die ritterlichen Tugenden und die Ermahnung. → M6, M7
3. Erläutere die Gefahren für die Ritter bei den Kampfspielen auf Turnieren. → M8

Höfische Kultur und Minne

4. Ergänze die Vorschriften um weitere Benimmregeln für einen angehenden Ritter bei Tisch und bei Hofe. → M10, Graffiti
5. Erläutere, in welcher Form die höfische Kultur das Leben der Ritter bereicherte. → M9, M11, M12
6. Gestalte ein Rollenspiel zum Minnesang. → M11, M12

Burgen – steinerne Zeugnisse des Mittelalters

M 1 **Bau eines Burgturms im Mittelalter**
Miniatur 14. Jh.

Die Entstehung und Aufgabe von Burgen

Burgen, also befestigte und gesicherte Wehranlagen, gab es bereits lange vor dem Mittelalter. Bereits die Kelten errichteten Wälle mit Toren und Schutzzäunen. Im frühen Mittelalter wurden diese anfangs nur hölzernen Bauwerke zunächst mit Steinen an wichtigen Stellen verstärkt. Doch schon im 10. und 11. Jh. wurden diese dann vollständig aus sorgfältig zugehauenen Steinen errichtet und vergrößert.

Burgen dienten im Mittelalter einem Grundherrn oder Ritter zur Herrschaftssicherung. Von dort aus konnte er seine Gebiete überblicken und bewachen, Handelswege kontrollieren und beschützen.

- Die Burg war sein Herrschaftsmittelpunkt. Hier hielt er Hof, sprach Recht, zog Steuern und Abgaben von den Hörigen ein.
- Von Kaufleuten konnte er in seinem Gebiet Wegzölle erheben. Gleichzeitig war die Burg Handelsplatz und Wirtschaftszentrum.
- Außerdem diente sie der Bevölkerung des Umlandes als Zufluchtsort bei Überfällen durch andere Ritter.

Burgen wurden an unterschiedlichsten Stellen errichtet: als Höhenburg auf Bergrücken oder oberhalb von Flüssen, aber auch als Wasserburg im ebenen Land. Viele der Burgen, die bis heute überdauerten, stammen aus der Zeit der Staufer, der Blütezeit der Ritter. Sie wurden aber immer wieder umgebaut, an veränderte Gegebenheiten oder Erfordernisse angepasst, so dass vielfach ihr ursprüngliches Aussehen verloren ging.

M 2 **Burg Abenberg in Mittelfranken**
Die in der Nähe von Roth gelegene Burg ersetzte im 12. Jh. eine hölzerne Anlage und steht auf einem steil nach unten abfallenden Hügel. Burgmauern, Türme und Palas stammen aus dem 13. Jh. Aktuelles Foto.

Der Aufbau einer Burg

Dicke Mauern und Türme schützten den inneren Bereich vor Angreifern. Manchmal waren die Mauern sogar mehrfach ineinander verschachtelt, sodass mehrere Tore zu passieren waren. Häufig erschwerte zusätzlich ein tiefer Graben Angriffe. Eine streng bewachte Zugbrücke oder ein Tor aus dicken Holzbrettern schloss sie nach außen ab.

Innen lagen die Wirtschaftsgebäude wie Stallungen, Scheunen und Vorratsspeicher eng aneinander, dazu noch Wohngebäude für alle, die auf der Burg lebten und arbeiteten. Der Bergfried, ein hoher Turm, ragte weit nach oben über die Mauern hinaus. Von seiner Spitze aus konnte die gesamte Landschaft gut überblickt werden. Manchmal beherbergte er auch Wohnräume. Als allerletzte Zuflucht war der Zugang dorthin verwinkelt, nur über mehrere Treppen, andere Gebäude oder Leitern zu erreichen.

Mit den mittelalterlichen Waffen war eine Burg kaum einzunehmen. In der Regel wurden sie daher über mehrere Wochen oder Monate belagert. Doch als am Ende des Mittelalters neue Waffen erfunden waren, boten selbst die dicken Mauern kaum noch Schutz. Die Burgen wurden überflüssig. Manche verfielen oder wurden abgetragen und als Steinbruch für den Bau von Häusern gebraucht.

M 3 Belagerer beschießen eine Burg.
Buchmalerei 14. Jh

In einer Burg

Das Leben gliederte sich dort in zwei Bereiche. Der Wohnbereich des Burgherrn, der Palas, war das Zentrum. Hier lebte er nicht nur, sondern verwaltete von hier aus seinen Herrschaftsbereich. Er orientierte sich an der höfischen Kultur der Ritter. Im großen Saal musizierte und tanzte die ritterliche Gesellschaft, hörte Minnedichtungen oder abenteuerliche Rittergeschichten. Trotzdem war der Palas aus moderner Sicht eher ungemütlich:

- Die meisten Räume waren kalt und unbeheizt, nur in wenigen gab es einen offenen Kamin oder Kachelofen.
- Um den Holzboden etwas behaglicher zu machen, wurden Stroh oder Tierfelle ausgelegt.
- Es war zugig, denn die Fenster wurden nur mit Läden aus Holz und Stoff verschlossen. Erst ab dem 14. Jh. gab es Glasfenster.
- Rußende Fackeln, die die Luft verschmutzten, spendeten ein flackerndes und spärliches Licht in den Räumen und Fluren.

Im bäuerlich-wirtschaftlichen Teil der Burg mit den Stallungen und anderen Gebäuden lebten und arbeiteten die Bediensteten und Handwerker, denn in der Burg musste alles vorhanden sein, was für das Leben notwendig war. Anders als im herrschaftlichen Teil war es in diesen Bereichen immer schmutzig, stickig und düster.

M 4 Rittersaal im Palas
Heute fällt Licht durch die verglasten Fenster. Im Mittelalter war es in diesem Raum viel dunkler. An der Stirnseite befindet sich ein offener Kamin.
Aktuelles Foto

Aufgaben

Entstehung und Aufgabe von Burgen

1. Beschreibe den Zusammenhang von Frondiensten und Burgenbau. → M1
2. a) Begründe den Bau von Burgen durch Grundherren und Ritter. → M2
   b) Überlege dir Vor- und Nachteile einer Höhenburg. → M2

Aufbau einer Burg

3. Beschreibe, wie sich die Belagerten gegen die Angreifer wehrten. → M3
4. Erläutere den Zusammenhang zwischen dem Rittersaal und der höfischen Kultur. → M4
5. Stelle eine Burg in der Nähe deines Schulortes vor. Galeriegang

① Burggraben
② Burgmauer
③ Wehrgänge
④ Zinnen mit Schießscharten
⑤ Palas (Herrenhaus)
⑥ Küche, Vorratsräume
⑦ Rittersaal
⑧ Schlafräume
⑨ Toilettenerker
⑩ Bergfried
⑪ Viehstall
⑫ Burggarten
⑬ Zugbrücke
⑭ Kapelle
⑮ Schmiede
⑯ Burgtor mit Fallgitter
⑰ Gesindehaus mit Pferdestall
⑱ Ziehbrunnen

M 5 Rekonstruktionszeichnung einer mittelalterlichen Burg

M 6 Burg bei Mitwitz (Landkreis Kronach)
Die ehemalige Burg wurde im 13. Jh. erbaut und bis zum Ende des Mittelalters mehrfach erweitert. Sie ist an allen Seiten von einem breiten Wassergraben umgeben. Aufgrund ihrer Bauweise wurde sie schon mehrfach als Kulisse für Filmdreharbeiten benutzt. Aktuelles Foto

M 7 Ritter Ulrich von Hutten über das Burgleben

Gleichgültig, ob eine Burg auf einem Berg oder in der Ebene steht, so ist sie auf jeden Fall doch nicht für Behaglichkeit, sondern zur Wehr erbaut, mit Gräben und Wall umgeben, innen von bedrückender Enge, zusammengepfercht mit Vieh- und Pferdeställen, Dunkelkammern vollgepfropft mit schweren Büchsen, Pech, Schwefel und allen übrigen Waffen und Kriegsgerät. Überall stinkt das Schießpulver, und der Duft der Hunde und ihres Unrates ist auch nicht lieblicher, wie ich meine. Reiter kommen und gehen, darunter auch Räuber, Diebe ...
Und welch ein Lärm! Da blöken die Schafe, brüllt das Rind, bellen die Hunde, auf dem Feld schreien die Arbeiter, die Wagen knarren, und bei uns zu Hause hört man auch die Wölfe heulen.
Jeden Tag kümmert und sorgt man sich um den folgenden, immer in Unruhe.

Pleticha, H.: Ritter, Burgen und Tuniere, S. 15. (bearbeitet)

Aufgaben

Burgen - steinerne Zeugnisse des Mittelalters

1. Bestimme die Burgenart der Rekonstruktionszeichnung und der Abbildung. → M5, M6
2. Benenne die nummerierten Elemente, die direkt mit der Bewachung und der Kontrolle eines beherrschten Gebietes verbunden sind. → M5
3. Gestalte einen Reiseführertext für Kinder durch den bäuerlich-wirtschaftlichen Teil der Burg. Benenne die Räume und deren Funktion. → M5
4. Stelle dir vor, ein Knecht kommt in den Palas der Burg. Schildere seine Eindrücke im Gegensatz zu seinem sonstigen Leben. → M5, M6, Partnervortrag

Die Kreuzzüge

M 1 Papst Urban ruft im Jahr 1095 zum 1. Kreuzzug auf.
Holzschnitt 15. Jh.

Nebeneinander der Kulturen

In Spanien, im Nahen Osten und weiteren Gebieten lebten Christen im arabischen Herrschaftsgebiet, in dem der muslimische Glaube vorherrschte. Die Menschen tauschten Handelswaren und Wissen – doch religiös blieben sie voneinander getrennt. Wichtige Orte des Christentums lagen mitten in arabischem Gebiet. Für Christen, Juden und Muslime war die Stadt Jerusalem als Ort des Gebets besonders bedeutsam. Den Zugang nach Jerusalem kontrollierten zwar Muslime, aber Christen durften dorthin, solange sie die muslimischen Regeln beachteten.

Dies änderte sich jedoch im 11. Jh., als die Seldschuken, türkische Muslime, die Araber aus Jerusalem verdrängten. Sie zerstörten christliche Kirchen und Wallfahrtsstätten, ermordeten Mönche und Pilger ebenso wie Araber, die sich gegen die Eroberer stellten. Sogar der oströmische Kaiser sah seine Herrschaft von den Seldschuken bedroht. Er bat Papst Urban II. um Hilfe. Dieser rief im Jahr 1095 schließlich alle Christen zum **Kreuzzug** auf, gemeinsam die heiligen Stätten des Christentums zu befreien.

Info

Kreuzritterorden
Manche Ritter verbündeten sich und lebten wie Mönche. Neben der Eroberung Jerusalems widmeten sie sich auch fürsorglichen Aufgaben wie der Krankenpflege. Bis heute besteht z. B. der Malteserorden.

WES-112129-103
Film über die Kreuzzüge

Kriege im Namen Gottes

Wegen dieses Aufrufs, der durch nachfolgende Päpste erneuert wurde, waren in Europa viele Christen überzeugt, dass sie für ihren Glauben in den Krieg ziehen sollten. Die Befreiung Jerusalems und damit ein Krieg gegen die Muslime erschien nötig. Vom Papst wurden bereits vorab alle Sünden erlassen, die Kreuzfahrer auf ihrem Weg oder bei der Befreiung Jerusalems eventuell begingen. Selbst die Ermordung von Muslimen wurde von der christlichen Kirche abgesegnet:

- In mehreren Kreuzzügen zogen insgesamt über 200 000 Soldaten und Ritter in den Nahen Osten und bekämpften die Muslime.
- Für fast 90 Jahre gelang die Rückeroberung Jerusalems.

Kreuzritter und Soldaten siedelten nun in den dortigen Gebieten, wobei Kriegs- und Friedenszeiten wechselten. Doch Jerusalem wurde 1187 von Sultan Saladin wieder zurückerobert und etwa 100 Jahre später dann auch das verbliebene christliche Rittergebiet aufgegeben. Trotz der muslimischen Herrschaft im Nahen Osten wurden Christen unter gewissen Bedingungen nach wie vor geduldet.

M 2 Kreuzritter belagern Jerusalem. Buchmalerei 13. Jh.
Hier ist die Grausamkeit der Kreuzzüge dargestellt, denn Kreuzritter schießen abgeschlagene Köpfe von Muslimen über die Stadtmauer von Jerusalem.

Kreuzzüge mitten in Europa

Auch im heutigen Spanien und Portugal führten christliche Ritter Krieg im Namen Gottes. Muslime wurden zum Christentum gezwungen und schließlich ganz vom europäischen Festland vertrieben. Manchmal wurden verbliebene Moscheen zu Kirchen umgestaltet, oft aber zerstört, um jede Erinnerung an die andere Religion auszulöschen.

Daneben verbreitete sich auch in Zentraleuropa der Kreuzzugsgedanke, also kriegerisch gegen Andersgläubige vorzugehen. In Mitteleuropa wurde besonders die jüdische Bevölkerung verfolgt, in Osteuropa besiegten Kreuzritter slawische Völker und christianisierten sie zwangsweise. Die eroberten Gebiete blieben anders als die Gebiete um Jerusalem bis ans Ende des Mittelalters im Besitz der Kreuzritter.

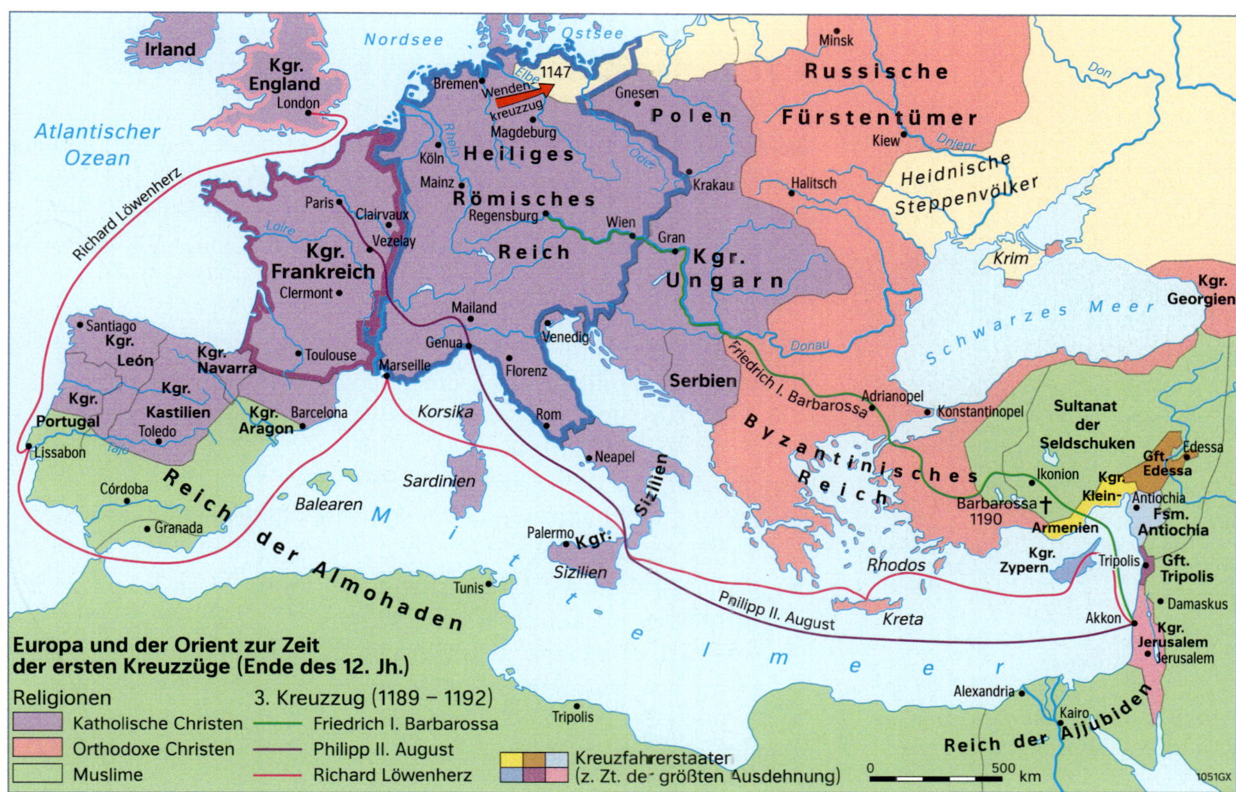

M 3 Europa und der Mittelmeerraum im 12. Jh.

M 4 Aufruf zum Kreuzzug

Rede von Papst Urban II. auf einer Zusammenkunft mit Bischöfen im Jahr 1095:

Aufhören soll unter euch der Hass, schweigen soll der Zank, ruhen soll der Krieg, einschlafen soll aller Meinungs- und Rechtsstreit! Tretet den Weg zum Heiligen Grab an, nehmt das Land dort dem gottlosen Volk, macht es euch untertan! ... Jerusalem ist der Mittelpunkt der Erde ... Der Erlöser der Menschheit hat es durch seine Ankunft verherrlicht, durch seinen Lebenswandel geschmückt, durch sein Leiden geweiht, durch sein Sterben erlöst, durch sein Grab ausgezeichnet. Diese Königsstadt also ... wird jetzt von ihren Feinden gefangen gehalten und von denen, die Gott nicht kennen, dem Heidentum versklavt. Sie erbittet und ersehnt Befreiung, sie erfleht unablässig eure Hilfe ... Schlagt also diesen Weg ein zur Vergebung eurer Sünden; nie verwelkender Ruhm ist euch im Himmelreich gewiss.

Borst, A.: Lebensformen im Mittelalter, S. 319 f.

M 5 Die Eroberung Jerusalems 1099

Ibn al-Atir (1160 –1233) beschrieb die Eroberung von Jerusalem aus muslimischer Sicht:

Die Franken blieben eine Woche in der Stadt, während derer sie die Einwohner ermordeten ... In der Moschee aber töteten die Franken mehr als 70 000 Muslime ... Aus dem Felsendom raubten die Franken mehr als 40 Silberleuchter ... und andere unermessliche Beute.

Gabrieli, F.: Kreuzzüge, S. 49 f. (sprachl. verändert)

M 6 Ein christlicher Chronist über 1099

Raimund von Aguliers nahm am 1. Kreuzzug teil:

Doch in der Nähe des [Tempelbergs] kämpften die [Muslime] erbittert ... Meiner Meinung nach war es ... Gerechtigkeit, dass der Tempel ... das Blut der Heiden empfangen sollte, die Gott dort seit Jahren gelästert hatten.

d'Aguilers, R.: Historia Francorum qui ceperunt Iherusalem (bearbeitet)

Aufgaben

Nebeneinander der Kulturen

1. Nenne christliche und muslimische Grenzregionen. → M3
2. Beschreibe die Wirkung der Rede von Papst Urban auf die damaligen Zuhörer. → M1, M4

Kriege im Namen Gottes

3. Vergleiche die Berichte zur Eroberung Jerusalems miteinander. → M5, M6
4. Bewerte die Kreuzzüge als sog. „gerechten Krieg".

Arabisches Wissen kommt nach Europa

M 1 **Vorschlag für die Anordnung auf einem Ausstellungsplakat**

Die Kreuzfahrer lernten in Spanien und dem Nahen Osten für Europäer unbekannte Früchte, Gewürze und Speisen kennen. Außerdem begegneten sie neuartigen architektonischen Elementen und stießen auf fortschrittliches Wissen. Manches übernahmen sie direkt und brachten es in ihre Heimat mit.

Ausstellung „Arabisches Wissen im Mittelalter“

In eurer Schule soll eine Ausstellung zu diesem Thema erfolgen.
Ihr sollt in Gruppen dazu Ausstellungsplakate gestalten.

Orientiert euch an den Schlagwörtern:

- Medizin und die Gelehrten Ibn Sina und Muhammad ibn Zakarīyā ar-Rāzī,
- Mathematik und der Wissenschaftler al-Chwarizmi sowie
- Astronomie, mit al-Battani und al-Biruni.
- Außerdem könnt ihr auch Lebensmittel oder viele Wörter präsentieren, die aus dem arabischen Kulturkreis nach Europa kamen oder
- architektonische Gestaltungselemente wie Kuppelbauten, arabische Hufeisenbögen und Ornamente.

Vorgehensweise bei der Erstellung

1. Recherchieren

Sucht Informationen zu eurem Schlagwort. Nutzt die Materialien auf der Nebenseite und recherchiert zum Thema weiter.

2. Auswerten

Findet eine passende Überschrift und verfasst einen Infotext zum Thema. Nennt bei Bildern und Texten immer die Quelle.

3. Anordnen

Testet die Anordnung eurer Materialien, bevor ihr sie auf dem Plakat festklebt. Achtet darauf, dass das Plakat gut lesbar ist.

4. Ausstellen

Präsentiert eure Ergebnisse in einer kleinen Ausstellung. Ordnet die Plakate abwechslungsreich und interessant an.

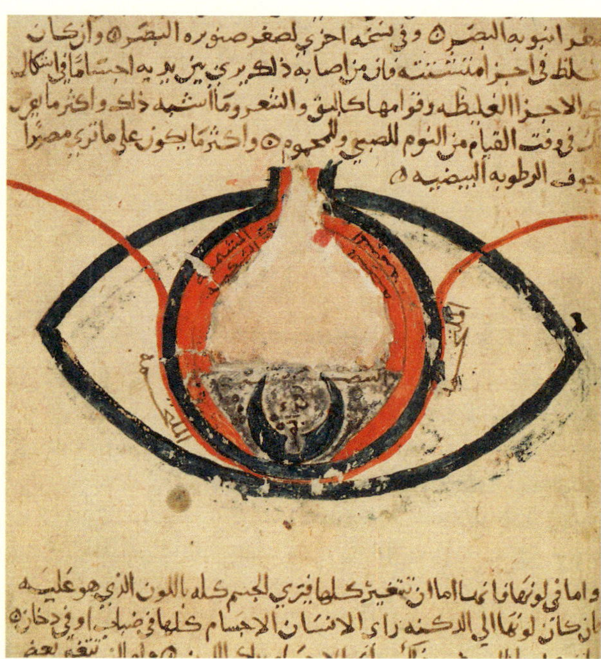

M 2 **Darstellung des Auges in einer medizinischen Schrift aus dem 9. Jh.**

M 3 **Arabische Wissenschaftler**
Die Gelehrten am rechten oberen Rand beschäftigen sich mit einem Astrolabium. Das war ein astronomisches Messinstrument zur genauen Bestimmung von Sternpositionen.

Info

Arabische Errungenschaften

Lupe, Brille, Zahnbürste, Seife, Kaffee, Krankenhaus, Chirurgie, Algebra, Straßenlaternen

Info

Arabisch-indische Ziffern

In Europa galten auch im Mittelalter noch die römischen Ziffern. Erst mit den Kreuzzügen kamen die heute üblichen Ziffern aus dem arabischen Kulturraum nach Europa. Diese waren einfacher zu schreiben und kannten die Ziffer Null, die bis dahin in Europa nicht gebräuchlich war. Der fränkische Gelehrte Adam Ries zeigte die Vorteile und sorgte damit im 16. Jh. für eine Verbreitung.

M 4 **Arabische Wörter**

M 5 **Orientalische Früchte und Gewürze**

M 1 **Der Kaiser und die sieben Kurfürsten 1356** Darstellung von 1493

Das Reich im Spätmittelalter

M 2 **Steinbüste von Kaiser Karl IV.** am Prager Dom. Die Stadt Prag war während der Regierungszeit von Karl IV. (1346-1378) die wichtigste Stadt im Reich. Heutiger Zustand

Von Königsmachern im Spätmittelalter

Im 13. Jh. gerieten die Verhältnisse im Reich durcheinander. Zwei Könige beanspruchten die Herrschaft für sich und jeder behauptete, der einzig rechtmäßige König zu sein. Schließlich mischte sich der Papst ein und forderte die **Kurfürsten** auf, einen König zu wählen. Es hatte sich eine Gruppe herausgebildet, die das alleinige Königswahlrecht beanspruchte:

- drei geistliche Kurfürsten: die Erzbischöfe von Trier, Köln und Mainz.
- vier weltliche Kurfürsten: der Herzog von Sachsen, der Markgraf von Brandenburg, der Pfalzgraf bei Rhein sowie der König von Böhmen.

In einem Reichsgesetz von 1356, der Goldenen Bulle, regelte Kaiser Karl IV. in Absprache mit den Kurfürsten dann endgültig das Wahlverfahren. Der Name des Gesetzes leitet sich vom goldenen Kaisersiegel ab, welches am Pergament befestigt ist. Ab dem 14. Jh. stellten nur noch drei Herrscherfamilien die Könige im Reich: die Habsburger, Wittelsbacher und Luxemburger. Sie hatten am meisten Besitz und kontrollierten große Gebiete.

Das Reich zerfällt

An der Spitze stand zwar immer noch der König, doch nicht nur mächtige Landesherren konnten sich gegen den König im Reich behaupten, sondern sogar kleine Gebiete verselbstständigten sich:

- Sie prägten z. B. in ihrem Gebiet eigene Münzen,
- erhoben selbst Steuern und Zölle,
- erließen eigene Gesetze und entschieden unabhängig vom König in ihren Gebieten bei Rechtsstreitigkeiten.

Info

Territorialisierung
Vergleicht man die Königsherrschaft am Anfang und am Ende des Mittelalters miteinander, so wird klar, dass dem König viel Macht verloren gegangen war. Die Fürsten bestimmten in ihrem eigenen Gebiet und übten Rechte aus, die ehemals dem König vorbehalten waren.

M 3 **Böhmische Kurfürstenkleidung** aktuelles Foto

Gegen Ende des Mittelalters zerfiel das Reich, welches nun Heiliges Römisches Reich Deutscher Nation genannt wurde, in etwa 350 größere und weit über 1000 kleinere Herrschaftsgebiete. Längst waren die *Reichsstände*, die weltlichen und geistlichen Fürsten des Reiches, die tatsächlichen Bestimmer. Eine gemeinsame Verwaltung des Reiches wurde von ihnen angestrebt, doch auf gemeinsame Beschlüsse konnten sich die Reichsstände nur dann einigen, wenn man eigene Rechte und Interessen absicherte.

Reichsstände
Alle weltlichen und geistlichen Fürsten sowie die Reichsstädte, die sich auf den Reichstagen versammelten

M 4 Gesetz zugunsten der Landesherren von 1232

Kaiser Friedrich II. erließ unter dem Druck der Fürsten 1232 eine Verordnung über deren Rechte:

Wir bestätigen ... für alle Zeit Folgendes:
Auf kirchlichem Gebiet darf keine neue Burg oder Stadt unter Berufung auf Hoheitsrechte oder unter irgendeinem anderen Vorwand von uns oder einem anderen gebaut werden.
Ein jeder Fürst habe freien Gebrauch seiner Freiheiten, Gerichtsbefugnisse, Grafschaften und Zehnten, nach den Gewohnheitsrechten seines Landes, [egal ob sie] sein Eigentum oder Lehen [sind].
Im Land eines Fürsten wollen wir keine neuen Münzen ... [prägen] lassen, durch welche die Münzen des Fürsten im Wert gemindert werden könnten.

Deutsche Geschichte in Quellen 1, S. 405 ff. (sprachl. angepasst)

M 5 Die gesetzliche Regelung der Königswahl

In der Goldenen Bulle von 1356 wurde die Wahl des Königs erstmals gesetzlich geregelt:

Nachdem aber die mehrgenannten Kurfürsten oder ihre Gesandten in die Stadt Frankfurt eingezogen sind, sollen sie [gleich] ... zur Wahl schreiten und fortan die genannte Stadt Frankfurt nicht verlassen, bevor nicht die Mehrheit von ihnen der Welt und der Christenheit ein weltliches Oberhaupt gewählt hat, nämlich einen römischen König und künftigen Kaiser ... Nachdem sie oder die Mehrzahl von ihnen an diesem Ort gewählt haben, muss eine solche Wahl gleich gehalten und geachtet werden ... [Wir bestimmen auch], dass, ... [wer] zum römischen König gewählt worden ist, sogleich nach vollzogener Wahl, ... allen und jeden geistlichen und weltlichen Kurfürsten ... [ihre] Rechte, Freiheiten und Vergünstigungen ... bestätigen und bekräftigen soll.

Deutsche Geschichte in Quellen 2, S. 199 f. (sprachl. angepasst)

M 6 Die Kurfürstentümer und Herrscherfamilien im späten Mittelalter
Der Einflussbereich der drei geistlichen Kurfürsten erstreckte sich als Kirchenvorstand immer auf den gesamten Kirchenbezirk des jeweiligen Erzbistums.

Aufgaben

Königsmacher im Mittelalter

1. Benenne die sieben Kurfürsten.
   → M1, M6
2. Begründe die herausragende Stellung der Kurfürsten.
   → M1, M5

Das Reich zerfällt

3. Benenne alle königlichen Rechte, die an die Fürsten abgegeben werden. → M4
4. Stelle dir vor, du bist ein weltlicher Fürst und der Kaiser möchte das Gesetz M4 ändern. Finde Gegenargumente und vertritt deinen Standpunkt. Stühletausch

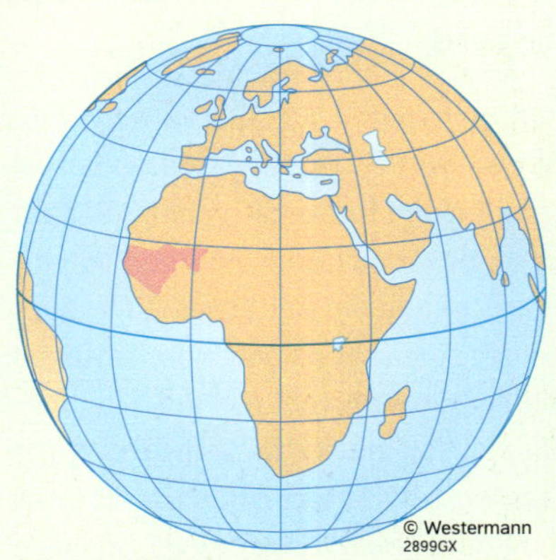

M 1 **Lage des Königreichs Mali**

M 2 **Moschee von Timbuktu**
Die Moschee war gleichzeitig eine Universität, in der Gelehrte Wissen austauschten. Die Türme sind etwa 9 m hoch. Das Gebäude ist etwa 40 m breit und aus Lehm und Sand erbaut. Aktuelles Foto

Afrika im Mittelalter

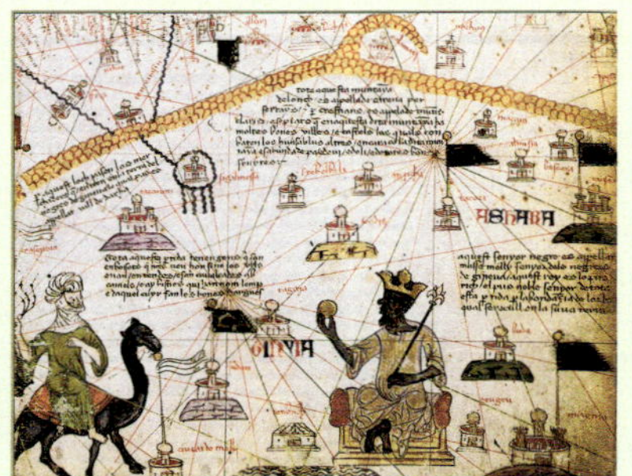

M 3 **König Mansan Musa (ca. 1280–1337)**
Buchmalerei 14. Jh

Südlich der Sahara breitete sich im 13. Jh. das Königreich Mali aus. Die Stadt Timbuktu mit rund 10 000 Einwohnern war der wichtigste Handelsknotenpunkt im damaligen Afrika. Dort begannen die Routen durch die große Wüste nach Norden und kreuzten sich mit denen aus dem südlicheren Afrika.

Das wichtigste Handelsgut war Salz, außerdem wurden Gold, Natur- und Tierprodukte wie z. B. Gummi oder Elfenbein gehandelt. Über Zwischenhändler gelangten die Waren durch die Wüste bis nach Europa. Wie in der Antike wurden auch im Mittelalter afrikanische Menschen als Sklaven gehandelt.

Der malische König Mansan Musa pilgerte im 13. Jh. bis nach Mekka. Er wird von den Historikern als reichster afrikanischer Herrscher im Mittelalter bezeichnet, da er den Goldhandel zwischen dem Königreich Mali und den anderen afrikanischen Gebieten kontrollierte. Angeblich wurde er auf dieser Wallfahrt von 60 000 Bediensteten begleitet. Er holte arabische Architekten und Gelehrte an seinen Hof und die Universitäten seines Landes.

Durch die europäischen Entdeckungsreisen und die gleichzeitige Verlagerung der afrikanischen Handelswege verlor das Königreich Mali dann im 15. Jh. an Bedeutung.

Aufgaben

1. Beschreibe dir bekannte Herrschaftsmerkmale, die du in der Abbildung wiederfindest. → M3
2. Begründe den Aufstieg von Timbuktu zu einer wichtigen Stadt im Königreich Mali. → M1, M2

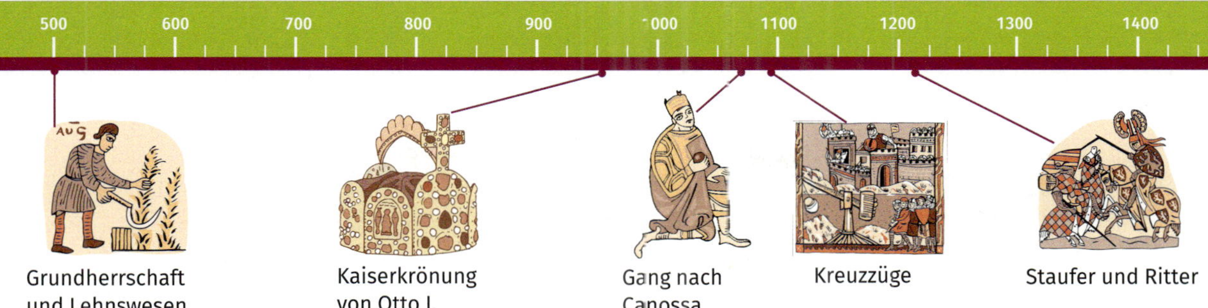

Im Mittelalter (ca. 500–1500) wurde die soziale Ordnung durch das Leben in der **Grundherrschaft** und durch das **Lehnswesen** festgelegt. Der Grundherr bestimmte über die hörigen Bauern, die Frondienste leisten mussten.

Außerdem prägte die christliche Religion das Mittelalter. Deutlich wird dies bei den Mönchen im **Kloster**, deren Tagesablauf von Gebet und Arbeit geprägt war. Sogar das politische Handeln wurde vom Glauben mitbestimmt. Die Verbreitung und der Schutz der christlichen Religion war eine der wichtigsten Aufgaben des Königs. Mit der **Kaiserkrönung Ottos des Großen** im Jahr **962** wurde an die fränkische Tradition angeknüpft. Doch der Anspruch des Königs auf die Einsetzung von Bischöfen führte schließlich zum **Investiturstreit** zwischen Kaiser und Papst.

Im 11. Jh. rief der Papst alle Christen zum **Kreuzzug** gegen Muslime auf. Viele Ritter beteiligten sich daran. Sie bildeten auch eine neue Gruppe von Adeligen, durch die **um 1200** eine **kulturelle Blüte zur Zeit der Staufer** ausgelöst wurde.

Im 13. Jh. beanspruchten die **Kurfürsten** das alleinige Königswahlrecht. Die Fürsten zogen immer mehr Rechte an sich und stärkten ihre Stellung als Landesherrn.

Lesetipps

- Mittelalter Wieso? Weshalb? Warum? ProfiWissen, Band 13. Ein Sachbuch zum Mittelalter, das auch eine Hörbuch-CD und Aufklappseiten enthält.
- Das Mittelalter: Entdeckungsbuch: Lesen – Erkunden – Verstehen. Das Buch beinhaltet vielfältige Blickwinkel auf das Mittelalter wie Rezepte, Quiz- und Detektivseiten.
- Harald Parigger: Verrat am Bischofshof. Ein Ratekrimi aus dem Mittelalter. Die Geschichte spielt um 1350 in Würzburg und es geht um einen Giftanschlag auf den Würzburger Bischof.

Filmtipps

- Das bayerische Jahrtausend (BR): Bamberg & Würzburg – 10./11. Jh. In den Filmen wird die Zeit des frühen und hohen Mittelalters beleuchtet.
- WAS ist WAS (DVD): Ritter und Burgen. Der Film gibt einen Einblick in das Leben als Ritter und auf einer Burg.
- Die Kreuzzüge – Halbmond und Kreuz. Der Film beinhaltet digitale Rekonstruktionen von Schlachten und Jerusalem zur Zeit der Kreuzzüge.
- Kreuzzug in Jeans. Im Film reist ein 13-jähriger Junge mit einer Zeitmaschine in die Zeit der Kreuzzüge.

1. Leben im Kloster

Ich kann ...

a) verschiedene Tätigkeiten beschreiben, die Mönche in einem Kloster ausübten. → M1

b) die Aussage „ora et labora“ erklären.

c) die Rolle der Klöster für die Sammlung von Wissen erläutern. → M1

M 1 **Mönch in einer Schreibstube**

2. Lehnswesen und Grundherrschaft

Ich kann ...

a) im Buchstabengitter sieben Begriffe zum Lehnswesen und der Grundherrschaft finden. → M3

b) die Rechte eines Grundherrn erklären.

c) erläutern, mit wessen Hilfe der König sein Reich in den Regionen regierte. → M2

A	C	H	I	K	B	F
G	H	O	L	N	A	R
R	Z	E	H	N	T	O
U	W	R	K	E	R	N
N	N	I	V	M	E	D
D	B	G	A	D	U	I
H	I	E	S	T	E	E
E	O	M	A	G	U	N
R	P	V	L	H	C	S
R	A	A	L	S	L	T
U	N	F	R	E	I	F

M 3

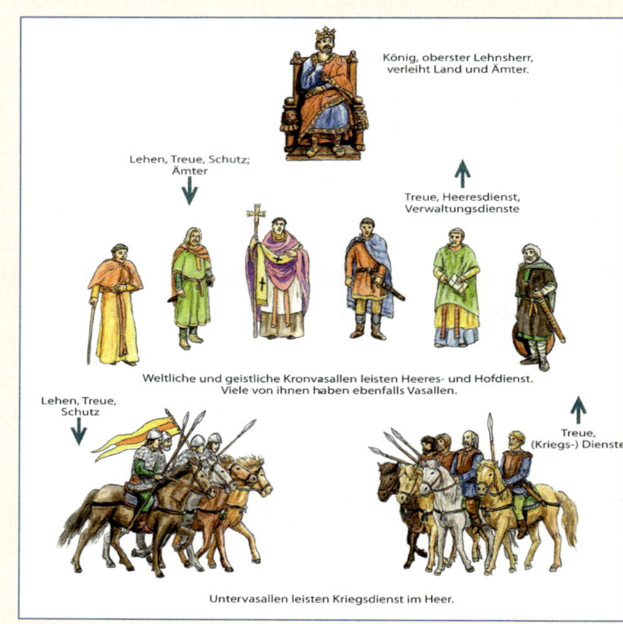

M 2 **Lehnspyramide**

3. Macht und Religion

Ich kann ...

a) die beiden Mächte benennen, die im Mittelalter miteinander in Streit gerieten. → M4

b) erklären, warum die Veränderung bei der Bischofsernennung die Macht des Königs gefährdete. → M3

c) erläutern, wie im Mittelalter Religion und Königsherrschaft zusammenhingen.

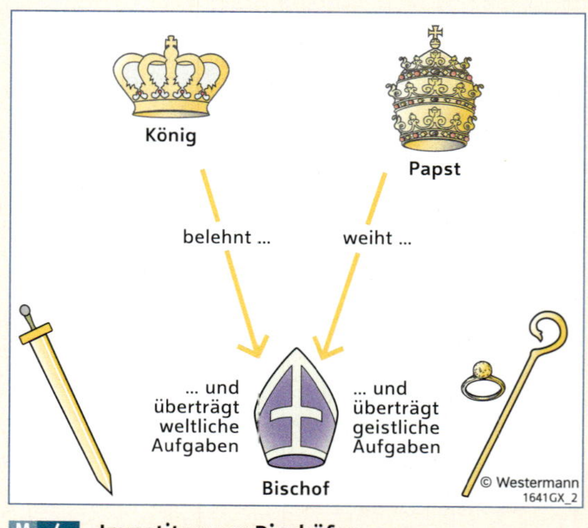

M 4 **Investitur von Bischöfen**

①
⑤
③
④
②

M 5 **Rekonstruktionszeichnung**

4. Ritter und die höfische Kultur

Ich kann ...

a) den Ziffern folgende Begriffe zuordnen: Zugbrücke, Burgmauer, Wehrgang, Palas und Bergfried. → M5
b) erklären, zu welchem Zweck im Mittelalter Burgen errichtet wurden. → M5
c) erläutern, wodurch sich die höfische Kultur der Ritter vom anderen Leben abhob.

5. Kreuzzüge und arabische Kultur

Ich kann ...

a) Gründe für die Kreuzzüge benennen. → M6
b) die Rolle der Kirche bei den Kreuzzügen beschreiben.
c) erläutern, welche muslimischen Kulturleistungen durch die Kreuzzüge in die europäische Welt übernommen wurden.

M 6 **Kreuzritter und arabischer Reiter** Buchmalerei 14. Jh.

6. Methode: Umgang mit Geschichtskarten

Ich kann ...

a) die Methode zum Umgang mit Geschichtskarten anwenden. → M7
b) die Gebiete benennen, in denen christliche und islamische Kultur einander begegneten. → M7
c) erklären, warum die christlichen Kreuzfahrerstaaten wieder untergingen.

WES-112129-104 Lösungen zum Kompetenzcheck

M 7 **Kreuzfahrerstaaten**

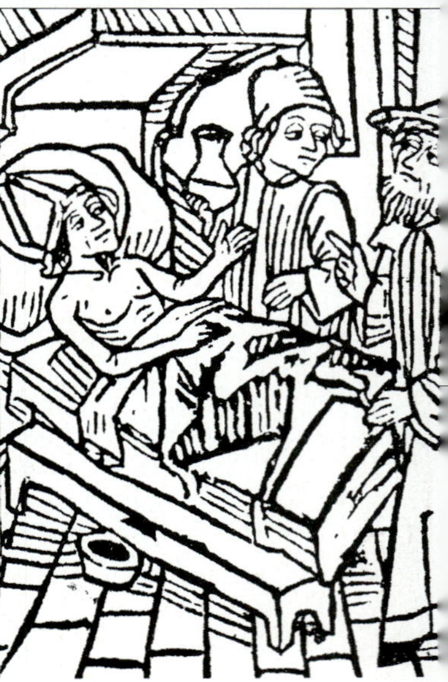

02

LEBEN IM MITTELALTER

Die meisten Menschen im Mittelalter lebten im ländlichen Raum. Die Städte entwickelten sich zum Großteil erst während des Mittelalters. Dort arbeiteten und lebten Händler, Handwerker und Kaufleute.

Baumeister erbauten unter anderem Kirchen. Das Leben der Menschen in den Städten und auf dem Land war von harter Arbeit geprägt. Hunger und Seuchen bedrohten oft ihre Existenz.

→ Wie lebten die Menschen auf dem Land und in der Stadt?

→ Welche Gründe und Ursachen gab es für den Aufschwung des Städtewesens?

→ Wer verwaltete die Stadt?

→ Welche Baustile gab es im Mittelalter?

→ Welche Gefahren bedrohten die Menschen?

M 1 **Weinstadel und Wasserturm in Nürnberg** aktuelles Foto
M 2 **Fenster des Regensburger Doms – Südseite** aktuelles Foto
M 3 **Mittelalterlicher Handwerker, der Fassbinder** Holzschnitt 16. Jh.
M 4 **Der Patrizier Peter Stromer aus Nürnberg** Radierung um 1315
M 5 **Ein jüdischer Arzt bei seinem Patienten** Holzschnitt 1487
M 6 **Abtransport von Pestleichen** Gemälde 1481

Leben im Mittelalter – die Ständeordnung

Klerus
Als Klerus oder Geistlichkeit bezeichnet man alle Personen, die ein kirchliches Amt ausüben, z. B. Mönche, Nonnen, Pfarrer oder Bischöfe. Auch der Papst gehört zum Klerus.

Jeder auf seinem Platz

Im Mittelalter gab es drei **Stände**: den *Klerus*, den **Adel** und die Bauern. Der Aufbau der mittelalterlichen Gesellschaft war sehr starr, die Menschen hatten kaum die Möglichkeit, ihre gesellschaftliche Stellung zu verändern, denn jeder Mensch bekam durch Geburt seinen Platz in der Gesellschaft zugewiesen. Zwischen den durch Geburt festgelegten Positionen gab es große Unterschiede hinsichtlich der ...

- Freiheit oder persönlichen Abhängigkeit,
- Reichtum oder Armut,
- Macht und Einfluss oder Rechtlosigkeit.

Dennoch gelang einigen kleinen Bevölkerungsgruppen trotz des starren Gesellschaftsaufbaus ein sozialer Aufstieg. Dies galt z. B. für die ehemals unfreien Dienstboten, die im Dienste eines Adligen die Verwaltungsaufgaben ausführten, oder für die **Bürger** der im Hochmittelalter entstehenden Städte.

Der Klerus und der Adel

Die Geistlichkeit war der erste Stand und hob sich durch die kirchliche Weihe ihrer Mitglieder von allen anderen Menschen, die als Laien bezeichnet werden, ab. Durch besondere Vorrechte grenzte sich der Klerus von den anderen Menschen ab: Sie waren von der weltlichen Gerichtsbarkeit befreit und unterstanden dem Kirchenrecht. Außerdem mussten sie keine weltlichen Abgaben oder Steuern bezahlen. Zu ihren Aufgaben zählte das Gebet, ein würdiger Lebenswandel sowie die Kinder- und Ehelosigkeit. Geistlicher konnte man nicht durch Geburt werden, sondern man trat in ein Kloster ein oder wurde zum Priester ausgebildet.

Die Zugehörigkeit zum zweiten Stand, dem Adel, war durch die Geburt vorgegeben. Zum Adel zählten Könige, Herzöge, Grafen und Ritter, die eine wohlhabende Personengruppe darstellten und über politische Macht verfügten. Herrschaft und Besitz befanden sich weitgehend in ihrer Hand. An der Spitze des Adels stand der gewählte König, ihm untergeordnet waren Herzöge, denen die Grafen unterstanden. Diesen waren die Ritter untergeordnet. Im Lehnswesen spielten sie eine wichtige Rolle.

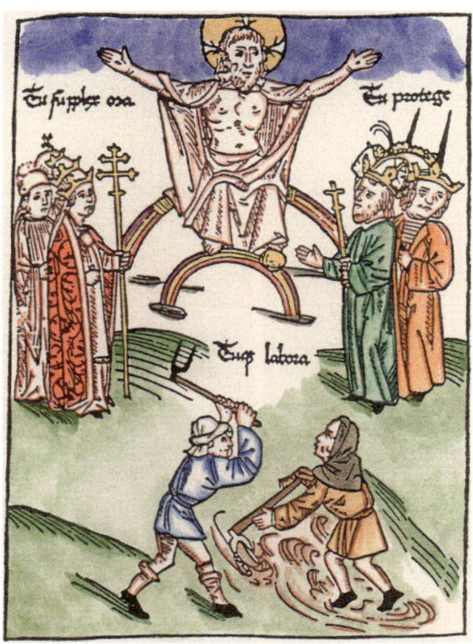

M 1 Die drei Stände
„Du bete demütig“ (tu supplex ora), „du schütze“ (tu protege) „und du arbeite“ (tuque labora) – so teilt der segnende Christus den drei Ständen ihre Aufgabe zu. Holzschnitt 1492

Wer gehörte zum dritten Stand?

Die Bauern waren die größte Gesellschaftsschicht, die weit über 90 % der Bevölkerung ausmachte. Ihre Aufgabe war es, die Menschen zu versorgen. Durch die Grundherrschaft wurde festgelegt, welche Rechte und Pflichten die Bauern jeweils hatten. So bestanden viele unterschiedliche Abhängigkeiten von ihren Grundherrn. Als Gegenleistung wurden die Bauern beschützt. Die Lebensbedingungen eines Hörigen auf dem Land unterschieden sich erheblich vom Leben eines Adligen auf einer Burg oder als Abt in einem Kloster.

Jeder Stand erforderte eine bestimmte Kleidung, sodass man bereits von Weitem erkennen konnte, zu welchem Stand jemand gehörte. Mit der Gründung der Städte im Hochmittelalter kamen zum dritten Stand die freien Bürger hinzu.

M 2 Eine Äbtissin über die Ständeordnung

Die Äbtissin Hildegard von Bingen schrieb um 1150 über die Ständeordnung:

Gott achtet bei jedem Menschen darauf, dass sich der niedere Stand nicht über den höheren erhebe, wie [es] Satan und der erste Mensch getan …
Wer steckt all sein Viehzeug zusammen in einen Stall: Rinder, Esel, Schafe, Böcke? Da käme alles übel durcheinander! So ist auch darauf zu achten, dass nicht alles Volk in einer Herde zusammengeworfen werde … Es würde eine böse Sittenverwilderung einreißen … Gott teilt sein Volk auf Erden in verschiedene Stände.

Zit. nach: Diers, M.: Hildegard von Bingen, S. 49 f.

M 4 Ein Bischof über die Ständeordnung

Der französische Bischof von Laon schrieb 1016 über die Ständeordnung:

Das Haus Gottes ist dreigeteilt: Die einen beten, die anderen kämpfen, die dritten endlich arbeiten. Diese drei … können nicht getrennt werden. Die Dienste des einen sind die Bedingungen für die Werke der beiden anderen. Jeder trachtet danach, das Ganze zu unterstützen.

Zit. nach: Schmid, H. D.: Fragen an die Geschichte, S. 15. (verändert)

M 5 Aus der Chronik des Jean Froissart

Der Dichter und Geschichtsschreiber Jean Froissart schrieb 1387 über die Ständeordnung in seiner Chronik:

Die Dinge können nicht gut gehen, bis es so weit ist, dass aller Besitz gemeinsam wird und es weder Bauern noch Edelleute gibt und wir alle eins sind. Aus welchem Grund sind die, die wir Herren nennen, größere Meister als wir? Und wenn wir alle von einem Vater und einer Mutter, Adam und Eva, abstammen, inwiefern können sie beweisen, dass sie mit besserem Grund als wir Herren sind?

Chronik des Jean Froissart, 1387 (verändert)

M 3 Der Sohn des alten Helmbrecht

Im 13. Jh. verfasste der Autor Wernher der Gärtner ein Gedicht über den Sohn eines wohlhabenden Bauern, der von zu Hause auszog, um ein Ritter zu werden:

Der alte Meier Helmbrecht hatte einen Sohn. Dem jungen Helmbrecht hingen die Locken bis auf die Achseln, er steckte sie in eine schöne seidene Haube, die … bunt bestickt war. …
Als der stolze Knabe so geschmückt war, sprach er zu seinem Vater: „Jetzt will ich zu Hofe gehen, gib auch du, mein lieber Vater, mir etwas zu Hilfe.“ Der Vater erwiderte: „Wohl könnte ich dir einen schnellen Hengst kaufen …, aber, lieber Sohn, lass ab von der Fahrt nach Hofe, Hofbrauch ist hart für den, der ihn nicht von Jugend gewöhnt ist. … Sieh, wie ich lebe, treu, ehrbar, redlich; ich gebe alljährlich meinen Zehnten und habe nicht Hass, nicht Neid mein ganzes Leben durch erfahren. … Bei Hofe leidest du Hunger, musst hart liegen und alle Liebe entbehren, dort wirst du der Spott der rechten Hofleute, vergebens suchst du, es ihnen gleichzutun, und wieder gerade dich trifft der größte Hass des Bauern, am liebsten wird er an dir rächen, was ihm die anderen vornehmen Räuber genommen haben.

Zit. nach: Freytag, G.: Bilder aus der deutschen Vergangenheit. Band 1, S. 197 ff. (verändert)

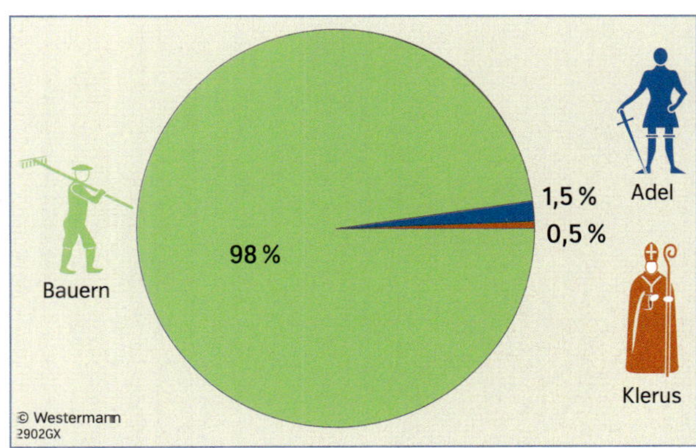

M 6 Bevölkerungsverteilung der drei Stände
Kreisdiagramm

Aufgaben

Die Ständeordnung

1. Nenne die mittelalterlichen Stände. → M1
2. Beschreibe den Unterschied zwischen Klerus und Adel.
3. Begründe die Abhängigkeiten der einzelnen Stände voneinander. → M1
4. Untersuche die unterschiedlichen Ansichten über die Ständeordnung. → M2, M4, M5
5. Berichte in eigenen Worten, wie der Vater seinen Sohn davon überzeugen möchte, nicht an den Hof zu gehen. → M3
6. Erläutere das Diagramm zu den drei Ständen. → M6
7. Diskutiert Gründe, die für bzw. gegen das Festhalten an der Ständeordnung sprechen. → M2–M6, Kugellager

Das Leben auf dem Land – die Agrargesellschaft

M 1 Bauer beim Pflügen
Bildausschnitt aus einem Wandteppich 11. Jh

Die Lebenswelt der Bauern

Im Mittelalter lebte der Großteil der Menschen, etwa 90 %, in Dörfern auf dem Land und waren Bauern oder einfache Handwerker. Mit ihrer Arbeit sicherten sie nicht nur ihren eigenen Lebensunterhalt, sondern sie mussten auch den Klerus, den Adel und die Menschen in den Städten ernähren.

Alles, was der Bauer zum Leben benötigte, stellte er selbst her, er war Selbstversorger. Getreide war die wichtigste Nahrungsgrundlage im Mittelalter. Die ärmeren Bauern ernährten sich hauptsächlich von einem Brei, der aus Hafer und Wasser bestand.

- Aus Gemüse wurden Eintöpfe zubereitet.
- Obst gab es nur zur Erntezeit.
- Fleisch, Eier und Käse wurden überwiegend als Abgaben an den Grundherrn geliefert.

Die Ernte reichte nur selten aus, um ausreichend Vorräte für Notzeiten anzulegen. Die Bauern mussten auch bei Missernten oder in Zeiten großer Hungersnöte Abgaben an ihren Grundherrn abgeben, was oft die Hungersnot der Bauern verstärkte.

Entwicklungen in der Landwirtschaft

Durch viele Erfindungen verbesserte sich im Laufe des Mittelalters die landwirtschaftliche Produktion. Im 11. Jh. ersetzte der Räderpflug den einfachen Hakenpflug: Das eiserne Pflugmesser riss den Boden tiefer auf, die Schneide des Pfluges zerkleinerte die Erde und das Streichblech wendete direkt das Erdreich für die Düngung oder die Saat. Dadurch verbesserte sich der Ernteertrag beträchtlich. Durch den Einsatz von Pferden statt Ochsen als Zuggespann für den Pflug konnte ein Feld wesentlich schneller umgepflügt werden, da die Pferde mehr Kraft hatten und leichter zu lenken waren. Zudem bot das Pferd auch den Vorteil, als Reittier genutzt werden zu können. Weitere Erfindungen und Entwicklungen entlasteten das harte Leben in der Landwirtschaft. Eine zusätzliche Erleichterung brachte der Einsatz der Schubkarre, der ab dem 13. Jh. für Europa gesichert ist. Nun konnte schwere Last einfach von einer Person befördert werden. Der Einsatz von Mist als Dünger brachte eine ertragreichere Ernte.

M 2 Bauernhaus
So könnte ein Bauernhaus im Mittelalter ausgesehen haben. Rekonstruktionszeichnung

Die Wohnverhältnisse der Bauern

Die Bauern lebten größtenteils in Holzhäusern, da Steinhäuser sehr teuer waren und nur die reichsten Bauern sich diese leisten konnten. Die Dächer der Häuser bestanden aus Stroh oder Holzschindeln. Nur das offene Herdfeuer heizte die Häuser, dessen Rauch durch Tür- und Dachöffnungen abziehen konnte. Später unterteilte man die Häuser in einzelne Kammern und ersetzte offene Herdstellen durch einen Ofen oder einen geschlossenen Herd. Im Winter wurden oft Tiere als Wärmequellen mit in die Bauernhäuser genommen.

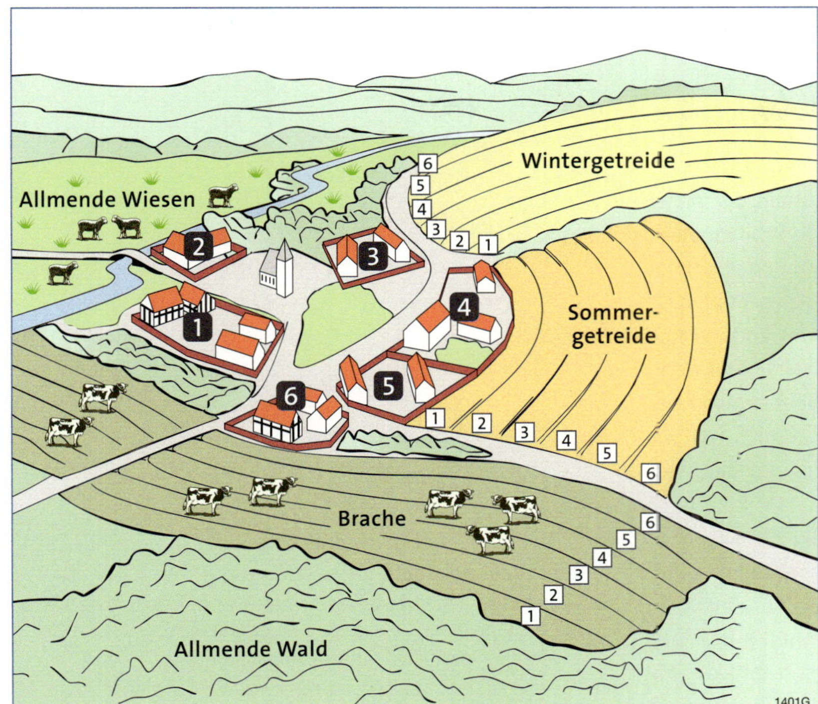

M 3 Mittelalterliches Dorf mit Dreifelderwirtschaft und Allmende
Die Nummern zeigen an, welches Feld der Grundherr welchem Hof zugewiesen hat. Die Allmende gehört der Dorfgemeinschaft und darf von allen Dorfbewohnern genutzt werden.

Von der Zweifelder- zur Dreifelderwirtschaft

Bisher hatten die Bauern immer nur eins von zwei Feldern bewirtschaftet. Das andere wurde nicht bebaut, damit der Boden sich wieder erholte. Im Mittelalter ging man nun zu einer neueren, besseren Form der Feldbewirtschaftung über, die die Mönche in den Klöstern entwickelt hatten. Die Bauern säten eine Getreidesorte im Frühjahr, andere aber auch schon im Herbst. Dann lag zwar das eingesäte Korn unter der Schneedecke, es kam aber zeitig hervor und die Bauern konnten es eher ernten.

Die Felder teilten sie in drei Einheiten ein:
- Auf einem Stück bauten sie Wintergetreide (Roggen, Weizen) an
- auf dem zweiten Stück Sommergetreide (Hafer, Gerste) und
- das dritte Stück blieb als *Brache* liegen.

Im nächsten Jahr wurde gewechselt und im dritten wieder. Mit der Durchsetzung der Dreifelderwirtschaft erhöhten sich die Ernteerträge und eine Missernte bedeutete nicht gleich große Not, da man zweimal im Jahr ernten konnte. Ernteüberschüsse wurden von den Grundherrn einbehalten.

Brache
Brache bezeichnet ein unbestelltes Feld, d. h. hier wurde ein Jahr lang nichts angebaut.

Aufgaben

Das Leben der Bauern

1. a) Beschreibe die Aufgaben des dritten Standes.
   b) Stelle dar, weshalb der erste und der zweite Stand auf die Bauern angewiesen waren.
2. Erstelle eine Mindmap zu den Wohnbedingungen der Bauern.
3. Vergleiche die damaligen Wohnverhältnisse mit deinen eigenen. → M2, Placemat

Entwicklungen in der Landwirtschaft

4. Nenne die Vorteile von Pferden in der Landwirtschaft. → M1
5. a) Beschreibe, wie die Dreifelderwirtschaft funktioniert. → M3
   b) Begründe die Vorteile der Dreifelderwirtschaft. → M3

M 4 Mittelalterliche Ernährung

Der Historiker Arno Borst berichtet in seinem Buch „Lebensformen im Mittelalter" über die Ernährungsgewohnheiten der einfachen Bevölkerung im Mittelalter:

Im 13. Jh. ist Brot kein Leckerbissen mehr wie im 10. Jh., wo selbst vornehme Mönche nicht jeden Tag Brot bekommen; auch der Arme hat Anspruch auf Brot. Ähnliches gilt für Wein, dessen Qualität freilich fast durchweg bescheiden ist. Brot und Wein sind so weit verbreitet, weil Rodung und Landesausbau die Vermehrung der Ackerflächen und Weinberge ermöglicht haben; technische Verbesserungen der Mühlen und beim Keltern[1] tragen dazu ebenso bei wie Transporterleichterungen durch Straßenbau und Marktverflechtung.

... Bestehen blieben außerdem die sozialen Differenzierungen im Speisezettel; Fleisch ist vornehmen Kreisen vorbehalten, die Wildbret[2] jagen, während Bauern nur einmal im Jahr ihr Schlachtfest mit Schweinefleisch halten und sich sonst mit Pflanzenkost und Milchprodukten begnügen.

[1] Auspressen der Trauben
[2] Fleisch von freilebenden Tieren, die dem Jagdrecht unterliegen

Borst, A.: Lebensformen im Mittelalter, S. 189.

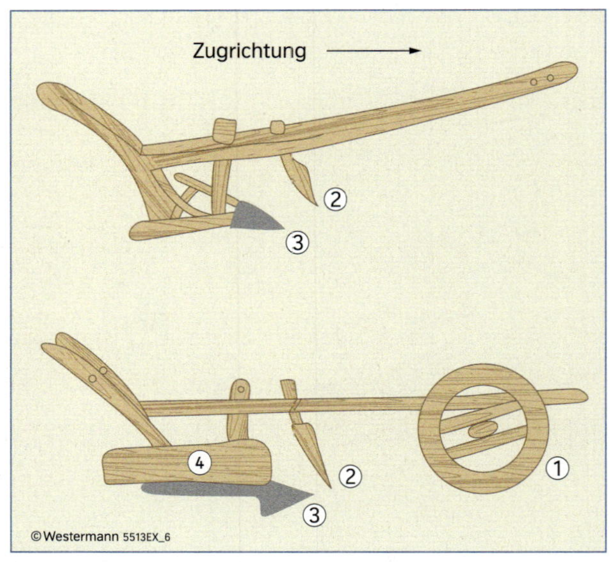

M 5 Vom Hakenpflug zum Räderpflug

Der Räderpflug hat vorne ein Radvorgestell (1), dahinter befindet sich das Pflugmesser (2), das den Boden senkrecht tief einschnitt und in Streifen nach oben drückte und umdrehte.
Durch die eiserne Pflugschar (3), die tief in die Erde eindrang, wurden ganze Schollen angehoben und durch das Streichbrett (4) umgebrochen.

M 6 Hunger

Eine zeitgenössische Quelle berichtete über den Hunger des Jahres 1343:

Im Jahr 1343 war in Unterbayern eine solche Teuerung ausgebrochen, dass die Einwohner die Rinden von den Bäumen abschälten. Sie zerrieben dieselben ..., machten einen Teig wie zu Brot daraus und aßen ihn; oder sie zerstampften jene Sachen in der Mühle ..., verzehrten diese und bezwangen die Qual eines grauenhaft herrschenden Hungers.

In demselben Jahr zudem, wird erzählt, habe um die Himmelfahrt des Herrn [Mitte Mai] ein furchtbar verderblicher Hagel auf die Strecke von vielen Meilen um Augsburg herum, eine vorzügliche Stadt, die Hauptstadt von Schwaben, ... die gewachsenen Früchte des überaus fruchtbaren Landes geschlagen, sodass die Bewohner jener Gegend zur Zeit der verderblichen und tödlichen Hungersnot den allerhöchsten Verlust zu ertragen hatten.

Denn sie verloren nicht nur die Früchte oder den üppigen Ertrag jenen Jahres, sondern mussten die Felder auch wieder neu umbrechen und für das vom Hagel verwüstete Korn nun Weizen und Gerste säen.

von Winterthur, J.: Auf dem Lande, S. 83 f.

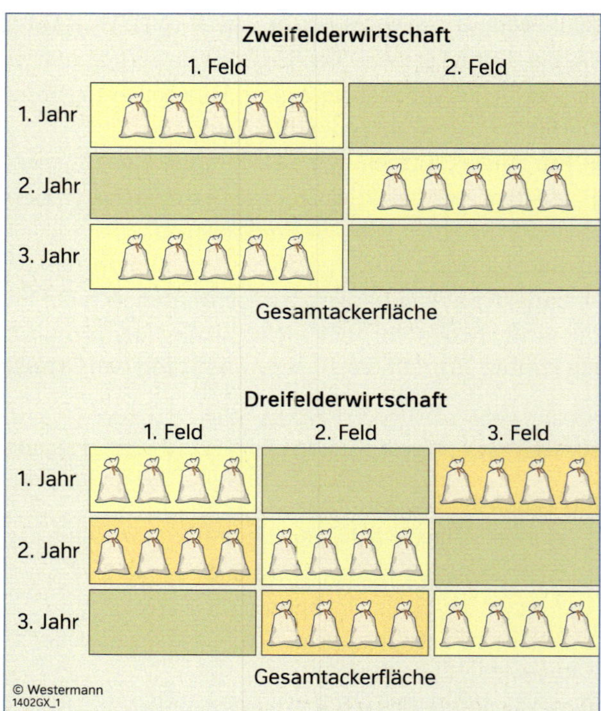

M 7 Erträge bei der Zwei- und Dreifelderwirtschaft

M 8 **Arbeiten der Bauern in den zwölf Monaten des Jahres** Buchmalerei 1460

Getreide dreschen * Schafe scheren * Weintrauben mit den Füßen auspressen * mit der Sense Heu machen * Getreide mit der Sichel ernten * Weinreben schneiden * jagen * schlachten * Schweine zum Fressen in den Wald treiben * Wintergetreide säen * Mist ausbringen * den Boden aufhacken

Aufgaben

Die Lebenswelt der Bauern

1. Beschreibe die Lebensumstände der Bauern. → M4, M6, M8
2. Erläutere die Ernährungsgewohnheiten der Bauern im Mittelalter. → M4, M6

Entwicklungen in der Landwirtschaft

3. Beschreibe die Vorteile der Dreifelderwirtschaft. → M7
4. Vergleiche den Haken- mit dem Räderpflug. → M5
5. a) Ordne jedem Bild eine Tätigkeit zu. → M8

Monat	Arbeiten
Januar	...

   b) Stelle dir vor, du bist ein Bauer. Schildere deinen Arbeitstag. → M8, Stühletausch

Stadt im Mittelalter – Entwicklung und Bewohner

Wo mittelalterliche Städte entstanden

Städte entstanden oft in der Nähe von Burgen, Pfalzen, Klöstern oder Bischofssitzen, andere Städte entwickelten sich aus Römersiedlungen. Die Kaufleute und Handwerker siedelten vor allem an Kreuzungen von Handelswegen, Brücken, Flussmündungen und *Furten*.

Furten
Furten sind flache Stellen in einem Fluss, an denen man den Wasserlauf überqueren kann.

Das **Stadtrecht** war ein vom Stadtherrn verliehenes Vorrecht, durch das ein Dorf oder eine vorstädtische Siedlung zur Stadt erhoben wurde. Das konnte ein Bischof, ein Adliger oder auch ein Kloster sein. Eine Sonderstellung hatten die Reichsstädte, die unter besonderem Schutz des Königs standen und ihn als Stadtherrn hatten.

M 1 Orte, an denen Städte gegründet wurden

Typisch Stadt: Stadtmauer, Markt und Steingebäude

Die Bürger einer Stadt erhielten das Recht, Mauern und Tore zum Schutz zu errichten, mussten aber dafür Abgaben zahlen. Der Schutz der Stadt ermöglichte den Bewohnern ein vergleichsweise sicheres Leben.

Ein weiteres typisches Merkmal einer mittelalterlichen Stadt waren die Kirchen und Häuser aus Stein von wohlhabenden Menschen. Von Weitem ähnelten die Städte mit ihren Mauern, Kirchtürmen und Toren einer großen Burg, weshalb die Stadtbewohner auch Bürger genannt wurden.

Durch das Marktrecht garantierte der Stadtherr der Stadt wichtige Einnahmen. Der Markt war meist ein großer Platz, an dem Handwerker, Händler und die Bauern aus dem Umland ihre Erzeugnisse verkauften. Er war auch wichtig für den Informationsaustausch. So brachten die weit gereisten Händler Neuigkeiten aus anderen Reichsteilen mit auf den Markt.

„Stadtluft macht frei“

Im Mittelalter entwickelten sich die Städte sehr schnell. Seit dem 9. Jh. wuchs die Bevölkerung in Europa langsam, aber stetig an. Daher konnten nicht alle Kinder der Bauern auf dem Hof ihrer Eltern bleiben, wenn sie erwachsen wurden. Sie verließen den elterlichen Hof und versuchten, als Handwerker oder Händler in einer nahe gelegenen Stadt Arbeit zu finden. Viele Bauern zog es vom Land in die Stadt. Fehden zwischen den Grundherren führten dazu, dass Äcker zerstört wurden und Ernten ausblieben. Für viele Unfreie auf dem Land boten vor allem die Reichsstädte einen großen Anreiz: Wer sich ein Jahr und einen Tag unbehelligt dort aufhielt, durfte von seinem Herrn nicht mehr zurückgeholt werden. Auch wenn die Bewohner der Städte nach Freiheit strebten und den Schutz der Städte suchten, besaßen sie doch nicht alle die gleichen Rechte.

Bürgerrechte und Bürgerpflichten

Das Bürgerrecht bekam nur, wer Steuern zahlte. Wer das Bürgerrecht hatte, konnte Grundstücke kaufen und vererben. Sie waren berechtigt, vor dem Stadtgericht zu klagen, und durften den Rat der Stadt wählen. Damit hatten die Bürger Einfluss auf die Politik der Stadt. Es gab aber auch Pflichten für die Bürger: Sie verteidigten die Stadt mit Waffen, wenn sie angegriffen wurde. Sie mussten den Stadtfrieden einhalten und einen Abschnitt der Stadtmauer bewachen und verteidigen.

Die Stadtbevölkerung war vielfältig

Viele Kaufleute waren im Laufe der Zeit sehr reich und mächtig geworden. Die meiste Macht hatten in der mittelalterlichen Stadt die Patrizier. Das waren häufig Kaufmannsfamilien der Oberschicht, die ihren Reichtum dem Handel mit fernen Ländern verdankten. Sehr einflussreich waren zudem die Handwerksmeister. Einen weiteren großen Anteil an der Stadtbevölkerung hatten Bedienstete der Stadt, wie Nachtwächter, Stadtschreiber, Ärzte und Apotheker. Sie bildeten die Mittelschicht und hatten das Bürgerrecht. Handwerksgesellen, Tagelöhner, Hilfsarbeiter und Dienstboten gehörten auch zur Stadtbevölkerung, sie besaßen aber in der Regel kein Bürgerrecht. Dennoch hatten sie Anspruch auf den Schutz der Stadt. Ohne Bürgerrecht waren viele Personen, deren Berufe als unehrenhaft galten, wie Totengräber oder Henker, ebenso wie Handwerksgesellen, Knechte und Mägde. Sie verdienten sogar zu wenig, um heiraten und eine Familie gründen zu können. Sie lebten meist im Haushalt ihrer Handwerksmeister.

WES-112129-201
Hörszene zur Stadt im Mittelalter

Juden hatten es schwer in der Stadt

Am Anfang des Mittelalters waren die Juden häufig als Kaufleute, Steuereinnehmer oder Goldschmiede tätig. An den Höfen wurden sie von Fürsten und Königen als Leibärzte und Händler mit Luxuswaren eingestellt. Ihr Wirken als Gelehrte oder Ärzte war allseits gerühmt. Durch ihre internationalen Handelsbeziehungen leisteten sie einen bedeutsamen Beitrag zur Entwicklung der Städte im Mittelalter. Oft genossen sie einen besonderen Schutz durch den König wie Steuerfreiheit und die Befreiung von Zöllen. Mit dem Aufkommen der Handwerkszünfte und Kaufmannsgilden, denen Juden nicht beitreten durften, wurden viele jüdische Geschäftsleute aus dem Handel gedrängt. Nach und nach durften sie nur noch im Geldverleih und im Fernhandel tätig sein. Durch weltweite Kontakte zu anderen jüdischen Gemeinden konnten sie Luxuswaren an- und verkaufen und brachten seltene Güter in ihre Stadt. Da dies einigen Juden zu großem Wohlstand verhalf, rief dies wiederum auch Neid bei der christlichen Bevölkerung hervor. Als die christlichen Kaufleute immer mächtiger wurden, verdrängten sie die Juden aus dem Handel. Außerdem gab es Vorurteile gegenüber Juden: So war die absurde Vorstellung verbreitet, die jüdische Religion fordere den Mord christlicher Kinder und die Juden seien schuld an Seuchen und Krankheiten. Dies führte im 13. und 14. Jh. zu Pogromen, d.h. zur Verfolgung und Tötung von Juden. Im späten Mittelalter wurde ihnen ein sogenanntes **Getto**, ein durch eine bewachte Mauer abgegrenztes Wohngebiet, als Lebensraum zugewiesen.

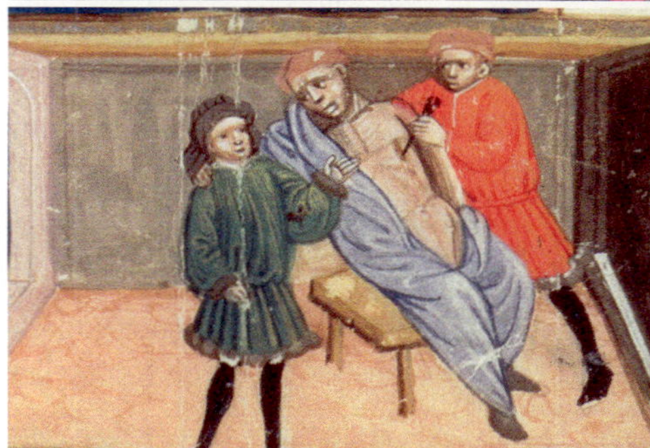

M 2 Jüdische Ärzte und Apotheker
Der Arztberuf blieb einer der wenigen angesehenen Berufe, denen Juden vor dem Hintergrund der zahlreichen Berufsverbote nachgehen durften. Jüdische Ärzte waren an den Herrscherhöfen Europas hoch geschätzt und bekleideten dort oftmals wichtige Positionen. Die Abbildungen zeigen eine Apotheke (oben) und medizinische Eingriffe eines jüdischen Bader-Chirurgen (unten). Buchmalerei 15. Jh.

Aufgaben

Die Entwicklung mittelalterlicher Städte

1. Benenne, an welchen Orten Städte im Mittelalter gegründet wurden. → M1
2. Erläutere die Aussage: „Stadtluft macht frei“.
3. Suche Städte in Bayern mit der Endung „-burg“ oder „-furt“.

Stadtgesellschaft

4. a) Erstelle ein Schaubild über die Bevölkerung in der mittelalterlichen Stadt.
   b) Vergleiche dein eigenes Schaubild mit dem Material auf Seite 62/63.
5. Erläutere die Leistung und Sonderstellung der jüdischen Bevölkerung. Wie konnte es zur Ausgrenzung von Juden in mittelalterlichen Städten kommen? → M2
6. Recherchiert in eurer Heimatregion jüdisches Leben im Mittelalter.

M 4 **Ansicht der Stadt Nürnberg von Süden**
Holzschnitt von Michael Wolgemut aus der Schedelschen Weltchronik 1493

M 5 Die Gründung der Stadt Rothenburg

Auf der Homepage der Stadt Rothenburg finden sich folgende Informationen zur Stadtgründung:

Um 970 gründet der ostfränkische Adelige Reinger die Pfarrei Detwang im Taubertal unterhalb der späteren Stadt Rothenburg. ... Um 1080 errichten die Grafen vom Komburg eine Burganlage auf dem sogenannten „Essigkrug"[1] ...
1116 fällt ihr Erbe an das von ihnen gegründete Kloster Komburg (bei Schwäbisch Hall) und an das Stift Neumünster in Würzburg.
1142 erwirbt König Konrad III., der erste Stauferkönig, das [Gebiet] der späteren Stadt und lässt auf einem Bergsporn oberhalb der Tauber die „Rote Burg" bauen. Diese wird 1167 erstmals als „Castrum Imperiale"[2] ... bezeichnet.
Zusammen mit einer Burgsiedlung geht daraus gegen Ende des 12. Jahrhunderts die Stadt hervor, die 1241 erstmals „Civitas" genannt wird: mit einem ersten Befestigungsring und einem Marktplatz, einer Stadtkirche, der Niederlassung zweier Ritterorden (Johanniter, Deutscher Ritterorden) und zweier Klöster (Dominikanerinnen, Franziskaner).

[1] Rothenburger Burgberg [2] lateinisch für Reichsburg

http://www.rothenburg.de/stadtportrait/geschichte/

M 6 Augsburger Stadtrecht

Das Stadttor grenzte im Mittelalter den Lebensraum innerhalb der Stadt von dem ländlichen Raum ab:

Es sollen auch die Tore dieser Stadt Augsburg für alle Zeiten in der Gewalt der Bürger sein und sonst in keiner Gewalt. Nur im Auftrag der Bürger und mit ihrer Vollmacht sollen die Tore verwaltet und bewacht werden.

Engel, E.: Städtisches Leben im Mittelalter, S. 32.

M 7 Aus der Nürnberger Satzung Anfang des 14. Jh.

Die Stadtmauern und Stadttore wurden von den Städtern auch rechtlich geschützt:

Man soll auch wissen, wer die Stadtbefestigung abreißt, es sei von der Mauer oder dem Graben oder womit die Stadt befestigt ist, der ist schuldig, 10 Pfund zu zahlen. Hat er das Geld nicht, so schlägt man ihm die Hand ab, wenn man es ihm nachweist. Wer etwas von Riegel, Schrankbaum oder Schutzwehr[1] abbricht, der gibt 1 Pfund. Hat er das Geld nicht, so schlägt man ihm die Hand ab.

[1] Teile der Befestigung

Engel, E.: Städtisches Leben im Mittelalter, S. 32.

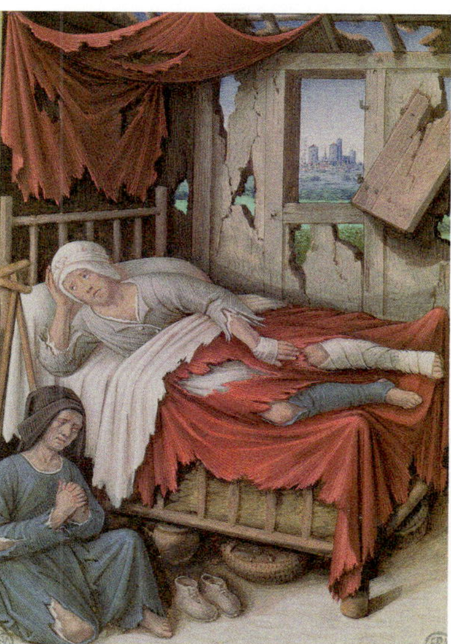

M 8 **Menschen in der mittelalterlichen Stadt: ein Kaufmann, ein Schreiner und ein Tagelöhner** Gemälde um 1500

M 9 Über die Patrizier in Nürnberg

Ein Historiker berichtet, wie die vornehmen Kaufmannsfamilien in Nürnberg gelebt haben:

Die Geschichte Alt-Nürnbergs bietet ein einzigartiges Beispiel der über 500 Jahre währenden Vorherrschaft eines kleinen Clans[1] über eine große Stadt ... Es fehlte diesen nüchternen Rechnern weder die Aufgeschlossenheit, um Erfindergeist und Künstlergenie zur Verschönerung und Bereicherung ihrer Stadt einzusetzen, noch hielten sie mit Stiftungen zurück, um ihre Gotteshäuser auszuschmücken. Die dafür verauslagten Summen wurden fein säuberlich in Handelsbüchern unter „Konten Gottes" eingetragen und damit für die Aufrechnung im Jenseits festgehalten ... Die Wahl des Ehepartners hatte möglichst aus einer gleichberechtigten Patrizierfamilie zu erfolgen ... Gewöhnlich wurden die Kinder als Neun- oder Zwölfjährige miteinander verlobt.

[1] Gruppe

von Aufsess, H. M.: Vorbild und Vormacht des Alt-Nürnberger Patriziats, S. 330 ff.

M 10 Über den Umgang mit Juden

Der Bischof von Speyer schrieb 1098 in einem Schutzbrief über die Juden:

Als ich den Weiler[1] Speyer in eine Stadt verwandelte, glaubte ich die Ehre unseres Ortes noch zu vergrößern, wenn ich die Juden zusammenführte. Ich siedelte sie also außerhalb der Gemeinschaft und des Wohnbereichs der übrigen Bürger an und umgab sie mit einer Mauer ... Innerhalb ihres Wohnviertels und außerhalb bis zum Schiffshafen selbst gab ich ihnen das Recht, Gold und Silber frei zu wechseln und alles Beliebige zu kaufen und zu verkaufen; und dieselbe Freiheit gab ich ihnen im ganzen Stadtgebiet ... Für nächtliche Wachen, Verteidigung und Befestigungsarbeiten haben sie nur innerhalb ihres Gebietes zu sorgen.

[1] kleines Dorf

Remling, F. X. Urkundenbuch zur Geschichte der Bischöfe von Speyer, S. 57.

Aufgaben

Entwicklung mittelalterlicher Städte

1. Benenne anhand der Abbildung typische Merkmale einer mittelalterlichen Stadt. → M4
2. Erstelle einen Zeitstrahl zur Stadtgründung Rothenburgs. → M5
3. Diskutiert die Notwendigkeit, das Stadttor von allen Bürgern bewachen zu lassen. → M6, M7

Bürger und Juden in der Stadt

4. Vergleiche die Wohnverhältnisse und die Kleidung der Menschen. → M8
5. Stelle die Patrizier den Bauern auf dem Land gegenüber. → M9
6. Erläutere die Rechte und Pflichten der Juden. → M10

Schaubilder auswerten

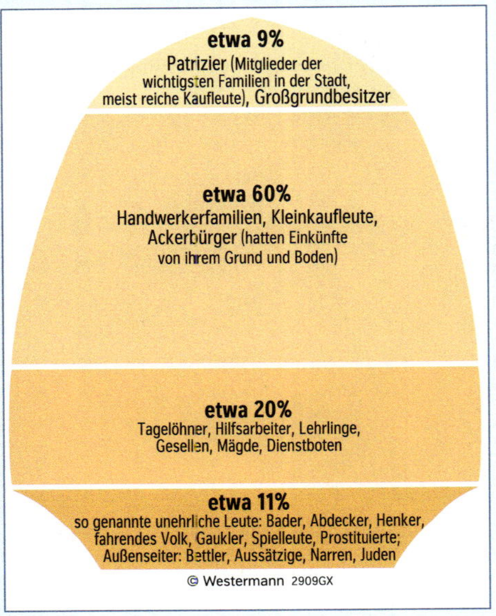

M 1 **Aufbau der mittelalterlichen Gesellschaft in Nürnberg um 1450**

In Schaubildern werden dem Betrachter schwierige Zusammenhänge einfach und verständlich dargestellt. Schaubilder enthalten oft mehrere, verschieden dargestellte Aussagen und grafische Elemente zu einem Thema. Zur Veranschaulichung und dem besseren Verstehen werden in Schaubildern Pfeile, Zeichnungen, Bilder, Symbole und Beschriftungen sowie unterschiedliche Farben verwendet. Schaubilder zu einem Thema können jeweils anders aussehen, je nachdem, auf welche Zusammenhänge oder Sachverhalte der Verfasser den Schwerpunkt legt.

Schaubilder stellen Deutungen der Vergangenheit aus der Sicht der Gegenwart dar und müssen deshalb sehr genau analysiert werden. Es besteht auch die Möglichkeit, dass der Verfasser eines Schaubildes – aus welchen Gründen auch immer – Zusammenhänge falsch oder ungenau dargestellt hat. Deshalb muss es immer kritisch untersucht werden und es muss genau festgestellt werden, ob es mit unserem Kenntnisstand über die Vergangenheit übereinstimmt oder gegebenenfalls angepasst werden muss. So können Zahlen und Größenunterschiede durch die Wahl der Maßeinheiten ganz unterschiedlich wirken. Auch der gewählte Maßstab muss beachtet werden, ebenso wie die Aussagekraft der Daten, ob es sich z. B. um exakte oder geschätzte Zahlen handelt.

Schritte für die Auswertung von Schaubildern:

Schritt 1: Thema
- Was ist im Schaubild dargestellt?
- Benenne das Thema des Schaubildes.

Schritt 2: Form und Ausgestaltung
- Welche Form hat das Schaubild?
- Wie ist das Schaubild aufgebaut?
- Vergleiche die Größenverhältnisse in der Darstellung.
- Erläutere die verwendeten Symbole.

Schritt 3: Aussage des Schaubildes
- Welche Informationen zum Thema sind dem Schaubild zu entnehmen?
- Ist ein Zustand oder eine Entwicklung abgebildet?

Schritt 4: Bewertung des Schaubildes
- Welche Informationen wurden weggelassen?
- Wie wirkt das Schaubild auf dich?

Aufgaben

1. Erkläre mithilfe von Schaubild M3 die Gesellschaft in der mittelalterlichen Stadt, indem du die einzelnen Schritte zum Auswerten eines Schaubildes anwendest.
2. Bewerte die Vor- und Nachteile der vier Schaubilder. → M1 M2, M3, M4

Mögliche Lösung zu M2:

Schritt 1:
- Die städtische Gesellschaft im Mittelalter
- Gesellschaftsaufbau einer mittelalterlichen Stadt

Schritt 2:
- eine Art Zwiebelform, sie zeigt an, wo viele und wo wenige Personen zu einer Gesellschaftsgruppe gehören
- Gesellschaftsaufbau
- Bereiche für die einzelnen Bevölkerungsgruppen unterschiedlich groß
- unterschiedlich viele Personen über kleine Figuren dargestellt

Schritt 3:
- Personengruppen sind genannt: Stadtherr an der Spitze, große Mittelschicht, Unterschicht ganz unten
- Zustand

Schritt 4:
- Wer hat welche Aufgaben in der Stadt? Unterschicht unterteilt sich nochmals, ist nicht erkennbar. Es ist unbekannt, auf welche bestimmte Stadt oder ob es sich auf alle Städte bezieht.
- wirkt übersichtlich

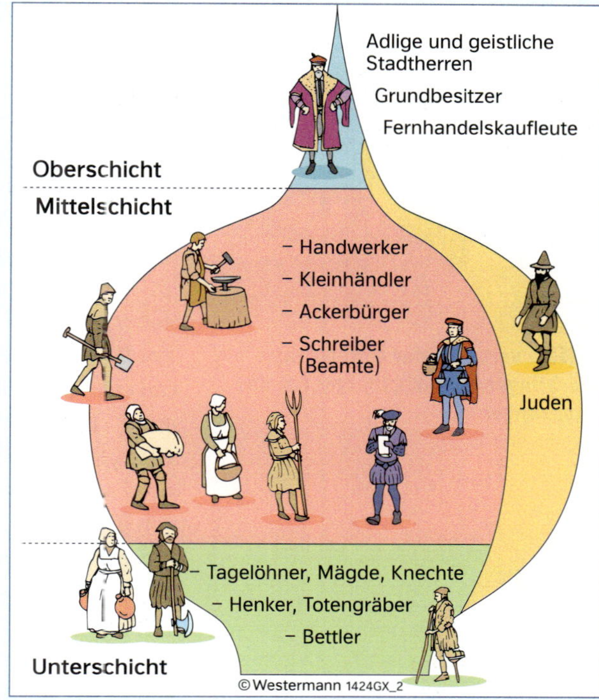

M 2 **Die städtische Gesellschaft** Grafik

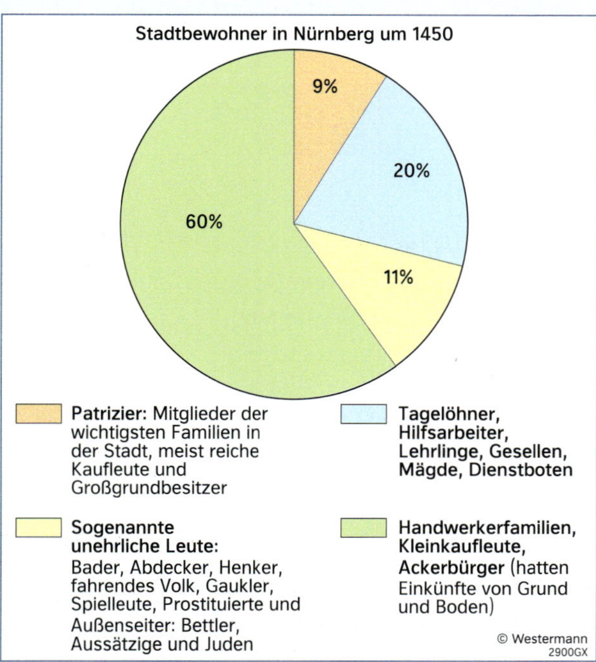

M 3 **Stadtbewohner in Nürnberg um 1450**

M 4 **Städtische Bewohner im Mittelalter**

Die Verwaltung der mittelalterlichen Stadt

M 1 Vertreter der Mittelschicht überbringen dem Augsburger Rat ihre Forderungen.
Buchmalerei 16. Jh.

Wer regiert die Stadt?

Im Mittelalter erteilte der König, ein Adliger oder ein Bischof mit der Gründung einer Stadt dieser gleichzeitig das Marktrecht. Die Stadtherren vergaben gegen Bezahlung weitere Rechte wie z. B. das Münzrecht oder die Gerichtsbarkeit. Als Zeichen ihres Stolzes und der neuen politischen Ordnung errichteten die Städte prächtige Rathäuser.

Die Bewohner zahlten an den Stadtherrn Steuern und er sorgte für die Sicherheit. Viele Städte kauften sich von ihrem Stadtherrn los und wurden hierdurch zu freien Städten. Die Reichsstädte unterstanden direkt dem Kaiser. Durch erfolgreichen Handel kamen vor allem die Patrizier zu Wohlstand. Ihr Selbstbewusstsein wuchs und sie strebten nach völliger Unabhängigkeit vom Stadtherrn. Die Patrizier konnten hier im Rat der Stadt ihren Alltag selbstständig regeln. Sie sahen es als ihre Aufgabe an, die Stadt zu regieren, was sogar dazu führte, dass sie zum Teil auch das Amt des Bürgermeisters stets in der Familie behielten.

Ackerbürger
waren die Bürger einer Stadt oder Bewohner einer Marktgemeinde, die im Haupterwerb Landwirtschaft betrieben und daraus den wesentlichen Teil ihrer Einkünfte bezogen.

Aufstände gegen die Patrizier

Neben den Patriziern waren die Handwerker eine wichtige Bevölkerungsgruppe. Auch die Handwerker trugen zum Wohlstand einer Stadt bei, viele waren wohlhabend geworden. Einfache Bürger wie Handwerker, Krämer oder *Ackerbürger* galten nicht als ratsfähig und konnten daher nicht in den Rat gewählt werden. Da aber bisher nur die Patrizier die Macht ausübten, kämpfte seit dem 13. Jh. vor allem die Mittelschicht um eine stärkere Beteiligung an der Macht. Manche Städte bildeten gemischte Räte, andere wurden weiter allein von den Patriziern regiert. Unabhängig davon, wie sich der Rat der Stadt zusammensetzte: Die Übernahme eines Amtes blieb in der Regel eine Frage des Vermögens. Denn nur, wer nicht jeden Tag für sein Einkommen arbeiten musste, hatte Zeit für Politik.

M 2 Das Alte Rathaus in Bamberg
Der Sage nach wollte der Bischof von Bamberg den Bürgern für die Errichtung eines Rathauses nichts von seinem Grund und Boden abgeben. Daraufhin schlugen die Bürger Pfähle in den Fluss Regnitz und schufen somit eine künstliche Insel, auf der sie ihr Rathaus bauten.
Aktuelles Foto

M 3 Forderung nach Beteiligung

In Augsburg verlangten Vertreter der Zünfte, die die Arbeit und das Leben der Handwerker regelten, die Beteiligung an der Stadtherrschaft:

Im Jahre unseres Herrn 1368, da kam eine große Menge bewaffneter Leute auf dem Rathausvorplatz zusammen und forderte die Einführung einer ... Verfassung für die Stadt. ... Sie versprachen, mit Gottes Hilfe alles friedlich zu regeln, und verlangten das Buch, in dem das Stadtrecht aufgezeichnet war, das Stadtsiegel sowie die Schlüssel zur Sturmglocke. ... Dann gingen alle, die Reichen und die Armen, auf den Rathausvorplatz hinaus und schworen dort, dass die Stadt eine ... Verfassung bekommen sollte.

Chronik der deutschen Städte, Bd. 4, 1869. S. 211.

M 4 Die mittelalterliche Stadtverwaltung der Stadt Lindau am Bodensee

Der Historiker Werner Dobras schreibt über die spätmittelalterliche Verfassung und Verwaltung der Stadt Lindau am Bodensee:

Das Wachstum der Bevölkerung und die damit einhergehenden sozialen Verschiebungen führten 1345 zu einer Erhebung der Handwerker gegen die alteingesessenen Patriziergeschlechter, die bislang allein Zugang zum Rat besaßen. Dem von Kaiser Ludwig dem Bayern ... als Schlichter eingesetzten kaiserlichen Landvogt von Schwaben gelang es, die Zunftverfassung einzuführen; die Entwicklung war 1347 abgeschlossen. Die acht Zünfte konnten künftig je einen Zunftmeister in den Rat der Stadt wählen, der von nun an als kleiner Rat auftrat. Das Kollegium der Zunftmeister war neben bzw. mit dem Rat maßgebend für Politik und Verwaltung. Als zweites städtisches Organ wurde der große Rat eingerichtet. Ihn bildeten die Elfer der acht Zünfte [das sind 88 Personen]; er wurde nach einer Ordnung von 1370 vom Bürgermeister und den acht Zunftmeistern gewählt. Kein Bürger durfte Zunftmeister oder Elfer [ein Mitglied des elfköpfigen Ausschusses jeder Zunft] werden, der nicht dieser Zunft angehörte und ihr Handwerk trieb. ... 1346 versuchte ... eine bewaffnete Gruppe – geführt von ausgewiesenen oder geflüchteten Patriziern – vergeblich, auf die Insel einzudringen bzw. zurückzukehren, um die Zunftmeister gefangen zu nehmen und so die Macht wieder an sich zu reißen. Einige Eindringlinge wurden hingerichtet. Trotz alledem behielten auch nach 1345 ... stets die Geschlechter ihre führende Stellung bei. Der Bürgermeister als Vorstand der Geschlechter trat nun an die Spitze der Stadt.

http://www.historisches-lexikon-bayern.de

M 5 Bürgermeisterwahl in Markt Teisnach 2018

Aufgaben

Wer regiert die Stadt?

1. Nenne die Gründe für den Bau prächtiger Rathäuser.
   → M2
2. Erläutere, weshalb die Mittelschicht die Stadtherrschaft übernehmen wollte.
   → M1

Aufstände gegen die Patrizier

3. Diskutiert die Gründe, weshalb die Zünfte die Stadt regieren wollen.
   → M1, M3, M4
4. Recherchiere Informationen zu deiner Gemeinde bzw. Stadt bezüglich der Gemeinderats-/Stadtratswahl.
   → M5, 🔍

M 1 Handwerksberufe im Mittelalter
Abbildungen aus den „Nürnberger Hausbüchern" 15.-19. Jh.

Handwerk und Handel in der Stadt

Die Handwerker

Viele Nachnamen wie Schreiner oder Weber stammen aus dem Mittelalter. Schuster, Fassbinder und Wagner sowie zahlreiche andere Berufszweige zählten zu den Handwerksberufen. Weil die Handwerker zahlenmäßig die größte Gruppe in der Stadt waren, trugen sie die Hauptlast bei allen Gemeinschaftsaufgaben, wie z. B. beim Kirchenbau, bei der Instandhaltung der Stadtmauer, bei der Stadtverteidigung oder auch beim Feuerlöschen. Die Werkstatt und die Wohnung eines Handwerkers befanden sich im gleichen Haus. Außerdem lebten die Gesellen und Lehrlinge genauso wie das Gesinde, das waren Mägde und Knechte, mit in der Familie des Meisters.

Zünfte regeln die Arbeit und das Leben der Handwerker

Um in der Stadt arbeiten zu dürfen, musste jeder Meister einer Zunft angehören. Diese Berufsverbände kontrollierten ihre Mitglieder sehr streng:

- Sie bestimmten die Anzahl der Meister, Gesellen und Lehrlinge in einem Gewerbe, um allen Mitgliedern ein Auskommen zu sichern.
- Die Zunft regelte einheitliche Löhne, Preise und Arbeitszeiten. Damit wurde erreicht, dass keine unerwünschte Konkurrenz entstand und die Ware immer die gleiche Qualität behielt.
- Die Zünfte hatten eigene Wappen.

Zudem sorgten sie dafür, dass niemand einem anderen „ins Handwerk pfuschte", etwa indem ein Helmschmied eine vollständige Rüstung herstellte – sonst wurde ihm das „Handwerk gelegt". Die Zünfte hatten aber noch weitere Aufgaben: Sie versorgten in Not geratene Mitglieder oder deren Witwen. Die Mitglieder berieten und feierten gemeinsam im Zunfthaus, dem Mittelpunkt des Zunftlebens. Auch die Bildung und Ausbildung der Kinder und Lehrlinge fand durch die Zunft statt.

Technische Fortschritte im Handwerk

In den Städten gab es im Handwerk große Vielfalt. Neben den Webern spezialisierten sich vor allem die Schmiede. In vielen Handwerksberufen gab es technische Fortschritte. Ein Nürnberger erfand z. B. eine Drehbank, um Kerzenständer und Becher schneller herstellen zu können. In Köln wurde ein Spinnrad entwickelt, mit dem man Wolle schneller spinnen konnte. In beiden Fällen kauften jedoch die Zünfte die Maschinen auf und schlossen sie weg, denn keiner sollte einen Vorteil gegenüber dem anderen haben.

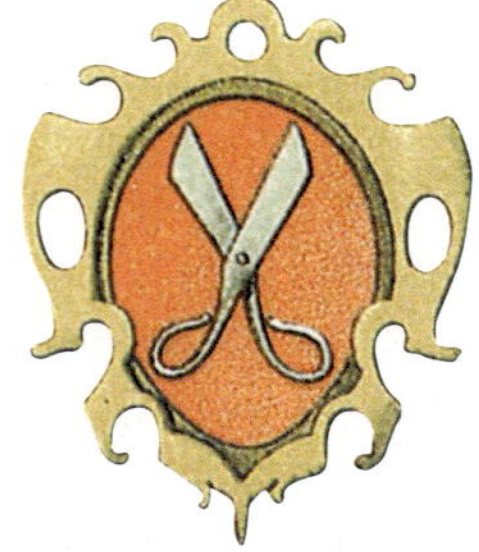

M 2 Zunftwappen

Markt und Handel brachten wirtschaftlichen Erfolg

Neben den Handwerkern bildeten die Händler eine weitere wichtige Bevölkerungsgruppe in der Mittelschicht der Stadt. Sie verkauften auf dem Markt ihre Waren genauso wie die Bauern und Handwerker. Beauftragte der Stadt kontrollierten die Einhaltung der Marktordnung, wie z. B. : ...

- den Standort und das Aussehen der Verkaufsstände,
- die Maße und Gewichte und schließlich
- die Qualität und die Preise.

Wer dagegen verstieß, kam vor das Marktgericht und musste mit harten Strafen rechnen. Fremde Kaufleute mussten auf städtischen Waagen ihre Waren wiegen und kontrollieren lassen. Zudem mussten sie Zölle an die Stadt entrichten und einen Teil ihrer Waren an die Stadt verkaufen.

Die Kaufleute wollten natürlich ihre Waren gewinnbringend verkaufen, und weil fast jede Stadt ihre eigene Währung hatte, berechnete man den Wert des Geldes nach dem Anteil an Silber und Gold in den Münzen.

Vor allem zahlreiche Händler und Kaufleute prägten das Bild eines Marktes. Kleinhändler handelten mit Waren des täglichen Bedarfs. Luxuswaren wie edle Stoffe aus Flandern, einer Region in Belgien, oder orientalische Gewürze boten hingegen Kaufleute und Händler an, die auf ihren Handelsreisen oft monatelang im Ausland unterwegs waren. Neben exotischen Gewürzen wie Muskatnuss, Safran oder Pfeffer konnte man auch Parfüms, Wein oder Südfrüchte bei den Fernhändlern erwerben.

M 3 Tauchgestell mit Käfig im Hof des Kriminalmuseums in Rothenburg ob der Tauber. Dies nutzte man zur Bestrafung für Bäcker, die zu kleine Brote gebacken hatten.
Aktuelles Foto

Kontore und Gilden

Ähnlich wie die Zünfte der Handwerker gab es Zusammenschlüsse der Kaufleute. Die sogenannte Gilde vertrat die Interessen ihrer Mitglieder beim Rat der Stadt.

So dienten den Kaufleuten die Gilden zur Absicherung. Risiken und Gewinne der oftmals gefährlichen Handelsreisen wurden etwa durch den gemeinsamen Erwerb von Handelsschiffen geteilt. Darüber hinaus regelte das Gilderecht das Zusammenleben an den ständigen Wohnplätzen. Auch half die Gilde Warentransporte zu organisieren, denn je größer die Entfernungen wurden, desto schwieriger war es für die Fernhandelskaufleute, den Verkauf der Waren zu kontrollieren.

Sie gründeten Handelsniederlassungen, die man als Kontore bezeichnet. So hatte man vor Ort die besten Einkaufs- und Verkaufsmöglichkeiten. Andere Kaufleute suchten sich Teilhaber und gründeten Handelsgesellschaften wie die Ravensburger Handelsgesellschaft, die von Österreich über Italien bis nach Spanien reichte.

M 4 Ein Kaufmann in seinem Kontor Holzschnitt 1477

Aufgaben

Handwerker

1. a) Benenne die abgebildeten Handwerksberufe. → M1
   b) Ordne je ein Wappen einem Beruf zu. → M2
2. Stell dir vor, du hast eine Erfindung gemacht, die deinen Zunftmitgliedern die Arbeit erleichtert. Sammle Gründe, wie du die Zunftmeister davon überzeugen kannst, deine Erfindung verwenden zu können. Placemat

Händler

3. Zähle die Vorteile eines Kontors auf. → M4
4. Begründe die Notwendigkeit einer Marktordnung. → M3
5. Diskutiert die Vor- und Nachteile einer Mitgliedschaft in einer Gilde.
6. Besucht ein Stadtmuseum und recherchiert dort nach Spuren von Handel und Handwerk im Mittelalter.

M 5 Aus der Ordnung der Bäckerzunft der Stadt Düren 1544

Die Bäckerzunft hat genau festgelegt, welche Strafen für Verstöße zu erwarten sind:

Kein Meister soll größer oder kleiner backen, als ... der Rat das Gewicht festgesetzt hat. Wer dagegen verstößt, soll eine Strafe bezahlen. Wer von außerhalb in die Stadt kommt und Brot verkaufen will, darf dies nur, wenn ... der Rat es ihm erlaubt hat. Jeder Meister soll seine Waren vor seiner Tür feilhalten[1] und auch auf der anderen Seite Fenster haben, um glaubhaft zu sein. ... Keiner soll am Sonntag ... backen .... Die Meister sollen am Markttag und sonntags um 8 Uhr umhergehen und die Backöfen besichtigen. Und wer nicht ausgebacken hat, der soll eine Strafe bezahlen.

[1] anbieten

Schoop, A.: Rechts- und Wirtschaftsgeschichte der Stadt Düren, S. 117.

M 6 Aus einer Schrift aus dem Jahre 1439

Nicht alle Handwerker waren von dem Zunftzwang überzeugt:

Es ist auch zu wissen, dass in den Reichsstädten Zünfte erdacht worden sind ... Es ist eine sehr schädliche Sache, die da entstanden ist ... Zum Ersten: Die Zünfte sind gewalttätig geworden und setzt man von jeder Zunft drei oder vier in den Rat, um der Gemeinde und Stadt Nutzen und Ehre zu fördern, so ist das fromm und recht. Aber eins: Die arme Gemeinde, die ist betrogen; jeder missbraucht sein Handwerk, das er betreibt, dazu, dass er der Stadt gegenüber nicht ehrlich ist und der Gemeinde Übles zufügt, sei es im zu kleinen Backen, zu teuren Metzgern und dergleichen. Das soll nun bestraft werden ... Sagt ein Handwerk dem andern: „Ich überseh dir etwas, tu du das auch mir; dann wirst du genauso deinen Vorteil haben wie ich." Sie werden bald meineidig [wortbrüchig]; sie bedenken nicht, was sie geschworen haben.

Döll, E.: Städte und Bürger im Mittelalter, S. 44 f.

M 7 Auf dem Augsburger Marktplatz gab es vielfältige Angebote. Gemälde 16. Jh.

Gewandschneider	19	Mantelschneider	30
Metzger	57	Harnischmacher[1]	12
Schuster	47	Eisenhandschuhmacher	21
Schneider	28	Kettenhemdmacher	4
Leineweber	9	Nadelmacher/Drahtzieher	22
Bäcker	36	Pfeil- und Bolzenschmied	17
Fass- und Kistenmacher	104	Fassmacher	34
Fischer	31	Schuster	81
Heringswäscher	10	Messermacher	17
Bierbrauer für Friesland	55	Kannengießer	14
Bierbrauer auf dem Rödlingsmarkt	46	Bäcker	75
Bierbrauer an der Bäckerstraße	33	Tuchweber	10
Bierbrauer bei St. Jakob	197	Metzger	71
Hamburger Berufsverzeichnis von 1376 Einwohnerzahl ca. 8 000		**Nürnberger Berufsverzeichnis von 1363** Einwohnerzahl ca. 20 000	

M 8 Mittelalterliche Berufsverzeichnisse

[1] Schmied einer Ritterrüstung

Jeder Handwerksbetrieb ist Mitglied seiner Handwerkskammer. Nur mit dieser Pflichtmitgliedschaft ist es den Handwerkskammern möglich, als Sprecher des gesamten Handwerks aufzutreten ...
Auch als politische Interessenvertretung machen sich die Handwerkskammern für das Handwerk stark. Sie sorgen dafür, dass die Kräfte des Handwerks gebündelt werden. Sie sind unabhängig von Einzelinteressen der Mitgliedsbetriebe, sondern vertreten das Gesamtinteresse des Handwerks, z. B. im Bereich der beruflichen Bildung, des Prüfungswesens, der Wirtschaftsförderung und des Sachverständigenwesens.
... Viele Leistungen der Handwerkskammern, wie z. B. die Interessenvertretung, bringen allen Handwerkern Nutzen. Deshalb ist es gerechtfertigt, dass alle Handwerker dafür ihren ... Beitrag leisten.

M 9 Mitgliedschaft bei den Handwerkskammern heute (gekürzt)

M 10 Landshuter Marktordnung von 1528

Anordnung der Marktordnung der Stadt Landshut:

1. Wir verbieten, Schwerter und Dolche innerhalb der Stadt zu tragen. 2. Wucherer verbieten wir unter Strafe von 5 Pfund und erklären sie außerdem für rechtlos ... 5. Wir verordnen: 2,5 Pfund Rindfleisch sind für einen Pfennig zu verkaufen ... 10. Wir verordnen, dass kein Kauf außerhalb des öffentlichen Marktes stattfindet, was die Leute betrifft, die der Stadt Waren zuführen. Die Leute, die wider dieser Satzung handeln, werden der Stadt 6 Schillinge zahlen. Wenn einer kein Geld besitzt, wird ihm die Hand abgeschlagen werden. 11. Wir verordnen, dass zwei gute Würste, die die vorgeschriebene Größe besitzen, für einen Pfennig verkauft werden, sie dürfen aber nur aus reinem Schweinefleisch gemacht sein. Zuwiderhandelnde müssen 1 Pfund (= 240 Pfennige) zahlen und werden ein Jahr lang ausgeschlossen.

Zit. n.: Weinforth, F.: Die rheinische Stadt, S. 33 ff.

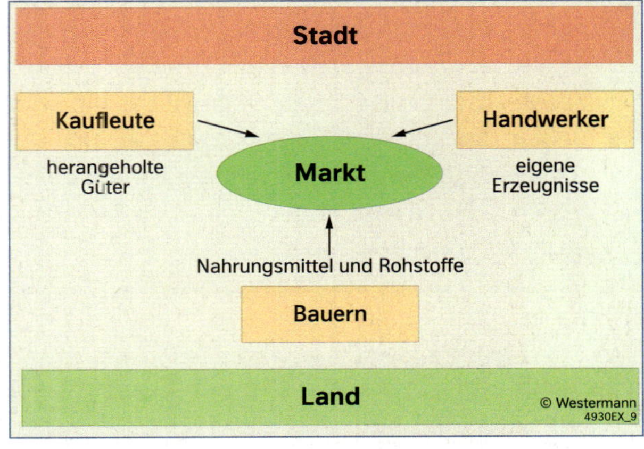

M 11 Angebote auf einem mittelalterlichen Markt

Aufgaben

Handwerk und Handel in der Stadt

1. Benenne die Bestimmungen der Zunft. → M5
2. Nenne Vor- und Nachteile des Zunftwesens. → M5–M7
3. Vermute, weshalb sich die beiden Verzeichnisse so stark unterscheiden. → M8
4. Nenne Vorteile für Mitglieder der Handwerkskammer heute. → M9
5. Erkläre die Notwendigkeit einer Marktordnung. → M10
6. Erläutere mithilfe der Grafik den Warenaustausch zwischen Stadt und Land. → M11

Eine Stadtrallye entwerfen

Liebe Experten für die mittelalterliche Stadt,

die Tourismuszentrale einer Stadt in eurer Nähe braucht dringend eure Hilfe!
In wenigen Tagen soll ein neuer Programmpunkt zur Stadtführung für Schulklassen auf den Markt kommen.
Es geht um eine Stadtrallye durch die „mittelalterliche Stadt". Wenn Schülergruppen die Stadt besuchen, sollen sie dort die Altstadt mithilfe eurer Rallye erkunden.
Bitte entwerft eine Stadtrallye!

Bei der Erstellung eurer Rallye müsst ihr Folgendes beachten:

- Besorgt euch einen Stadtplan.
- Überlegt euch Orte, die besucht werden sollen. Formuliert Fragen dazu.
- Wie viele Rätselstationen sind erwünscht und machbar?
- Welche Aufgaben sollen vor Ort gelöst werden?
- Wie werden die Aufgaben bewertet? Gibt es Punkte für richtige Lösungen oder handelt es sich um ein Kettenrätsel, sodass die nächste Station nur erreicht wird, wenn die vorherige Lösung korrekt war? Oder geht es um Schnelligkeit?
- Geht in die Stadt und konzipiert alles vor Ort.
- Ganz wichtig: Wenn die Rallye fertig ist, solltet ihr sie einmal testen – dabei wird deutlich, ob es so funktioniert, wie ihr euch das vorgestellt habt.

Hier findet ihr ein Beispiel für ein einfaches Fotorätsel mit zwei Teams:

1. Das solltet ihr vorher beachten: Fotografiert zehn Details in dem Gebiet, in dem die Stadtrallye stattfinden soll. Es sollten auffällige Dinge sein, wie z. B. Brunnen oder Straßenschilder.
2. Überlegt euch zu jedem Detail eine Frage, die nur im direkten Umkreis davon zu beantworten ist, z. B. welche Hausnummer hat das Haus, vor dem eine bestimmte Statue steht.
3. Druckt jedes Detailbild zwei Mal aus und nummeriert sie alle durch.
4. Wenn ihr es etwas komplizierter mögt, nummeriert nicht durch, sondern entwickelt ein Kettenrätsel, sodass der nächste Ort nur gefunden werden kann, wenn die Frage am vorherigen Ort korrekt beantwortet wurde.
5. Bildet zwei Teams. Gebt jedem Team einen Satz Fotos. Das Team, das zuerst alle Orte gefunden und alle Fragen beantwortet hat, gewinnt.

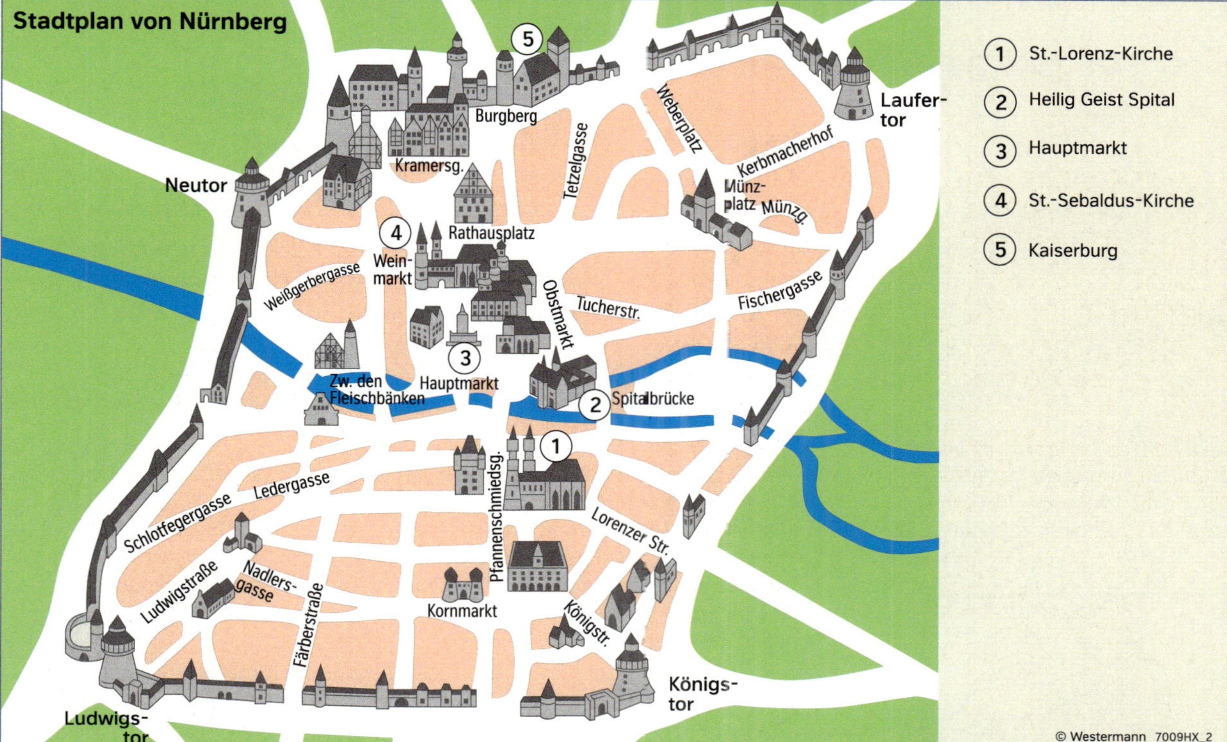

STATION	AUFGABE	LÖSUNG	
Lorenzkirche ❶	① Der „Engelsgruß" in der Lorenzkirche: Was ist dargestellt und wer hat ihn gestaltet?	➡ Infotafel am Altar: Es sind Maria und der Engel Gabriel in einem Rosenkranz abgebildet, Veit Stoß war der Künstler.	1
	② Wie viele Orgeln gibt es in St. Lorenz?	➡ selber zählen ☺ 3	1
Heilig Geist Spital ❷	③ Das „Heilig Geist Spital Nürnberg": Wer hat es gestiftet?	➡ Die Information befindet sich auf einer Metalltafel im Eingangsbereich: Der damals reichste Bürger, Konrad Groß, war der Stifter.	1
	④ Was befindet sich heute im Heilig Geist Spital?	➡ Im Innenhof erkennbar: Ein Restaurant und ein Seniorenheim sind heute im Heilig Geist Spital untergebracht.	2
Hauptmarkt ❸	⑤ Wie heißt der große bunte Brunnen?	➡ Steintafel vor dem Brunnen: Er heißt „Schöner Brunnen".	1
	⑥ Wie heißt die Kirche auf dem Hauptmarkt?	➡ Infotafel links vom Eingang: Das ist die Frauenkirche.	1
Sebaldus-kirche ❹	⑦ Wie nennt man die Kirchentür an der Nordseite?	➡ Infoflyer in der Kirche: Man nennt es Brauttor.	1
	⑧ In der Kirche befindet sich das „Nagelkreuz von Coventry". Wann bekam es die Kirche?	➡ Schild im Kircheninneren: 1999 kam das Nagelkreuz von Coventry nach Nürnberg.	1
Kaiserburg ❺	⑨ Wie viele Holzbalken bilden den Holzsteg zur Burg?	➡ selber zählen ☺: Es sind 205 Holzbalken.	1
	⑩ Im Burghof: Wie viele Sitzbänke gibt es? Wie viele Türen führen in den Burghof? Wie viele Stufen führen in die Burg?	➡ selber zählen ☺: Dort sind 9 Sitzbänke, 12 Türen und 7 Stufen.	3
			13

M 1 **Die Pest wurde im Mittelalter oft durch ein Skelett dargestellt.**
Der Tod machte keinen Unterschied zwischen Arm und Reich. Holzschnitt 1485

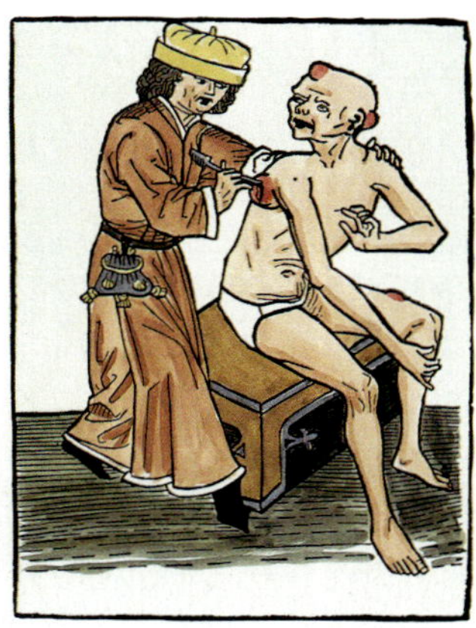

M 2 **Ein Arzt schneidet bei einem Pestkranken Pestbeulen auf.**
Holzschnitt 1482

M 3 **Heiliger Rochus**
Er soll mithilfe des Kreuzzeichens Pestkranke in Rom geheilt haben.
Holzskulptur um 1450

Seuchen und Bedrohungen

Der Schwarze Tod – die Pest

Mitte des 14. Jh. wurden die Menschen in Europa plötzlich von einer seltsamen Krankheit heimgesucht: Sie bekamen Fieber, merkwürdige Beulen am ganzen Körper, und kurz darauf starben sie. Die Pest war ausgebrochen. Es dauerte lange, bis die Menschen herausfanden, was sie gegen die Ausbreitung der Krankheit tun konnten – und so starb in den ersten fünf bis sechs Jahren etwa ein Drittel der Menschen in Europa.

Info

Pest
Die Pest (von lateinisch pestis = Seuche) ist eine sehr ansteckende, durch Bakterien verursachte Infektionskrankheit und führt schnell zu sogenannten Epidemien (Massenerkrankungen). Die Pest kann auf verschiedene Weise übertragen werden: zum einen durch den Biss von mit Krankheitserregern verseuchten Insekten, vorwiegend Flöhen, zum anderen durch Tröpfcheninfektion. Sie hat in der Vergangenheit viele Todesopfer gefordert und ist bis heute nicht vollständig ausgerottet.

Die Seuche erfasste zuerst die Hafenstädte und die großen Handelswege. Sie breitete sich von Italien über die Schifffahrtswege und Handelsstraßen in kürzester Zeit in Europa aus. Die Ärzte des Mittelalters standen dieser Krankheit hilflos gegenüber und kannten weder die Ursache für diese Krankheit noch wussten sie, wie sie erfolgreich bekämpft werden konnte.

Die Pest breitet sich in ganz Europa aus

Missernten und Überschwemmungen hatten zu Hungersnöten geführt. Die verminderten Abwehrkräfte der unterernährten Menschen konnten der Seuche nichts entgegensetzen.

Für die schnelle Verbreitung der Krankheit waren auch Missstände in den mittelalterlichen Städten verantwortlich:

- Gestank und Umweltverschmutzung waren alltäglich. Müll und Abwasser wurden auf der Straße entsorgt.
- Ein weiteres Problem war der Kot der frei herumlaufenden Schweine.
- Gerber, Metzger oder Färber verschmutzten die Straßen und Stadtbäche mit Abfällen.
- In den Hinterhöfen befanden sich Ställe, Schuppen und Werkstätten ebenso wie die Aborte, die damaligen Toiletten.
- Oft wurde das Trinkwasser aus Flüssen genommen, in die auch die Abwässer der Stadt flossen. Erkrankungen waren die Folge.

Im Mittelalter kannten die Menschen kein wirksames Gegenmittel gegen die Pest. Häufig wurden die Erkrankten zur Ader gelassen: Man entnahm ihnen Blut. Andere Kranke bekamen Brechmittel oder Einläufe. Heute ist bekannt, dass diese Maßnahmen den geschwächten Patienten eher schadeten als nützten.

Für die Menschen im Mittelalter waren Krankheiten vor allem eine Strafe Gottes. Deshalb nahm während großer Seuchen auch die Verehrung bestimmter Heiliger wie der Jungfrau Maria oder die der Pestheiligen Sebastian und Rochus zu.

Missernten und Hungersnöte bedrohen die Menschen

Ein Hagelschauer, langer schneereicher Winter oder eine Überschwemmung führten zu einer ungenügenden Ernte und somit zu erheblichem Mangel an Nahrungsmitteln. Die Bauern lebten vor allem von dem, was auf dem eigenen Feld angebaut wurde. Sie lebten also sprichwörtlich von der Hand in den Mund:

- Für Zeiten der Not besaßen sie keine Lebensmittelüberschüsse oder Geld, mit dem man hätte Nahrung kaufen können.
- Der durch schlechte Ernten hervorgerufene Lebensmittelmangel führte oft zu einer massiven Erhöhung der Getreidepreise.
- Viele Menschen konnten diese Preise nicht bezahlen und waren somit auch nicht mehr in der Lage, ihre Familie mit ausreichend Nahrung zu versorgen.
- Viehseuchen schwächten den Tierbestand erheblich und gefährdeten so eine weitere wichtige Nahrungsquelle.
- Auch der Verlust der Milch durch Krankheiten bei Schafen und Kühen war eine Folge und betraf wieder die Menschen, die auf ausreichend Nahrung angewiesen waren.

Weniger bedroht waren große Grundherrschaften, reiche Adlige und besonders Klöster. Sie wurden durch Unwetter und die daraus folgenden Missernten nicht so schwer getroffen wie z. B. die einzelnen Bauern. Große Ländereien und Geld ermöglichten ihnen, die Auswirkungen einer Hungersnot so gering wie möglich zu halten. Auch Kriege konnten der Grund für die Entstehung einer Hungersnot sein. Häufig wurden ganze Landesteile verwüstet und somit Äcker und Ernten zerstört. Zudem schwächten Plünderungen während des Krieges die Bevölkerung. Zur Entlohnung ihrer Anstrengungen war es den Kriegern meistens erlaubt, ganze Städte zu plündern.

M 4 Viele Menschen bettelten aus Hunger an Kirchen und Klöstern.
Gemälde 1490

Folgen der Hungersnöte

Jede Hungersnot hatte eine tiefgreifende Wirkung auf das Leben der Bevölkerung. Bauern verließen ihre Höfe, verzweifelte Menschen durchstreiften in Scharen das ganze Land, zahlreiche Dörfer standen leer. Eine Hungersnot zwang die Bauern dazu, ihre Heimat, ihr Haus und ihren Hof zurückzulassen, um anderswo Rettung und Hilfe zu finden. Es bildeten sich teilweise Bettelzüge, die große Entfernungen zurücklegten, um bei Adligen oder Klöstern Hilfe zu erbitten. Die Flucht vor dem Hunger fand meist ohne Ziel und Plan statt. Viele Menschen zogen auch als Bettler in die Städte.

M 5 Wegen Hungersnöten verließen viele Menschen ihre Heimat.
Gemälde 15. Jh.

Aufgaben

Der Schwarze Tod – die Pest

1. Benenne die Gründe, die die Ausbreitung der Pest begünstigt haben.
2. Erläutere, welche Maßnahmen die Menschen gegen die Pest unternahmen. → M2, M3
3. Erstellt in Gruppen einen Informationsflyer zu heutigen Seuchen wie Cholera, Denguefieber, Ebola, Fleckfieber und Malaria, wo sie auftreten und wie sie behandelt werden können.

Missernten und Hungersnöte

4. a) Nenne die Ursachen für Hungersnöte.
   b) Vergleiche sie mit den Ursachen, die die Menschen vermuteten.
5. Beschreibe gesellschaftliche Folgen einer Hungersnot. → M4, M5
6. Recherchiert aktuelle Gegenden, in denen Hungersnöte herrschen, und berichtet darüber. Galeriegang

M 6 Über die Pest – damals

Der italienische Dichter Giovanni Boccaccio berichtete 1348 über die Pest in Florenz:

Zu Anfang der Seuche bildeten sich ... in der Leistengegend oder in der Achselhöhle bestimmte Schwellungen, die manchmal so groß wie ein gewöhnlicher Apfel, manchmal so groß wie ein Ei wurden ... Von diesen zwei Körperteilen aus begannen die todbringenden Pestbeulen in kurzer Zeit auf alle anderen Körperteile überzugreifen ... Es schien, als wäre zur Heilung dieser Erkrankung kein Rat eines Arztes, keine Kraft einer Arznei wirksam ... Tag und Nacht verendeten zahlreiche Menschen auf offener Straße und viele, die wenigstens in ihren Häusern umkamen, machten erst durch den Gestank ihrer verwesenden Körper die Nachbarn darauf aufmerksam, dass sie tot waren ... Diese Toten wurden nicht mit Tränen, Kerzen oder Geleit geehrt ... man [kümmerte] sich um sterbende Menschen nicht mehr ... als um krepierende Ziegen.

Borst, A.: Alltagsleben im Mittelalter, S. 135.

M 7 Über die Pest – heute

Im Januar 2017 veröffentlichte das „Ärzteblatt", eine medizinische Fachzeitschrift, folgenden Artikel über Pesttote in Madagaskar:

Im Süden von Madagaskar sind 27 Menschen an der Pest gestorben. 68 haben sich demnach in den Regionen Atsimo-Atsinanana und Ihorombe mit der Pest infiziert. Das teilten gestern Gesundheitsministerium und Weltgesundheitsorganisation (WHO) mit. Neben der Beulenpest gebe es auch fünf Fälle der leicht übertragbaren Lungenpest. Noch seien nicht alle Fälle durch Labortests bestätigt worden.

Vergangene Woche wurden demnach telefonisch etwa 30 weitere Pestfälle aus abgeschiedenen Dörfern in Ihorombe gemeldet. Dafür gibt es aber noch keine Bestätigung der Behörden.

Die Beulenpest wird durch einen Floh verbreitet, der sich gerne Ratten zum Wirt nimmt. Sie führt zu geschwollenen Lymphknoten. Die Lungenpest hingegen gelangt über die Atemluft von Mensch zu Mensch.

www.aerzteblatt.de/nachrichten/72501/Zahlreiche-Pesttote-in-Madagaskar

M 8 **„Der Triumph des Todes"** enthüllt eine Welt ohne Hoffnung.
Der Maler Pieter Brueghel lebte in einer Zeit, in der die Pest immer noch in Europa wütete. Gemälde 1562

M 9 Ein Arzt besucht einen Pestkranken.
Nur Reiche konnten sich einen Arzt leisten. Holzschnitt 1491

M 11 Die große Hungersnot von 1151

Die Jahrbücher des Augustinerklosters Reichenberg berichteten über die Ereignisse in Österreich und Bayern:

Die Erde trug reichlich Frucht, durch Regengüsse jedoch, die vom Johannistag [24. Juni 1151] an bis Mitte August alles verwüsteten, konnten sie diese nicht zur Reife bringen. Da auf den Feldern die Wurzeln des Getreides erfroren waren, gab es großen Mangel an Feldfrüchten ... Es gab eine so große Hungersnot, dass ein halber Scheffel Weizen für 30 Schillinge verkauft wurde, und 6 ziemlich kleine Brote kaufte man für 7 Schillinge. Die Fürsten selbst hatten einige Tage kein Brot und lebten von Breien verschiedener Art; das Volk lebte vom Fleisch seiner Tiere und [von] Kräutern, mehrere Tausend Menschen starben vor Hunger, sodass in den Dörfern viele Häuser der Bewohner leer standen.

Epperlein, S.: Bäuerliches Leben im Mittelalter, S. 24.

M 10 Über die Hungersnot von 1431/1432

Wissenschaftler haben neue Entdeckungen zu den Ursachen der Hungersnot von 1431 gemacht:

Am 20. November 1431 erreichte die Katastrophe einen ersten Höhepunkt, ab diesem Tag waren alle Flüsse Nordeuropas zugefroren ... Der Winter 1431/32 war einer der kältesten und längsten in Europa ... Weil den ganzen Winter kaum Schnee gefallen war, war die Saat auf den Feldern extremer Kälte ausgesetzt ... Erst im März [1432] ... taute der Boden – da war die Saat großteils gestorben. Nun staute sich Schmelzwasser in den Flüssen zu Fluten, die in die Städte schwemmten ... Regen im Sommer besorgte den Rest, die verbleibende Ernte verrottete. ... Ein Jahr später aber, nach einem weiteren harten Winter, verzeichnen sämtliche Handelschroniken von Dublin über Köln und Magdeburg bis Prag Spitzenpreise für Getreide ... Andernorts machten die Leute Minderheiten fürs schlechte Wetter verantwortlich – Angst und Aggression entluden sich in grausamer Gewalt: ... Juden wurden verletzt und ermordet ... [Neue] Klimasimulationen zeigen: Es war schlicht Pech, dass Jahr auf Jahr im Winter monatelang riesige wolkenarme Hochdruckgebiete über Mitteleuropa lagen, die das Land auskühlten und im Sommer dauernd Tiefdruckzonen Regen ausschütteten, der die karge Ernte faulen ließ.

www.spiegel.de (verändert)

M 12 Die Ursachen von Hungerkrisen

Die Historikerin Barbara Kink schreibt über die Krisen:

„Schmalhans" war in der Regel Küchenmeister. Mittelalterliche Skelettfunde dokumentieren ... die Folgen von Mangelernährung. Die Ernährungssituation ... war vom Ernteertrag abhängig ... In der Regel entschied das jeweilige Witterungsgeschehen, ob das nächste Jahr ein mageres oder fettes wurde ... Nicht nur Witterungsunbilden wie ein zu nasses oder zu kaltes Frühjahr, zu trockene Sommer oder Hagelschauer, auch Verwüstungen durch adelige Treibjagden oder Kriege reduzierten die Ernteerträge.

http://www.historisches-lexikon-bayern.de

Aufgaben

Die Pest breitet sich in Europa aus

1. Beschreibe die Darstellungen des Todes. → M8
2. Berichte, wo es heute noch Pestfälle gibt. → M7, 🔍
3. Vergleiche die Informationen über die Pest im Mittelalter mit dem heutigen Wissensstand. → M6, M7
4. Verfasse ein Rollenspiel zu einem Gespräch zwischen Arzt und Patient im Mittelalter. → M9

Hungersnöte und Missernten

5. Nenne die Gründe, die zu den Hungersnöten 1151 und 1431/1432 führten. → M10, M11, M12
6. Präsentiere auf einem Plakat, welche Ursachen heutige Hungersnöte haben. 🔍

Romanik und Gotik – Baustile zu Ehren Gottes

M 1 **Die Jungfrau Maria wurde oft mit einem blauen Mantel dargestellt, der sowohl Schutz als auch den Himmel symbolisierte.**
Holzskulptur im Regensburger Dom

Die Rolle des Glaubens im Mittelalter

Der mittelalterliche Mensch war sehr gläubig und Religion nahm im Alltag fast aller einen wichtigen Platz ein. Dass die Ständegesellschaft als gottgegeben angesehen wurde, war für alle Menschen selbstverständlich. Auch der Glaube und die Ausübung religiöser Rituale nahmen einen festen Platz im Alltagsleben der Menschen ein. Das Beten für sich alleine und das Sprechen des Tischgebets waren fester Bestandteil des Tagesablaufs. Gebete für die Ernte und gute Geschäfte sowie für den Segen des Hauses gehörten ebenfalls dazu. Es herrschte der Glaube an Heilige und Schutzheilige. Kirchen waren Orte, an denen die Menschen gemeinsam beteten und Gottesdienste abhielten. So war es durchaus üblich, dass man jeden Morgen, bevor man seiner Arbeit nachging, erst einmal in die Kirche ging und dort für sich betete oder an einem Gottesdienst teilnahm.

Symbole statt Worte

Der Großteil der Menschen im Mittelalter konnte weder lesen noch schreiben. Symbole und Bilder spielten hier eine wichtige Rolle. In Kirchen finden sich unterschiedliche christliche Symbole, vor allem das Kreuz. Nicht nur auf Gemälden oder als Skulpturen verwendete man das Kreuz, das auch Kruzifix genannt wird. Es diente oft auch als Grundriss für viele Kirchen. Diese und andere Symbole wurden verwendet, damit die Menschen ihren Glauben ausüben konnten, weil die meisten selbst nicht die Bibel lesen konnten. So wurde sehr oft in Kirchen der Kreuzweg in 14 Stationen in Bildern dargestellt, denn anhand der Abbildungen konnten die Menschen den Leidensweg Jesu nachvollziehen.

Viele Buntglasfenster im Kircheninnern zeigen Schutzheilige oder Personen und Szenen aus der Bibel. Sie erzählen häufig die Geschichte des Heiligen, dem die Kirche geweiht wurde oder die Lebensgeschichte des Kirchenstifters. Aber auch der Kirchenbau selbst hatte eine wichtige Bedeutung. Die Kirchen wurden meist aus Stein gebaut und waren das höchste Gebäude eines Ortes, das man schon aus großer Ferne erkennen konnte. Dies sollte den Besuchern einerseits die tiefe Frömmigkeit der Bewohner eines Ortes zeigen, war aber andererseits auch ein Beweis für den Wohlstand eines Ortes, dass man sich hier eine Kirche aus Stein leisten konnte. Da die Kirchen demnach eine wichtige Rolle im Leben der mittelalterlichen Menschen spielten, war der Kirchenbau eine besondere Aufgabe.

M 2 **Kruzifix** in St. Kilian in Scheßlitz, Oberfranken, 15. Jh.

M 3 **Kloster Wessobrunn** im Stil der Romanik, aktuelles Foto

Romanik – eine Festung Gottes

Im frühen Mittelalter wurden Kirchen ähnlich wie befestigte Anlagen gebaut, die auch einem Angriff standhalten und Zuflucht für die Gläubigen in Notzeiten bieten konnten. Typisch für romanische Kirchen waren:

- ein dickes Mauerwerk,
- sehr kleine Fenster,
- gedrungene, dicke Säulen, die das Gebäude stützten, sowie
- eine niedrige Eingangstür.

Auffällig bei den frühen mittelalterlichen Kirchen sind vor allem ihre Rundbögen. Nicht nur Fenster und Tore, sondern auch die Gewölbedecken enthalten Rundbögen. Die Architektur erinnert an die römische Bauweise. Beispielweise hat ein Amphitheater wie das Kolosseum in Rom ebenfalls runde Bögen. Auch der Begriff für den Baustil mit dem Merkmal des Rundbogens spielt auf Rom an, man bezeichnet ihn als Romanik. Viele Kirchen in Bayern stammen aus der Romanik, wie etwa der Würzburger Dom oder die Klosterkirche in Bergen bei Neuburg an der Donau.

M 4 Euroschein
mit typischem Rundbogen

Gotik – zur Eroberung des Himmels

Im 12. Jh. wurde die Romanik von einem anderen Baustil abgelöst, den man auch sehr gut an den Fenstern und Bögen von der Romanik unterscheiden kann. Es handelt sich um die Gotik. Der Begriff stammt aus dem 16. Jh. und war abwertend gemeint: Die Goten galten als barbarisches Germanenvolk und genauso wurde dieser Baustil empfunden, obwohl sein Hauptmerkmal alles andere als schlicht war. Gotische Kirchen haben spitz zulaufende Bögen und sind gekennzeichnet durch:

- hohe, schmale Mauern,
- lange, schlanke Fenster,
- hohe Säulen,
- feines Strebewerk an der Außenfassade und
- nach oben strebende Eingangsportale.

Im Gegensatz zu romanischen Kirchen sind gotische Kirchen lichtdurchflutet und wirken hell. Das Mauerwerk dient nicht zum Schutz vor Angriffen, sondern verschwindet fast in der Wahrnehmung der Betrachter. Beispiele für gotische Kirchen in Bayern sind der Regensburger Dom oder die St.-Mang-Kirche in Kempten. In noch heute erhaltenen romanischen und gotischen Kirchen findet sich häufig unter dem Hauptschiff, also dem mittleren Gebäudeteil, eine sogenannte Krypta. Dies war in der Regel die ursprüngliche Kirche, die später überbaut wurde. In der Krypta wurden Heilige, Bischöfe oder Äbte begraben, deren Grabplatten häufig bis heute erhalten sind.

M 5 Dom zu Regensburg
im Stil der Gotik

M 6 Euroschein
mit typisch gotischem Fenster

Aufgaben

Glauben und Symbole

1. Benenne die christlichen Symbole und ihre Bedeutung. → M1, M2
2. Erläutere die Absichten der Kirchenbauherren.

Romanik und Gotik

3. Beschreibe die Unterschiede romanischer und gotischer Bauweise. → M3, M4, M5, M6
4. Gestalte einen Infoflyer zu beiden Baustilen. → M3, M4, M5, M6
5. a) Informiert euch in Gruppen über folgende Bauwerke: Dom von Regensburg, von Ulm und von Würzburg.
   b) Erstellt anschließend einen „Kirchensteckbrief“.

M 7 „Die Säulen der Erde"

Der historische Roman von Ken Follett spielt im mittelalterlichen England des 12. Jhs. und handelt von dem Bau einer Kathedrale. Tom Builder ist eine der Hauptfiguren und ein Baumeister:

In Exeter hatte Tom einst am Bau der Kathedrale mitgewirkt. Anfangs war es für ihn ein Auftrag wie jeder andere gewesen, und er hatte mit Ärger und Verdrossenheit die Ermahnungen des Baumeisters hingenommen, der immer wieder etwas an seiner Arbeit auszusetzen hatte. Tom kannte seine Stärken und wusste, dass er ein überdurchschnittlich guter und gewissenhafter Steinmetz und Maurer war. Erst allmählich ging ihm auf, dass die Mauern einer Kathedrale eben nicht nur gut, sondern tadellos zu sein hatten, denn eine Kathedrale wurde zu Ehren Gottes errichtet und war zudem so groß, dass die geringste Abweichung zum vielleicht tödlichen Konstruktionsfehler werden konnte.
Toms Ärger verwandelte sich in Faszination. Die gnadenlose Detailbesessenheit im Verbund mit einem äußerst anspruchsvollen Bauvorhaben öffnete ihm die Augen für die Wunder seines Handwerks. Bei dem Baumeister in Exeter lernte er die Bedeutung der Proportionen kennen, die Symbolik verschiedener Zahlen, die nahezu magischen Formeln zur richtigen Berechnung der Dicke einer Mauer oder des Winkels einer Stufe in einer Wendeltreppe.
All diese Dinge fesselten ihn, und es erstaunte ihn, als er erfuhr, dass viele Steinmetze unfähig waren, sie zu begreifen. Nach einiger Zeit wurde Tom zur rechten Hand des Baumeisters und war nun auch imstande, dessen Schwächen zu erkennen.
Der Mann war ein hervorragender Handwerker, aber ein unfähiger Organisator. Zur rechten Zeit die richtige Menge Steine zu beschaffen, um mit den Maurern Schritt halten zu können, stellte für ihn ein schier unüberwindliches Problem dar. Wie brachte man die Schmiede dazu, in ausreichender Zahl das gerade benötigte Werkzeug herzustellen? Wie schaffte man genügend gebrannten Kalk und Sand für den Mörtel her? Wer fällte das Holz für die Zimmerleute, und wer beschaffte vom Domkapitel [leitende Geistliche einer Bischofskirche] das Geld, um alles zu bezahlen? Wäre Tom bis zum Tode des Dombaumeisters in Exeter geblieben, hätte er gut und gerne dessen Nachfolger werden können. Doch es kam anders. Dem Domkapitel ging – nicht zuletzt infolge der Misswirtschaft des Baumeisters – das Geld aus, und die Handwerker waren gezwungen, sich anderswo nach Arbeit umzusehen.

Follet, K.: Die Säulen der Erde, S. 15f.

Auf der Dombaustraße
Im Mittelalter konnte die Arbeit an großen Bauwerken, wie z. B. am Kölner Dom, nur mithilfe vieler Spezialisten und Hilfsmittel bewältigt werden.

Rampe
Eine Rampe erleichterte die Arbeit. Je flacher die Rampe war, desto weniger Kraft brauchte man, dafür wurde der Weg weiter.

M 8 Auf der Dombaustelle des Kölner Doms

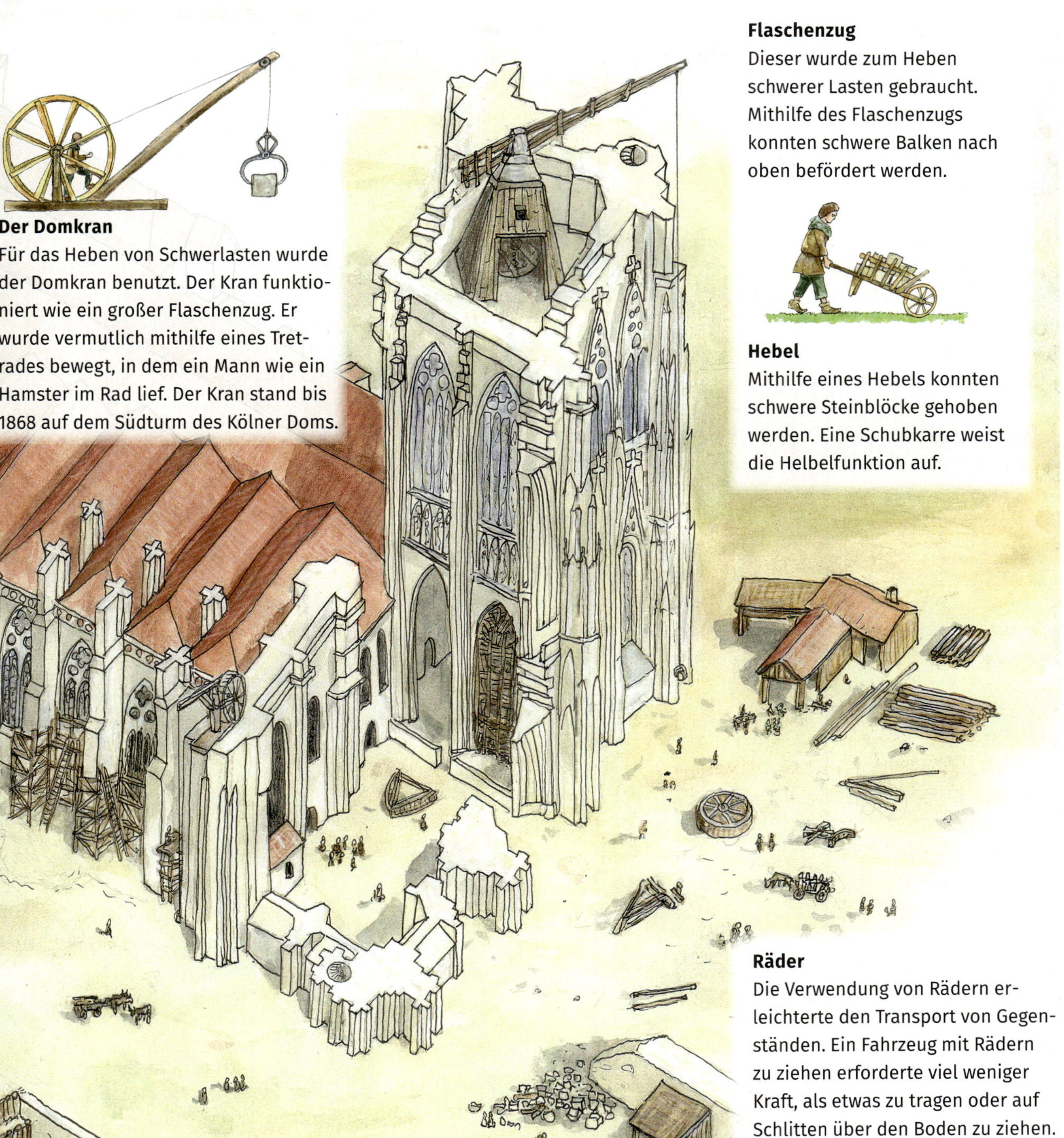

Der Domkran
Für das Heben von Schwerlasten wurde der Domkran benutzt. Der Kran funktioniert wie ein großer Flaschenzug. Er wurde vermutlich mithilfe eines Tretrades bewegt, in dem ein Mann wie ein Hamster im Rad lief. Der Kran stand bis 1868 auf dem Südturm des Kölner Doms.

Flaschenzug
Dieser wurde zum Heben schwerer Lasten gebraucht. Mithilfe des Flaschenzugs konnten schwere Balken nach oben befördert werden.

Hebel
Mithilfe eines Hebels konnten schwere Steinblöcke gehoben werden. Eine Schubkarre weist die Helbelfunktion auf.

Räder
Die Verwendung von Rädern erleichterte den Transport von Gegenständen. Ein Fahrzeug mit Rädern zu ziehen erforderte viel weniger Kraft, als etwas zu tragen oder auf Schlitten über den Boden zu ziehen.

Aufgaben

Glaube und Symbole

1. a) Nenne die Aufgaben eines Dombaumeisters. → M7
   b) Diskutiert die Fähigkeiten, über die ein Dombaumeister oder ein Steinmetz verfügen sollte. → M7

Romanik und Gotik

2. Recherchiere die Baudaten des Kölner Doms und stelle sie in der Klasse vor.
3. Beschreibe die Arbeiten auf der Dombaustelle. → M8

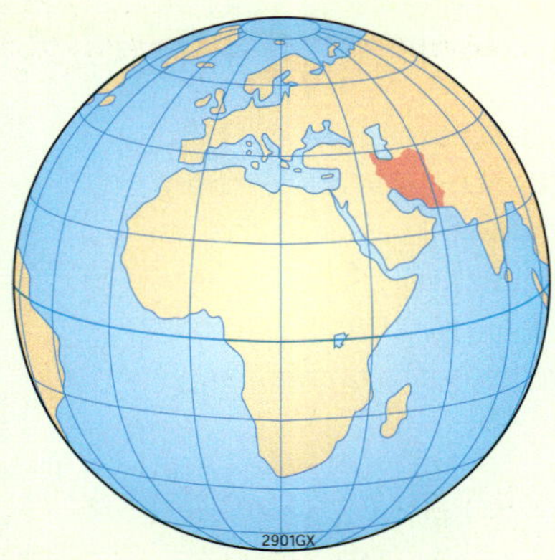

M 1 **Lage von Persien**

M 2 **Der Gelehrte Ibn Sina** unterrichtet Studenten. Ibn Sina ist mit weißem Bart in der Mitte dargestellt. Buchmalerei 17. Jh.

„Isfahan ist die Hälfte der Welt ..."

... sagt ein persisches Sprichwort. Die Stadt im heutigen Iran, die im Mittelalter schon mehr Einwohner als die europäischen Städte Paris oder London hatte, wurde im 7. Jh. von den Arabern erobert und muslimisch geprägt. Damit begann auch der wirtschaftliche Aufschwung, der die Stadt Isfahan später zum Sitz der bedeutenden persischen Herrschergeschlechter machte. Nach der Eroberung durch die türkischen Seldschuken, einer türkischen Herrscherdynastie, die im 12. Jh. über große Teile Asiens herrschte, wurde Isfahan 1051 zur Hauptstadt des westlichen Seldschuken-Reiches und blieb diese bis 1118. Die Stadt, die südlich der Seidenstraße liegt, war bekannt für Seide und Baumwolle. Besonders der Handel mit Seide war wichtig und erfolgreich. Dies führte zum Wohlstand Isfahans.

Architektur und berühmte Persönlichkeiten

Bemerkenswert ist die Architektur in Isfahan. Neben eindrucksvollen Kuppelbauten wie der Königsmoschee entstand im Mittelalter auch die Madrasa, eine Universität, an der neben Medizin auch Rechtswissenschaft gelehrt wurde.

Ein berühmter Gelehrter an der Madrasa war Ibn Sina (980–1037). Er war Arzt, Physiker, Philosoph, Dichter, Rechtsgelehrter, Mathematiker, Astronom und Musiktheoretiker. Ibn Sina zählte zu den berühmtesten Persönlichkeiten seiner Zeit und hat insbesondere die Geschichte und Entwicklung der Medizin maßgeblich geprägt. Zudem war er auch ein enger Berater des Herrschers von Isfahan.

M 3 **Stadtansicht von Isfahan** aktuelles Foto

Aufgabe

Recherchiere folgende berühmte Bauwerke der Stadt Isfahan und stelle sie in der Klasse vor: Scheich Lotfallah Moschee – Khaju Brücke – Chehel Sotoun – Hasht Behesht Palast.

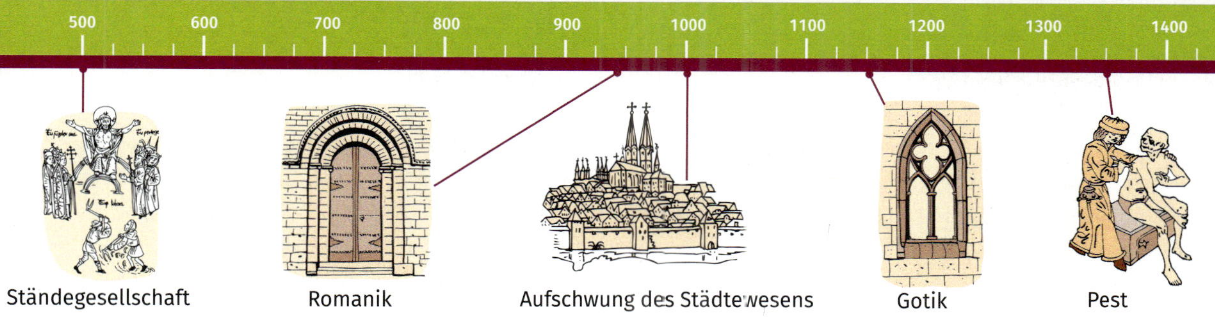

Die christlich geprägte Bevölkerung lebte jahrhundertelang in einer fest gefügten Ständeordnung, die für gottgewollt gehalten wurde. Jeder Mensch hatte so seinen Platz in einem der drei **Stände**, der ihm von Geburt an zugewiesen war. Der erste Stand war der Klerus, der für das Seelenheil der Menschen zuständig war, der zweite Stand war der **Adel** und für den Schutz der Menschen zuständig und die Bauern des dritten Standes ernährten durch ihre Arbeit alle Menschen.

Die meisten Menschen lebten auf dem Land, nur ein kleiner Teil der Bevölkerung lebte in Städten. Der Markt war das wirtschaftliche Zentrum einer Stadt. Das **Stadtrecht** bot Schutz und Pflicht für alle in der Stadt lebenden Menschen. Die Gesellschaft in den Städten war vielgliedrig. An der Spitze stand meist ein Stadtherr, dann folgten die Patrizier, unter ihnen standen die **Bürger**. Das waren Handwerker und Kaufleute. Eine Sonderstellung hatten die Juden in der Stadt, die in einem eigenen Wohnviertel, dem **Getto**, lebten.

Das Leben der mittelalterlichen Bevölkerung war vom Glauben geprägt, was sich in imposanten Kirchen im Baustil der Romanik und Gotik heute noch zeigt. Bedrohungen für ihr Leben erfuhren die Menschen u. a. durch Hungersnöte und Seuchen.

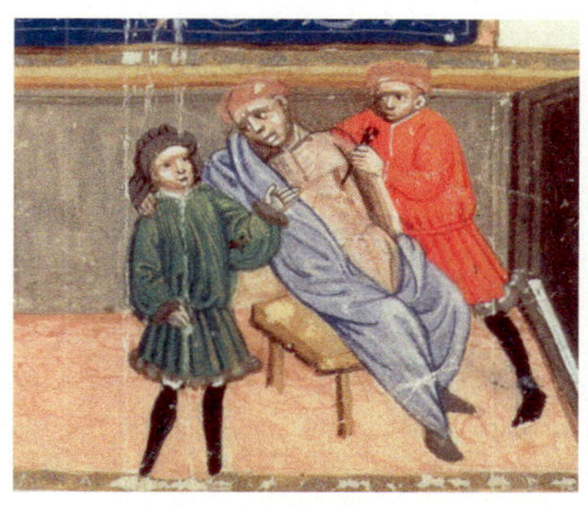

Lesetipps

- WAS ist WAS: Mittelalter – Die Welt der Kaiser, Edelleute und Bauern (Bd. 118)
- Gabriele Beyerlein: Wie ein Falke im Wind. Konrad soll die Sagen vom Glanz und Untergang der Nibelungen aufschreiben.
- Pete Smith: 1227 Verschollen im Mittelalter. Seit zwei Jahren ist Levent, Schüler des Internats Burg Rosenstoltz, spurlos verschwunden.
- Michael Kaiser: Ritter Hildibald. Auf der Suche nach dem Heldenlied. Ritter Hildibald wünscht sich nichts mehr als ein Heldenlied über eines seiner Abenteuer.

Film- und Spieletipps

- SWR: Die Stadt im Mittelalter. Diese Dokumentation vermittelt einen Eindruck vom städtischen Dasein in der Zeit um das Jahr 1500.
- Ken Follet – Reise ins Mittelalter. Film über das mit Geheimnissen umhüllte Zeitalter, in dem Adelige und Priester, Baumeister und Mönche das Sagen hatten.
- Die Händler. Ein Brettspiel über Handelsstädte, in denen die Zünfte immer einflussreicher und die Händler immer gerissener werden.
- Notre Dame. Ein Spiel, in dem einflussreiche Bürger um Ansehen und Wohlstand wetteifern.

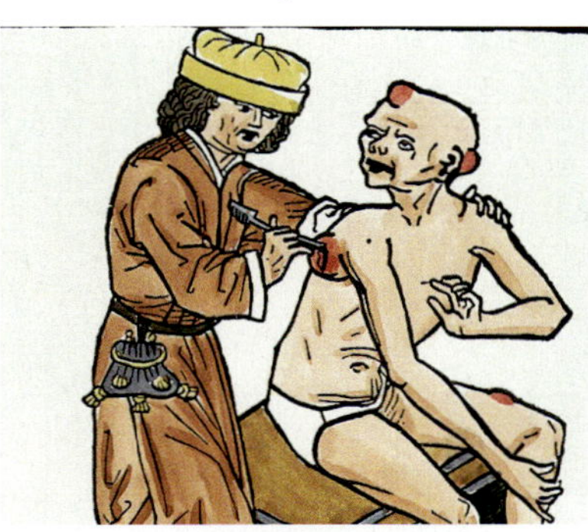

1. Ständegesellschaft

Ich kann ...

a) die einzelnen Stände und deren Aufgaben benennen. ⤳ M1
b) Unterschiede und Gemeinsamkeiten zwischen dem ersten und zweiten Stand beschreiben.
c) begründen, weshalb der dritte Stand überlebensnotwendig für alle Menschen war.

M1 Bauern leisten dem Grundherrn Abgaben.

2. Leben auf dem Land

Ich kann ...

a) das Leben der Bauern beschreiben.
b) die Dreifelderwirtschaft anhand der Methode Schaubild erklären. ⤳ M2
c) das Leben der Bauern im Mittelalter mit den Lebensumständen der Bauern heute vergleichen.

M2 Dreifelderwirtschaft

3. Die mittelalterliche Stadt

Ich kann ...

a) in den Schüttelwörtern sieben Begriffe zur mittelalterlichen Stadt finden. ⤳ M3
b) die Begriffe sinnvoll erläutern.
c) die Sonderstellung der Juden kritisch beurteilen.

RÜBEGR TRREIZPAI
OTGET
CTASTREHRHCSTFA
TDRCTHEAST
FUZTN DILEG

M3 Schüttelwörter

4. Seuchen und Hunger

Ich kann ...

a) den Begriff „Schwarzer Tod“ mithilfe des Bildes erläutern. M4

b) Ursachen für Hungersnöte und Missernten nennen.

c) begründen, welche Folgen Hungersnöte hatten.

M4 **Bürger bestatten ihre Pesttoten.** Gemälde 1349

5. Baustile des Mittelalters

Ich kann ...

a) Beispiele christlicher Symbolik benennen.

b) die Bilder der europäischen Kirchen jeweils der Romanik oder Gotik zuordnen. M5

c) Merkmale der Romanik und Gotik erkennen.

WES-112129-202 Lösungen zum Kompetenzcheck

M5 **Europäische Kirchen im romanischen und gotischen Stil** aktuelle Fotos

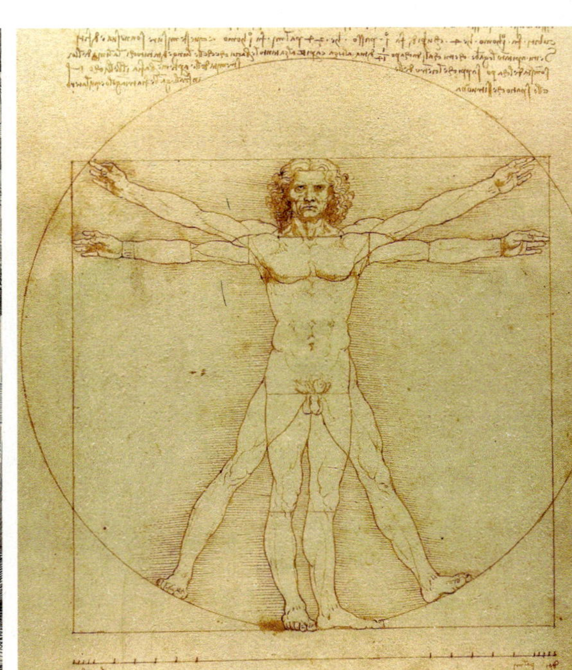

03

EUROPA IM WANDEL VOM MITTELALTER ZUR NEUZEIT

Im 15. Jh. begannen die Menschen sich aus der Bevormundung der Kirche zu lösen, indem sie deren Ansichten infrage stellten und sich auf überliefertes Wissen aus der Antike zurückbesannen. Dadurch rückte der Mensch in den Vordergrund und nahm sich nun weniger als Geschöpf Gottes, sondern als Individuum wahr. Neuerungen wie z. B. die Weiterentwicklung des Buchdrucks läuteten den Übergang vom Mittelalter zur Neuzeit ein. Auch die Eroberung Konstantinopels, die Ausbreitung des Osmanischen Reichs und die Entdeckung Amerikas sind deutliche Anzeichen für eine Zeitenwende.

- Warum änderte sich die Selbstwahrnehmung des Menschen?
- Wieso rückte das Wissen der Antike wieder in den Vordergrund?
- Welche Erfindungen wurden gemacht?
- Wie konnte Konstantinopel erobert werden?
- Welche Folgen hatte die Entdeckung Amerikas für die Alte und die Neue Welt?

M 1 **Johannes Gutenberg in seiner Werkstatt** Holzstich 1862
M 2 **Studie des menschlichen Körpers** Zeichnung Leonardo da Vincis 1496
M 3 **Globus von Martin Behaim** aus dem Jahr 1492
M 4 **Die Eroberung von Konstantinopel 1453**
Kupferstich von Matthäus Merian d. Ä. 1630, spätere Kolorierung
M 5 **Kolumbus landet mit seinen Gefolgsleuten auf Guanahani**
Farbdruck nach Aquarell, Ende 19. Jh.

Im Mittelpunkt steht der „neue“ Mensch

M 1 Galileo Galilei
Kreidezeichnung um 1600

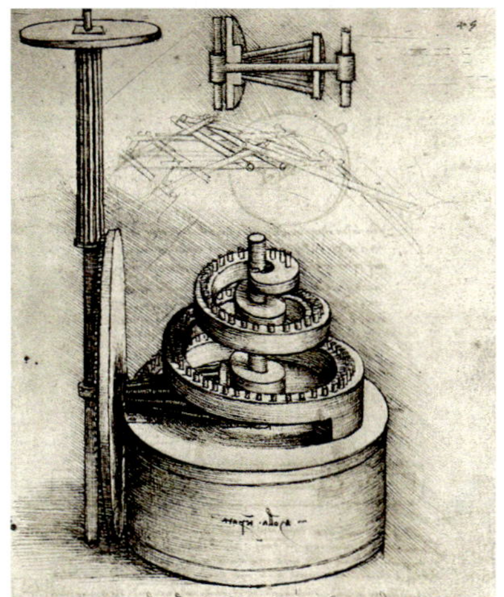

M 2 Studien zur Mechanik: Triebfeder einer Uhr
Zeichnung von Leonardo da Vinci um 1495

M 3 Dürers Mutter
Zeichnung von Albrecht Dürer 1514

Das neue Menschenbild

Seit dem Ende des 13. Jhs. entwickelte sich zunächst in italienischen Städten ein neues Menschenbild. Künstler und Gelehrte rückten den Menschen in den Mittelpunkt. Sie erklärten ihn in der von Gott geschaffenen Welt für sich selbst verantwortlich. Das bedeutet, dass der Mensch sein Leben selbst gestalten und verändern kann, unter anderem durch seine erworbenen Fähigkeiten und sein Wissen.

Das neue Menschenbild war die Voraussetzung für den tiefgreifenden Wandel, der sich vollzog und den Übergang vom Mittelalter zur Neuzeit beschleunigte. Veränderungen im Bereich der Technik und Wissenschaft stellten den Übergang in eine neue Zeit dar.

Diese neue Art der Vorstellung nennt man Humanismus, abgeleitet vom lateinischen Wort humanus – menschlich. Kunst, Wissenschaft und Technik stellten nun den Menschen in das Zentrum ihrer Tätigkeit.

Neuerungen in Wissenschaft ...

Die Beschäftigung mit vielen verschiedenen Fachgebieten, z. B. Astronomie, stand für Gelehrte und Wissenschaftler im Vordergrund. An Universitäten, vor allem in Italien, suchte man den Austausch und nahm sich die Wissenschaftler der römischen und griechischen Antike mit ihren Erkenntnissen zu Vorbildern. Diese Zeit um 1500 war gekennzeichnet von dem Bestreben, bisherige Kenntnisse zu überprüfen und neues Wissen, welches aus Experiment und Überprüfung gewonnen wurde, zu erlangen. Der Drang der Wissenschaftler, die Natur und die Menschen zu erforschen, ließ sich nicht mehr aufhalten.

... und Kultur

Auch in der Kunst kristallisierte sich das neue Menschenbild heraus. So wurde der einzelne Mensch als etwas Besonderes betrachtet. Dies sollte auch in allen Details dargestellt werden. Im Gegensatz zum Mittelalter hoben zu Beginn der Neuzeit Maler wie Albrecht Dürer die Individualität des Menschen in ihren Porträts hervor und zeichneten diese sehr detailliert und realistisch.

Der Nürnberger Maler bildete Menschen seiner Zeit ab, beispielsweise seine Mutter, indem er die Gesichter der Personen lebendig und wirklichkeitsgetreu darstellte. Der Betrachter sollte die Empfindungen eines Menschen wie Traurigkeit oder Freude durch die gezeigte Körperhaltung, durch Blicke oder Gesten nachempfinden können.

Info

Galileo Galilei
Der italienische Naturwissenschaftler Galileo Galilei (1564 – 1642) lieferte den endgültigen Beweis, dass sich die Erde um die Sonne dreht.
Er hatte dies durch sein weiterentwickeltes Fernrohr und die damit verbundenen Himmelsbeobachtungen nachgewiesen. Wegen dieser Erkenntnis wurde er von der Kirche angeklagt und stand 1633 vor dem Gericht des Papstes. Um sein Leben zu retten, nahm er seine Schriften zurück.

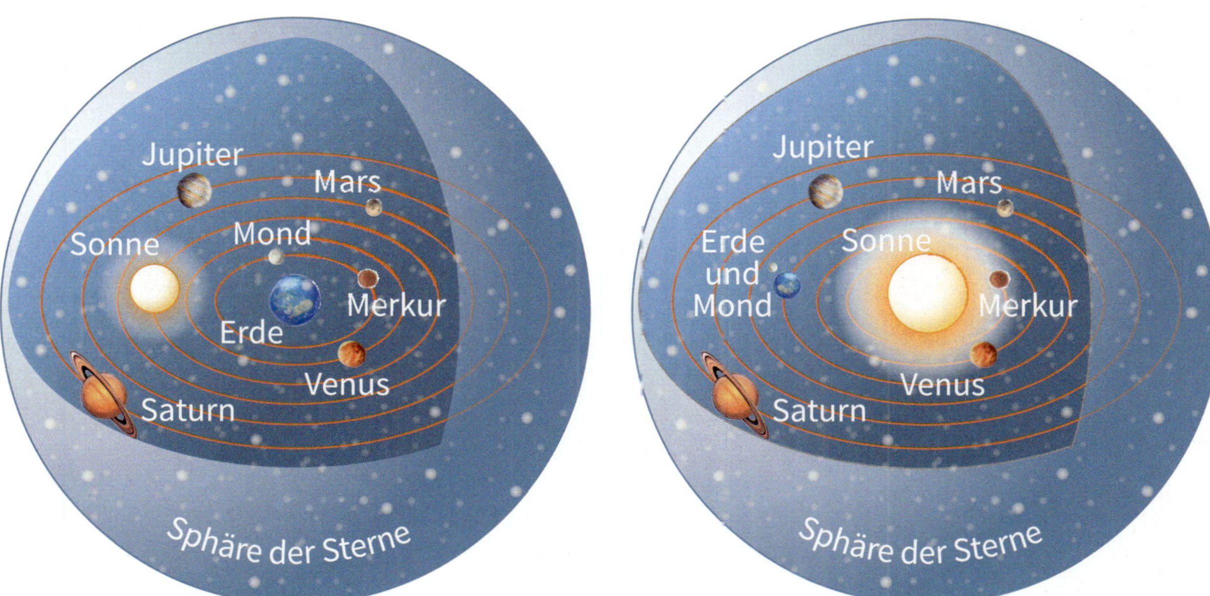

M 4 Geozentrisches (links) und heliozentrisches (rechts) Weltbild
Geozentrisches Weltbild (von griech. geo – Erde): Erde im Mittelpunkt des Universums. Sterne und Planeten bewegen sich um diese.
Heliozentrisches Weltbild (von griech. helios – Sonne): Sonne im Mittelpunkt, die anderen Planeten und Sterne umkreisen sie.

Das neue Weltbild

Im Mittelalter vertrat die Kirche die Ansicht, dass die Erde als Schöpfung Gottes im Mittelpunkt des Planetensystems steht. Die Kirche berief sich hierbei auf die Lehren des griechischen Astronomen Ptolemäus, der im 2. Jh. lehrte. Seiner Ansicht nach bewegten sich alle Planeten, auch die Sonne, um die Erde.

Der Astronom Nikolaus Kopernikus (1473–1543) war anderer Meinung. Wissenschaftliche Erkenntnisse, die er durch Beobachtungen des Himmels gewann, deckten sich nicht mit der Ansicht der Kirche. Alle seine Beobachtungen zeigten, dass sich die Erde und Planeten um die Sonne drehten. Demnach stand nicht die Erde, sondern die Sonne im Mittelpunkt des damals bekannten Planetensystems. Mit diesem neuen Weltbild widersprach Kopernikus der über viele Jahrhunderte vertretenen Auffassung und damit auch der Überzeugung der Kirche. Diese sogenannte Kopernikanische Wende bezeichnet den Übergang vom geo- zum heliozentrischen Weltbild.

Der italienische Naturwissenschaftler Galileo Galilei bestätigte mit seinen Forschungen diese Theorie und stellte, genauso wie vor ihm Kopernikus, die Ansichten der katholischen Kirche in Frage.

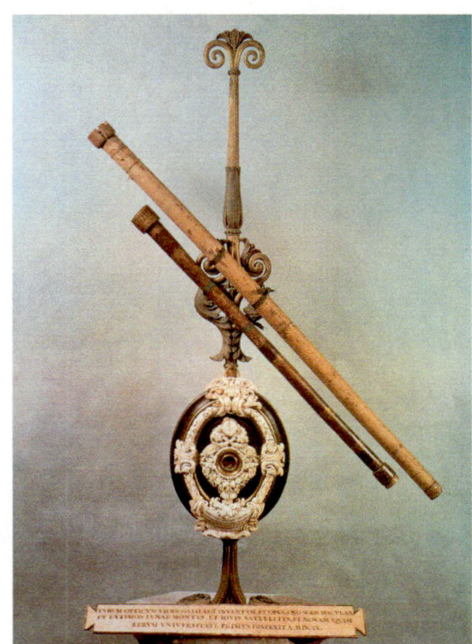

M 5 Fernrohr des italienischen Wissenschaftlers und Forschers Galileo Galilei um 1630

Aufgaben

Neuerungen in Wissenschaft und Kultur

1. Nenne zwei Merkmale des neu entstandenen Menschenbildes.
2. Stelle der Klasse ein berühmtes Werk des Malers Albrecht Dürer vor. Galeriegang

Das neue Weltbild

3. Vergleiche das geozentrische und das heliozentrische Weltbild miteinander. → M4
4. Erläutere die Leistungen von Galileo Galilei. → M1, M4, M5

M 6 **Madonna mit dem Jesuskind**
in Lucca bei Florenz für den Altarraum einer Kirche entworfen, unbekannter Künstler, Gemälde um 1260

M 7 **Madonna mit dem Jesuskind**
Geschenk für den Herzog von Florenz. Als Modelle dienten dem Maler Filippo Lippi seine Frau und ein Sohn, Gemälde 1465

M 8 Natur, Kunst und Wissenschaft

Der Sekretär des Herzogs von Aragón berichtete über seinen Besuch bei Leonardo da Vinci am 10. Oktober 1517:

Dieser Herr hat eine besondere Abhandlung über den Körperbau zusammengestellt, mit Illustrationen nicht nur der Glieder, sondern auch der Muskeln, Nerven, Adern, Gelenke, Eingeweide und allem, was an den Körpern der Männer wie auch der Frauen studiert werden kann, so wie noch kein anderer Mensch es jemals getan hat. All das haben wir mit unseren eigenen Augen gesehen; und er sagte, er hätte bereits mehr als dreißig Leichen zerlegt, Männer wie Frauen jeden Alters. Er hat auch über die Natur des Wassers geschrieben und über verschiedene Maschinen und andere Dinge, die er in einer endlosen Zahl von Bänden niedergeschrieben hat.

Clark, K.: Leonardo da Vinci, S. 167 f. (verändert)

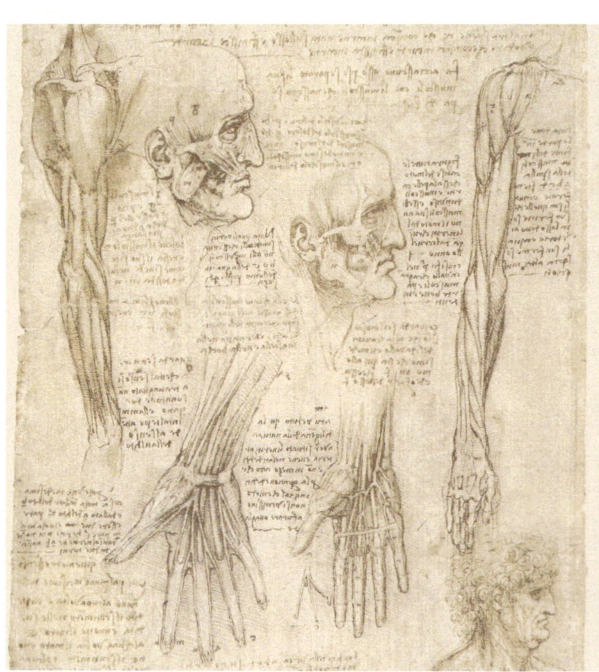

M 9 **Skizzenblatt da Vincis**
über den Körperbau des Menschen, Skizze um 1500

M 10 Das neue Weltbild

Der holländische Gelehrte Agricola (1494–1555) schrieb an einen Freund:

Lass dir alles verdächtig sein, was du bisher gelernt hast. Verurteile alles und verwirf es, wenn du nicht stichhaltige Beweise findest. Auf dem Glauben beruht die Frömmigkeit; die wissenschaftliche Bildung aber sucht stets nach Beweisen.

Thielen, P.: Der Mensch und seine Welt, S. 105.

M 11 Originalplan und Schülernachbau einer selbsttragenden da Vinci-Brücke
Oben: Selbsttragende Brücke Leonardo da Vincis, Skizze um 1500
Unten: Brückenbausatz aus Holz ohne Klebe- oder Schraubverbindungen, aktuelles Foto

Info

Leonardo da Vinci

Auch der Italiener Leonardo da Vinci (1452–1519) vertrat den neuen, wissenschaftlichen Ansatz.

- Er war Maler, Bildhauer, Architekt und Erfinder. Jahrelang studierte er intensiv das Flugverhalten von Vögeln, Fledermäusen und Insekten. Dies war seine Grundlage für die Konstruktion von Flugapparaten.
- Obwohl die Kirche das Sezieren, d.h. das Öffnen und Zergliedern des toten Menschen zu Forschungszwecken, verboten hatte, nahm da Vinci zahlreiche Leichenöffnungen vor. Er wollte den menschlichen Körper mit seinen Organen genau studieren.
- Da Vinci bildete erstmals die Natur realistisch ab. Viele seiner Erfindungen waren der damaligen Zeit weit voraus und konnten noch nicht in die Praxis umgesetzt werden.

M 12 Das Nürnberger Ei eine tragbare Uhr aus dem 16. Jh. (Höhe 6-7 cm), aktuelles Foto
Durch die Erfindung der Feder konnten kleinere Uhren konstruiert werden, die in der Hosen- oder Jackentasche problemlos überallhin getragen werden konnten. Der Nürnberger Peter Henlein war besonders geschickt in der Herstellung von Taschenuhren. Seine Uhr lief etwa drei Tage, bevor sie wieder aufgezogen werden musste.

Aufgaben

Neuerungen in Wissenschaft und Kultur

1. Vergleiche die beiden Gemälde. Beachte hierbei vor allem die Darstellung der Jesusfigur. → M6, M7
2. a) Erkläre die Begeisterung des Sekretärs des Herzogs nach seinem Besuch bei da Vinci. → M8, M9
   b) Stelle dir vor, du bist ein Schüler Leonardo da Vincis. Beschreibe ihn als Lehrer in einem Tagebucheintrag.

Das neue Weltbild

3. Arbeite die Haltung heraus, die in M10 dargestellt ist.
4. Erläutere, welche Besonderheiten dir an dieser Brücke auffallen. → M11
5. Recherchiere im Internet und informiere dich über das „Nürnberger Ei" und dessen Besonderheit. → M12

M 1 **David**
Marmorstatue von Michelangelo, Höhe 5,17 m, entstanden 1501–1504

Die Renaissance – eine Zeit der Veränderung

Der Mensch löst sich von der mittelalterlichen Vorstellungswelt

Zwischen dem 14. und dem 15. Jh. gerät die mittelalterliche Denkweise ins Wanken. Seit den Kreuzzügen kamen die Menschen mit dem Orient in Kontakt. Durch diese Kulturbegegnung erhielten sie einen Wissenszuwachs. Altes konnte durch das neu gewonnene Wissen hinterfragt werden.

Das Wissen der Antike

Zu dieser Zeit mussten die Gelehrten auf der Suche nach einer wissenschaftlichen Grundlage für ihre Forschung weit zurückgehen. Während des Mittelalters wurde antikes Wissen der Griechen und Römer als heidnisch abgelehnt und geriet so in Vergessenheit. Gelehrte forschten in Bibliotheken und Klöstern aber nach Büchern aus dieser Zeit. Jeder neue Fund wurde abgeschrieben und anderen Gelehrten zugeschickt. Dies wird als Wiedergeburt der Antike bezeichnet. Es wurde üblich, dafür den französischen Ausdruck **Renaissance** zu verwenden. Ebenso wie die Menschen der Antike strebten die Menschen der Renaissance danach, ohne Einschränkung durch die religiösen Vorschriften der Kirche, wissenschaftlich arbeiten zu können. Dies war die Idealvorstellung der Gelehrten der Renaissance.

M 2 **Die Schule von Athen** Fresko Raffaels, 1483–1520. Das Bild zeigt die philosophische Denkschule des antiken Griechenlands. Im Zentrum stehen die Philosophen Sokrates (1), Platon (2) und Aristoteles (3). Das Fresko verherrlicht im Sinne der Renaissance das antike Denken als Ursprung der europäischen Kultur, ihrer Philosophie und Wissenschaften. Größe des Freskos: 5 x 7,7 m

M 3 **Blick über Florenz** im Zentrum die Kathedrale Santa Maria del Fiore

M 4 **Selbstbildnis Leonardo da Vincis** Kreidezeichnung 1512

WES-112129-301
Film über Leonardo da Vinci

Kultureller Austausch

Neue Kenntnisse kamen über den Seehandel mit den Mittelmeerländern in die italienischen Handelszentren, wie z. B. nach Florenz. In dieser Stadt konnten Künste und Wissenschaften gefördert werden, da viele wohlhabende Familien in Florenz beheimatet waren.

Eine dieser Familien waren die Medici. Sie waren durch den Handel mit Tuchen zu Macht und Einfluss gekommen und hatten sich zu einer Handels- und Bankmacht entwickelt. Die Familie der Medici förderte aber auch Künste, Kultur und Naturwissenschaften. Viele der bedeutenden Bauwerke der Stadt Florenz, wie z. B. die Kathedrale Santa Maria del Fiore, wurden von diesen in Auftrag gegeben. So stieg Florenz in der Renaissance zu einer der schillerndsten Städte Europas auf.

Zu den Künstlern, die sie unterstützten, zählten der berühmte Michelangelo und Leonardo da Vinci. Der italienische Maler und Bildhauer Michelangelo schuf Kunstwerke, die bis heute als außergewöhnlich gelten. Leonardo da Vinci entwickelte technische Konstruktionen und malte z. B. das berühmte Gemälde „Mona Lisa“.

Es ist eines der wertvollsten Bilder der Welt und hängt im Museum Louvre in Paris. Bis heute weiß man nicht sicher, wer die abgebildete Frau ist. Es wird vermutet, dass es sich um Lisa del Giocondo handelt, die Frau eines reichen Händlers aus Florenz. Daher kommt der Name, den das Bild auf Italienisch hat, la gioconda, die Heitere.

M 5 **Mona Lisa** Gemälde von da Vinci um 1506

Aufgaben

Das Wissen der Antike

1. „Die Schule von Athen“: Die dargestellten Personen halten sich in einem Gebäude auf. Ordne den Baustil einer bestimmten geschichtlichen Epoche zu. → M2
2. a) Informiere dich über die drei namentlich genannten Philosophen.
   b) Stelle sie einem Partner vor. Partnervortrag
3. Analysiere die Statue nach der dir bekannten Methode „Statuen deuten“. → M1

Kultureller Austausch

4. a) Informiere dich über ein Bauwerk, das die Medici in Florenz in Auftrag gaben.
   b) Stelle dieses in der Klasse vor.

M 6 Ansichten des Geschichtsschreibers Manetti

1452 schrieb der italienische Geschichtsschreiber Gianozzo Manetti:

Die Welt ist wohl von Gott erschaffen, aber der Mensch hat sie verwandelt und verbessert. Denn alles, was uns umgibt, ist unser eigenes Werk, das Werk des Menschen; alle Wohnstätten, alle Schlösser, alle Gebäude aus der ganzen Welt ... Von uns sind die Gemälde, die Skulpturen; von uns kommen der Handel, die Wissenschaften und philosophischen Systeme. Von uns kommen alle Erfindungen und alle Arten von Sprachen und Literatur.

Hale, J. R.: Fürsten, Künstler, Humanisten, S. 26 (verändert).

M 7 Ansichten des Philosophen Aristoteles

Der Philosoph Aristoteles (384/383 – 322 v. Chr.) schrieb:

Der entscheidende Unterschied zwischen der Psyche[1] des Menschen und der aller anderen lebenden Wesen besteht in der Fähigkeit des Menschen, vernünftig zu denken. Der Mensch ist das vernünftige Tier.

[1] die Seele oder auch das Wesen eines Menschen

Zit. nach: www.wasistwas.de

M 8 Antikes Bauwerk in Rom: Pantheon
erbaut ca. 118 – 128 n. Chr., aktuelles Foto

M 9 Petersdom im Vatikan Baubeginn 1506, Bauzeit 120 Jahre
Der Petersdom ist die größte der päpstlichen Basiliken in Rom und eine der bedeutendsten Kirchen der Welt. Aktuelles Foto

M 10 **Die Erschaffung Adams durch Gott** (Größe: 4,8 x 2,3 Meter)
Deckenfresko von Michelangelo in der Sixtinischen Kapelle in Rom.
Im Jahre 1508 rief Papst Julius II. den 33-jährigen Michelangelo nach Rom. Er sollte die Gewölbedecke in der Sixtinischen Kapelle ausmalen. Vier Jahre malte Michelangelo täglich in dieser Kapelle, um sein Werk zu vollenden. Aktuelles Foto

M 11 Wie der Mensch geschaffen wurde

Der italienische Gelehrte Giovanni Pico della Mirandola verfasste im Jahre 1486 eine Rede, die er nie gehalten hat und die erst nach seinem Tod veröffentlicht wurde. Er lässt darin Gott zu Adam sprechen:

Keinen bestimmten Platz habe ich dir zugewiesen, auch keine bestimmte äußere Erscheinung und auch nicht irgendeine besondere Gabe habe ich dir verliehen, Adam, damit du den Platz, das Aussehen und alle die Gaben, die du dir selbst wünschst, nach deinem eigenen Willen und Entschluss erhalten und besitzen kannst. Die fest umrissene Natur der übrigen Geschöpfe entfaltet sich nur innerhalb der von mir vorgeschriebenen Gesetze. Du wirst von allen Einschränkungen frei nach deinem eigenen freien Willen, dem ich dich überlassen habe, dir selbst deine Natur bestimmen.
In die Mitte der Welt habe ich dich gestellt, damit du von da aus bequemer alles ringsum betrachten kannst, was es auf der Welt gibt. Du kannst nach unten hin ins Tierische entarten, du kannst aus eigenem Willen wiedergeboren werden nach oben in das Göttliche.

della Mirandola, G. P.: Rede über die Würde des Menschen, S. 9.

Aufgaben

Das Wissen der Antike

1. Vergleiche das Menschenbild, das in beiden Textquellen zum Ausdruck kommt.
   → M6, M7
2. Zeige auf, welche Gemeinsamkeiten die beiden Bauwerke, Pantheon und Petersdom, haben.
   → M8, M9

Kultureller Austausch

3. a) Beschreibe das Deckenfresko Michelangelos. → M10
   b) Untersuche hierbei die Darstellung des Verhältnisses Gott – Mensch. → M10
4. Finde Übereinstimmungen zwischen dem Bild Michelangelos mit der Rede von della Mirandola.
   → M10, M11, Think-Pair-Share
5. Begründe, warum es vor Michelangelo kein Maler gewagt hat, diesen Augenblick der Vollendung der biblischen Schöpfungsgeschichte so darzustellen.

Der Buchdruck

M 1 Mönch im Skriptorium
Buchmalerei 15. Jh.

M 2 Buchdruckerwerkstatt
Kupferstich von Matthäus Merian 1632, spätere Kolorierung

Bis 1450 wurden Bücher vor allem von Mönchen in Klöstern mit Feder und Tinte geschrieben. So konnte Wissen nur an wenige Menschen weitergegeben werden. Bald gab es aber nicht mehr genug schreibende Mönche, um die Nachfrage nach Büchern zu stillen.

Durch einen Holztafeldruck konnten in Europa Schriften gedruckt und so vervielfältigt werden. Bei dieser Technik wurde der Text oder das Bild mühsam spiegelverkehrt in einen Holzblock geschnitten. Dann wurde das Ganze mit Farbe bedeckt. Anschließend wurde ein Blatt Papier auf den Holzstock gelegt und abgerieben.

Mit der Weiterentwicklung des Buchdrucks mit beweglichen Lettern konnten Schriften in größerer Auflage gedruckt werden. Johannes Gutenberg gilt als Erfinder des modernen Buchdrucks. Er ...

- fertigte hierzu einzelne Letter aus Metall an, die nach Belieben zu neuen Wörtern zusammengesetzt werden konnten,
- entwickelte eine Mischung aus Blei und Zinn, mit denen die einzelnen Lettern besonders haltbar wurden,
- konstruierte ein Handgießgerät, mit dem die einzelnen Buchstaben schnell hergestellt werden konnten und
- stellte eine haltbare Tinte her, die nicht verwischte, und erfand die Druckerpresse, wobei er eine alte Weinpresse umbaute.

Der Buchdruck verändert die Welt

Durch die Weiterentwicklung des Buchdrucks waren nun Bücher für mehr Menschen zugänglich. Jetzt konnten Wissen oder Erzählungen gedruckt werden, die bisher nur mündlich überliefert wurden.

Bis 1500 gab es ungefähr 1200 Druckereien, die 30 000 Werke hergestellt hatten. Durch den Buchdruck stieg das Interesse an Büchern. Nachrichten wurden durch Flugblätter an die Bevölkerung weitergegeben, da nur wenige Menschen lesen konnten.

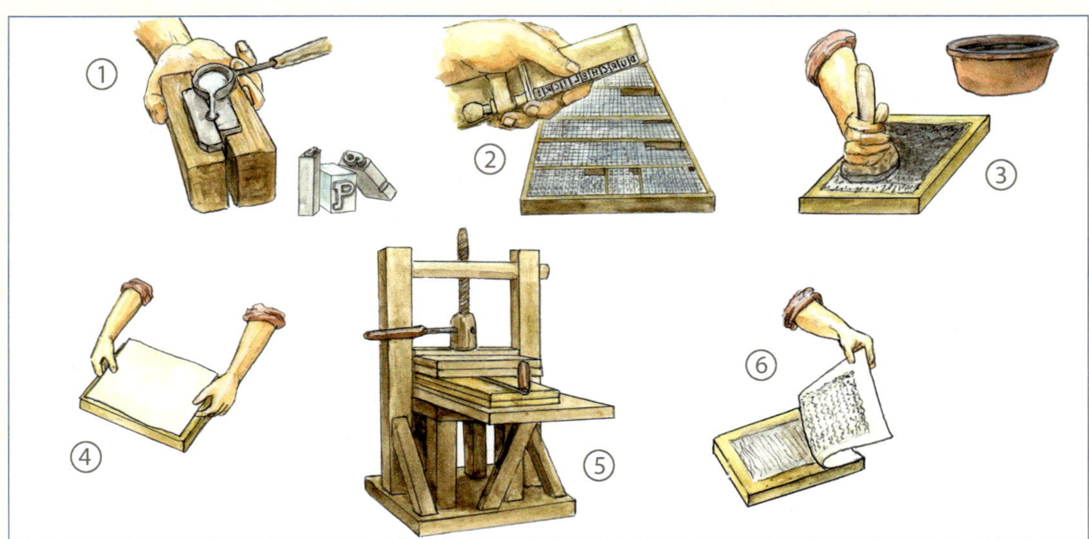

M 3 Schritte des Druckverfahrens nach Johannes Gutenberg

Datenvielfalt im Zuge der digitalen Revolution

Mit der Erfindung des Computers und der Vernetzung im Internet haben sich die Informationsverbreitung und -übermittlung stark verändert. Mit dem Internet lassen sich Nachrichten in Text- oder Bildform rasant schnell versenden. Auch Informationen sind nur einen Mausklick im Internet entfernt. E-Books machen mittlerweile dem traditionellen Buch Konkurrenz. Sie können schnell aus dem Internet heruntergeladen werden und sind dann jederzeit verfügbar.

M 4 Was können E-Books mehr als gebundene Bücher?

In einem Online-Artikel werden Vorteile der E-Books gegenüber klassischen Büchern erläutert:

Das E-Book steht am Anfang seines Potenzials. Aber schon heute kann man E-Books bei drahtlosen Internetverbindungen sehr einfach per Knopfdruck in wenigen Minuten auf den E-Book-Reader laden und lesen – dabei hat man mit Leseproben beim Buchkauf erst noch bessere Prüfmöglichkeiten, bevor man es kauft. E-Books sind im Allgemeinen preiswerter und Studierende haben auf ihren Geräten Zugriff auf ganze Fachbibliotheken. ...
Aber auch bessere Recherchemöglichkeiten und Verarbeitungen der Inhalte sind nützlich: Zu einem Kernthema des Buches erfahre ich sofort, wo das Thema im Buch sonst noch behandelt wird, und interessante Aussagen kann man schnell und einfach markieren und archivieren. Und auch die integrierten Wörterbücher sind gerade für Lernende interessant.

www.huffingtonpost.de, 10.04.2014

Info

Digitalisierung

Der Begriff Digitalisierung kann auf unterschiedliche Art und Weise interpretiert werden. Traditionell ist die technische Interpretation. Danach bezeichnet Digitalisierung einerseits die Überführung von Informationen in eine digitale Speicherform und andererseits thematisiert er die Übertragung von Aufgaben, die bisher vom Menschen übernommen wurden, auf den Computer.

Wettbewerb zum „Welttag des Buches“

Ihr möchtet am Welttag des Buches an einer Aktion teilnehmen, die unter dem Motto **„Von der Erfindung des Buchdrucks bis zum Lesevergnügen mit dem E-Book“** steht. Hierbei sollt ihr die Entwicklung aufzeigen, die das Buch hinter sich hat.

Führt hierzu eine Recherche durch. Die Seiten 96/97 helfen euch dabei.
Erarbeitet nun eine kleine Ausstellung mit Expertenvorträgen.
Diese soll dann an der Aktion teilnehmen und wird durch eine Jury bewertet.
Bewerbt euch mit eurer Ausstellung. Los geht's!

Eine Recherche durchführen

Wenn du ein Referat halten möchtest, musst du dich vorher sorgfältig und fundiert über das Thema informieren, d.h. du solltest eine Recherche durchführen. Hierbei kannst du entweder eine Recherche im Internet oder in Nachschlagewerken durchführen.

Im Internet recherchieren

Dabei ist es wichtig, richtige und aktuelle Informationen zu erhalten, denn das Internet ist ein schneller Weg, an Informationen zu kommen, aber auch ein unübersichtlicher. Eine Vielzahl an Informationen warten auf den Suchenden, doch nicht alle Informationen sind fachlich korrekt. Daher müssen diese auf ihre Richtigkeit geprüft werden.

In Nachschlagewerken recherchieren

Neben dem Internet bietet sich auch eine Recherche in Nachschlagewerken an. Ein Nachschlagewerk ist ein Buch, das schnellen Zugang zu Wissen liefert. Das kann z. B. ein Lexikon oder ein anderes Fachbuch sein. Diese findet man beispielsweise in Bibliotheken, aber auch in digitaler Form, in Suchmaschinen.

Schritte zur Durchführung einer Recherche:

Schritt 1: Vorarbeit

Zu Beginn solltest du dir notieren, was du erfahren möchtest, um gezielt Informationen zu finden.

- Wie heißt dein Thema genau?
- Was weißt du schon über das Thema?
- Welche Informationen suchst du? Formuliere genaue Suchbegriffe.

Schritt 2: Suchbegriffe eingeben

Für eine Internetrecherche solltest du geeignete Suchmaschinen auswählen. Hierbei bieten sich für den Schulbedarf z.B. www.wasistwas.de, www.klexikon.de, www.blinde-kuh.de oder www.planet-schule.de an. Andere Angebote richten sich eher an Erwachsene und sind in der Regel schwer zu verstehen.

- Überfliege zunächst den Artikel, filtere dann wichtige Informationen heraus.
- Schreibe die Informationen heraus oder kopiere sie in ein Dokument und drucke sie aus.
- Achte darauf, dass du verschiedene Quellen bzw. Internetseiten für die Suche heranziehst.

Schritt 2: Nachschlagen

Nachschlagewerke beinhalten wesentliche Informationen in knapper Form. Ziehe immer verschiedene Lexika oder Enzyklopädien, also besonders umfangreiche Lexika, heran, um einen Überblick über das Thema zu erhalten. Folgende Nachschlagewerke kannst du verwenden: Der Brockhaus, Meyers Lexikon, Bertelsmann Universallexikon.

- Überfliege zunächst den Artikel, filtere dann wichtige Informationen heraus.
- Schreibe die Informationen heraus oder kopiere sie in ein Dokument und drucke sie aus.
- Achte auf das Erscheinungsdatum, denn die Informationen können veraltet sein.

Schritt 3: Sammeln und überprüfen

Wenn alle Begriffe recherchiert wurden, solltest du die gewonnenen Informationen in eine logische Reihenfolge bringen und diese noch einmal auf ihre Richtigkeit überprüfen. Vergleiche dazu verschiedene Internetseiten.

Schritt 4: Ordnen und zusammenfassen

Nun kannst du die gewonnenen Informationen für dein Referat in eigenen Worten zusammenfassen.

- Streiche zunächst Überflüssiges weg.
- Bei Informationen, die aus dem Internet entnommen wurden, musst du immer die Adresse der Homepage als Quellennachweis angeben.

M 1 Michelangelo
Gemälde um 1550

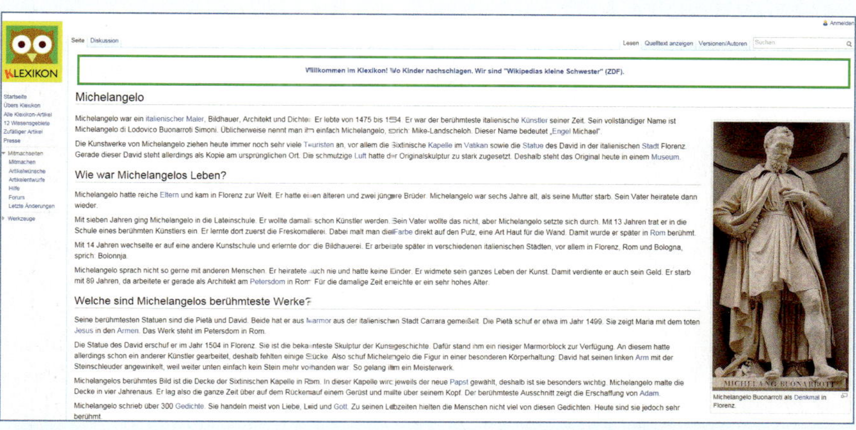

M 2 Ausschnitt aus einem Onlinelexikon für Kinder

M 3 Ergebnis einer Suchmaschine

M 4 Ergebnis einer Onlinerecherche

M 5 Nachschlagewerk

Donatello Gemälde 1450

Raffael Santi Gemälde 1506

Aufgaben

1. Nenne Vor- und Nachteile einer Internetrecherche.
2. Führe eine eigene Recherche durch, im Internet oder in Nachschlagewerken, und erstelle einen Steckbrief zu Donatello oder Raffael Santi.

Das Osmanische Reich erobert Konstantinopel

M 1 **Die Belagerung Konstantinopels** Buchmalerei von 1455. Konstantinopel war an drei Seiten vom Meer umschlossen und an der vierten Seite von starken Mauern geschützt.

In Konstantinopel lebt das Römische Reich fort

Wo das Mittelmeer in das Schwarze Meer übergeht, lag die Stadt Konstantinopel zwischen den Kontinenten Europa und Asien. Hier kreuzten sich nicht nur viele Handelswege, die der Stadt zuverlässige Einnahmequellen bescherten. Sie konnte an der Meerenge auch besonders gut gegen Angreifer verteidigt werden.

Der römische Kaiser Konstantin (um 274–337 n. Chr.), dessen Namen sie trägt, sicherte die Stadt durch den Bau von großen Mauern und umfangreiche Verteidigungsanlagen zusätzlich ab. Durch ihre Lage überstand Konstantinopel im Gegensatz zur Stadt Rom den Zusammenbruch des Römischen Reichs während der Zeit der Völkerwanderung. Aus diesem Grund konnte sich in der Stadt an der Meerenge nicht nur die römische Kultur bis ins Mittelalter bewahren, auch dem Selbstverständnis nach stand Konstantinopel in ungebrochener Nachfolge des Römischen Reichs.

Den Osmanen gelingt die Eroberung der Stadt

In Kleinasien, auf dem Gebiet der heutigen Türkei, stieg in unmittelbarer Nähe zu Konstantinopel ein nomadischer Stamm im Laufe der Zeit zum Osmanischen Reich auf, das in der Lage war, mit anderen europäischen Großmächten zu konkurrieren. Dieser rasche Aufstieg wurde dadurch begünstigt, dass Konstantinopel von inneren Auseinandersetzungen geschwächt war. Osman II. weitete seinen Herrschaftsbereich aus, indem er andere Stämme unterwarf. Seine Söhne dehnten das Gebiet bis nach Nordafrika aus.

Sultan Mehmed II. belagerte im Jahr 1453 die Stadt Konstantinopel und konnte sie einnehmen. Dies gelang ihm einerseits durch eine räumliche Umklammerung der Stadt, die dadurch vom Umland abgeschnitten wurde, andererseits durch den Einsatz von neu entwickelten Waffen, wie beispielsweise Kanonen, die mit Schießpulver betrieben wurden, gegen die die Verteidigungsanlagen aus der Antike nur noch bedingt schützen konnten.

M 2 **Sultan Mehmed II.** Gemälde von 1480

Ein Ereignis von weltgeschichtlicher Bedeutung

Nach der **Eroberung Konstantinopels 1453** konnte das Osmanische Reich vom Besitz der Stadt profitieren. Es übte nun unter anderem die vollständige Kontrolle über die Kreuzung der Handelswege aus.

Der Warenaustausch zwischen Handelsrepubliken, wie z. B. Venedig und dem Orient konnte nicht mehr wie bisher über das östliche Mittelmeer und die Seidenstraße abgewickelt werden. Dies führte dazu, dass die europäischen Länder von zahlreichen lukrativen Handelsrouten abgeschnitten waren und auf die damit verbundenen Gewinne verzichten mussten.

Das Osmanische Reich dehnte sich danach bis auf den Balkan, nach Persien und nach Nordafrika aus. Es war dadurch zu einer bedeutsamen Macht geworden. Mit dem Osmanischen Reich befand sich nach der Eroberung Konstantinopels erstmals eine nicht-christliche Großmacht auf europäischem Boden, denn deren Herrscher waren keine Christen, sondern Muslime. Dieser religiöse Gegensatz hatte in den nachfolgenden Jahrhunderten erhebliche Konflikte zur Folge.

M 3 Konstantinopel und die Ausbreitung des Osmanischen Reichs

M 4 Sultan Mehmed zerstört Konstantinopel

Die Verteidigungsanlagen, die noch in der Antike errichtet wurden, wurden erstmals überwunden:

Sultan Mehmed hatte nämlich eine große Bombard[1] anfertigen lassen, deren Geschosse elf Spannen[2] an Umfang maßen, und diese schoss nun ... und traf die Mauer so schwer, dass sie abbrach und den Graben füllte auf die gleiche Höhe mit dem Erdboden.

[1] mittelalterliches Pulvergeschütz, [2] altes Längenmaß (1 Spanne = ca. 20 cm)

Kreutel, R. (Hg.): Leben und Taten der türkischen Kaiser, S. 98.

M 5 Die Europäer fürchten die Osmanen

In Europa wurde der Fall Konstantinopels mit großer Sorge betrachtet:

Der Fall von Konstantinopel verbreitete in Europa großes Entsetzen. Zwar hatte das Byzantinische Reich seit geraumer Zeit keine Rolle mehr gespielt, die Stadt Byzanz[1] jedoch war immer noch ein Ausdruck von christlicher Macht gewesen.

[1] früherer Name von Konstantinopel

Müller, B.: Der Fall von Konstantinopel, 2010.

M 6 **In der Türkei wird heute noch die Eroberung Konstantinopels gefeiert.** Aktuelles Foto

Aufgaben

Das Osmanische Reich erobert Konstantinopel

1. Nenne Gründe für den mangelnden Schutz durch die antiken Verteidigungsanlagen. → M1, M4
2. Stelle die unterschiedlichen Beurteilungen der Eroberung einander gegenüber. → M5, M6
3. Diskutiert die Bedeutung persönlicher Ziele, wenn geschichtliche Ereignisse beurteilt werden.
   Fishbowl

M 1 **Die Karavelle „Santa Maria" von Kolumbus** neuzeitlicher Nachbau

Die Entdeckungsfahrten der Europäer

Warum werden Entdeckungsfahrten unternommen?

Seit der Antike war Europa mit dem Orient und Ländern wie Indien und China durch Handelsbeziehungen verbunden. Durch die Ausdehnung des Osmanischen Reichs und den Fall Konstantinopels lag dieser Handel nun jedoch in der Hand der Osmanen.

Der Warenaustausch wurde dadurch gestört und die Preise für Seide, Gewürze, Parfüm und andere Luxuswaren stiegen in Europa erheblich. Aus diesem Grund begann man nach anderen Handelswegen zu suchen, mit denen man das Osmanische Reich umgehen konnte. Schon länger hatten europäische Seefahrer darüber diskutiert, ob ein Seeweg um Afrika herum nicht ebenfalls nach Indien führen könnte. Bis zu diesem Zeitpunkt war den Europäern zwar nur die nordwestliche Küste Afrikas bekannt, doch wagemutige Seefahrer machten sich auf die Suche nach neuen Wegen.

Info

Karavelle
Der Schiffstyp der Karavelle wurde im 14. Jh. entwickelt. Sie ist wendig und schnell, hat einen geringen Tiefgang und ein hohes Heck. Ihre beweglichen Segel erleichtern die Fahrt bei ungünstiger Windrichtung.

Die Portugiesen umrunden Afrika

Portugal hatte durch seine günstige Lage an der Westküste Europas eine vorteilhafte Ausgangsposition, um von dort aus die Umrundung Afrikas in Angriff zu nehmen. Man versprach sich davon, sich langfristig gegen die italienischen Handelszentren wie Genua und Venedig durchsetzen zu können, über die bisher ein Großteil des Orienthandels abgewickelt wurde.

Da die Entdeckungsfahrten sehr gefährlich und teuer waren, war die Suche nach risikobereiten Geldgebern besonders wichtig für deren Zustandekommen. Heinrich der Seefahrer (1394–1460), ein portugiesischer Prinz, förderte die Suche nach neuen Handelswegen, indem er beispielsweise Schiffe ausrüstete oder die Entwicklung neuer Schiffstypen wie etwa der Karavelle finanziell unterstützte. Erste Erkundungsfahrten konnten im Jahr 1445 die westlichste Spitze Afrikas erreichen.

Im Jahr 1488 erreichten portugiesische Seefahrer bereits die afrikanische Südspitze und zehn Jahre später schließlich Kalkutta in Indien. Auch wenn es Portugal in der unmittelbaren Folgezeit gelang, aus dem Seeweg nach Indien große Gewinne zu schlagen, so war die Seereise um den afrikanischen Kontinent herum dennoch weit und riskant. Die Suche nach einem Seeweg nach Indien erhielt neuen Aufwind durch die Gegnerschaft Portugals mit dem benachbarten Spanien. Spanien versuchte ebenfalls, einen Zugang zum fernen Osten zu finden.

M 2 **Astrolabium** 15. Jh.

M 3 **Anwendung des Astrolabiums und des Jakobsstabs** Mithilfe der Geräte wurden zu festgelegten Uhrzeiten bestimmte Sterne anvisiert und der Winkel zum Horizont gemessen. So konnte der Breitengrad, auf dem sich der Seefahrer befand, bestimmt werden.

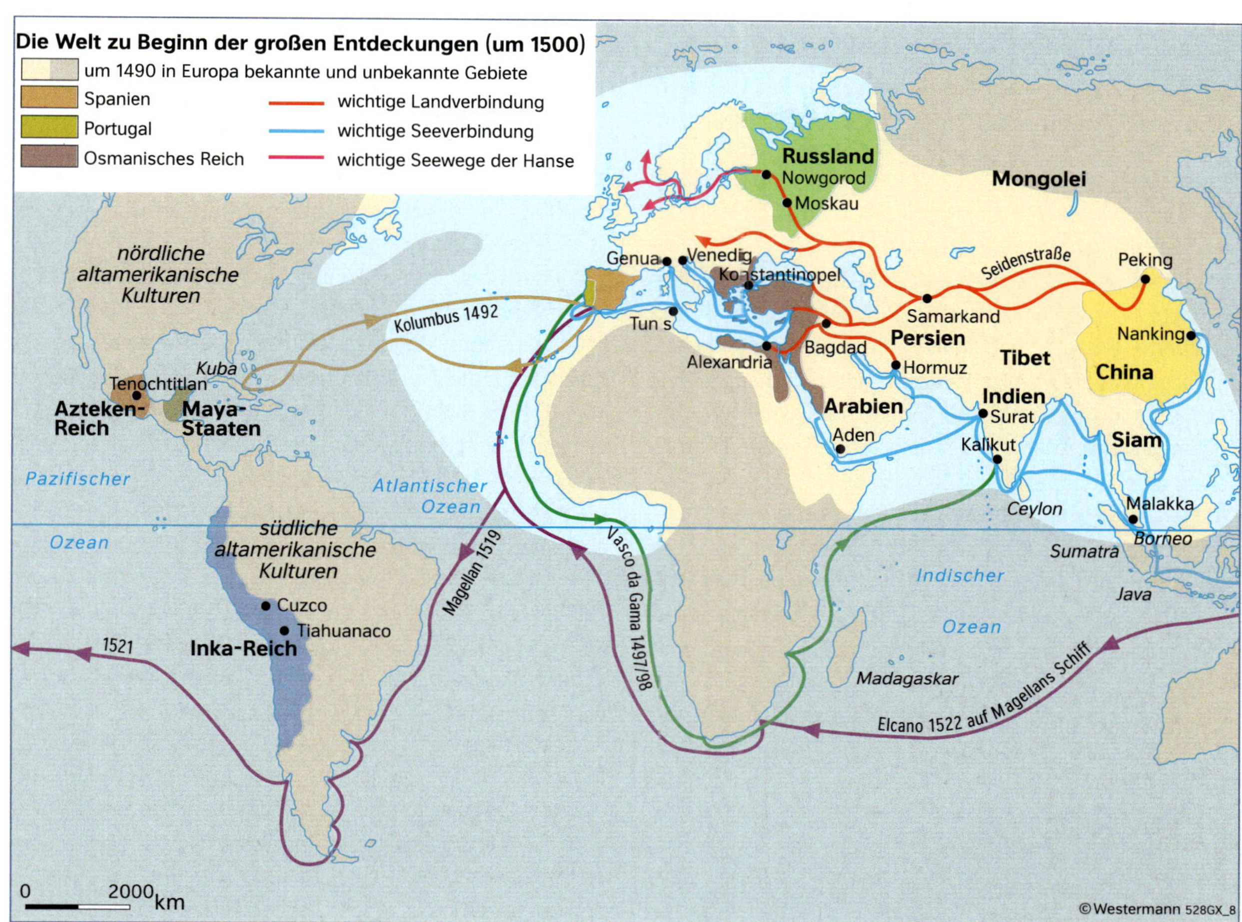

M 4 Die Welt zu Beginn der Entdeckungsreisen

WES-112129-302 Hörszene über die Entdeckungsfahrten

Christoph Kolumbus entdeckt einen neuen Kontinent

Christoph Kolumbus war ein italienischer Seefahrer. Er wollte nach Westen aufbrechen, um auf diese Weise einen Seeweg nach Indien zu finden. Er vermutete, dass dieser Weg sehr viel kürzer sein müsse als der Weg um den afrikanischen Kontinent herum. Das spanische Königshaus sah in diesen Plänen eine gute Gelegenheit, den Vorsprung der Portugiesen auszugleichen, und finanzierte aus diesem Grund schließlich die Erkundungsfahrt von Kolumbus.

Dieser erreichte am 12. Oktober **1492** eine Insel in der Karibik und glaubte, auf Indien gestoßen zu sein. Stattdessen hatte er den amerikanischen Kontinent entdeckt. Der Florentiner Amerigo Vespucci war einer der Ersten, der den Umstand der **Entdeckung Amerikas** erkannte, weshalb der neue Kontinent auch seinen Namen trägt.

Aufgaben

Warum werden Entdeckungsfahrten unternommen?

1. Nenne Gründe dafür, warum Seefahrer zu riskanten Entdeckungsfahrten in Richtung Indien aufbrachen.
2. Beurteile die neuen Möglichkeiten, die sich aus den technischen Entwicklungen ergaben.
   M1, M2, M3

Christoph Kolumbus entdeckt einen neuen Kontinent

3. Diskutiert, worin die Leistungen von Christoph Kolumbus bestehen und wie diese zu bewerten sind. Nimm dabei sowohl einen zeitgenössischen als auch einen heutigen Blickwinkel ein.
   M4, Kugellager

M 5 Aus dem Bordbuch von Kolumbus

Nach der Landung auf einer karibischen Insel notierte Kolumbus folgende Beobachtungen in sein Bordbuch:

12. Oktober (1492)

Sofort sammelten sich an jener Stelle zahlreiche Eingeborene der Insel an. In der Erkenntnis, dass es sich um Leute handle, die man weit besser durch Liebe als mit dem Schwerte retten und zu unserem Heiligen Glauben bekehren könne, gedachte ich, sie mir zu Freunden zu machen, und schenkte also einigen unter ihnen rote Kappen und Halsketten aus Glas und noch andere Kleinigkeiten von geringem Wert, worüber sie sich ungemein freuten. Sie wurden so gute Freunde, dass es eine helle Freude war. Sie erreichten schwimmend unsere Schiffe und brachten uns ... viele Dinge, die sie mit dem eintauschten, was wir ihnen gaben, wie Glasperlen und Glöckchen. Sie gaben und nahmen alles von Herzen gern. ... Sie führen keine Waffen bei sich, die ihnen nicht einmal bekannt sind; ich zeigte ihnen die Schwerter und da sie sie aus Unkenntnis bei der Schneide anfassten, so schnitten sie sich. Sie besitzen keine Art Eisen. Ihre Spieße sind eine Art Stäbe, ... die an der Spitze mit einem Fischzahn oder einem anderen harten Gegenstand versehen sind.

13. Oktober (1492)

Sie brachten Knäuel gesponnener Baumwolle, Papageie, Spieße und andere Dinge mit sich ... und tauschten sie gegen jeden noch so geringfügigen Gegenstand aus, den man ihnen anbot. Ich betrachtete alles mit größter Aufmerksamkeit und trachtete herauszubekommen, ob in dieser Gegend Gold vorkomme. Dabei bemerkte ich, dass einige von diesen Männern die Nase durchlöchert und durch diese Öffnungen ein Stück Gold geschoben hatten. ... Mithilfe der Zeichensprache erfuhr ich, dass man gegen Süden fahren müsse, um zu einem König zu gelangen, der große goldene Gefäße und viele Goldstücke besaß. Ich versuchte nun, sie zu bewegen, mich dahin zu geleiten, doch musste ich späterhin einsehen, dass sie sich weigerten, dies zu tun. ... Also entschied ich mich, nach Südwesten vorzudringen, um nach Gold und Edelsteinen zu suchen.

Kolumbus, C.: Bordbuch, S. 46 und 49f.

M 6 Karte von Toscanelli (1474) geplante und tatsächliche Reiseroute von Kolumbus
Die Karte zeigt, wie sich Toscanelli und Kolumbus den Weg nach Indien und die Lage der Länder auf dem Weg dorthin vorstellten. Die tatsächliche Lage der Kontinente ist dunkelblau eingezeichnet. Man kann erkennen, dass Kolumbus dachte, dass er bereits in der Nähe von Japan sei, als er im Bereich der Karibik auf den amerikanischen Kontinent stieß.

M 7 **Landung der Europäer auf der Insel Hispaniola** Kupferstich von Theodor de Bry 1594, spätere Kolorierung

M 8 Briefwechsel mit Toscanelli

Christoph Kolumbus besprach seinen Plan, die Erdkugel zu umrunden, mit dem befreundeten Florentiner Kartenzeichner Toscanelli, der ihm seine Gedanken darlegte:

An Columbus

Ich lobe eure Absicht, nach Westen zu fahren, und ich bin überzeugt, dass der Weg, den ihr nehmen wollt, wie ihr auf meiner Karte gesehen habt, nicht so schwierig ist, wie man denkt. ... Und seid gewiss, mächtige Könige anzutreffen, viele volkreiche ... wohlhabende Städte und Provinzen zu finden. ... Und es wird die ..., die in jenen entfernten Ländern herrschen, hoch erfreuen, wenn man ihnen einen Weg bahnt, um mit den Christen in Verbindung zu treten und sich von ihnen in der katholischen Religion und in allen Wissenschaften, die wir besitzen, unterrichten zu lassen.

Lautemann, W. (Hg.): Geschichte in Quellen Band 3, S. 40.

M 9 Vertrag zwischen Kolumbus und dem König

Christoph Kolumbus verhandelte mit seinen spanischen Geldgebern über seine Anteile an möglichen Gewinnen seiner Entdeckungsfahrt:

Die Vergünstigungen, die [Kolumbus] erbeten hat und die eure Hoheiten ihm bewilligen ... sind folgende: Zum Ersten, dass Eure Hoheiten ... [Kolumbus] von jetzt an zu ihrem Admiral über alle Inseln und Festländer ernennen, die er entdeckt, auf Lebenszeit, und nach seinem Tode seine Erben und Nachfolger ... Außerdem, dass Eure Hoheiten ... [Kolumbus] zu ihrem Vizekönig und Statthalter in allen oben genannten Inseln und Festländern, die er ... entdecken ... sollte, ernennen ...
Desgleichen, dass ... [Kolumbus] von allen Waren für sich den zehnten Teil erhebe und behalte.

Pleticha, H.: Christoph Kolumbus, S. 184 ff. (verändert)

Aufgaben

Warum wurden Entdeckungsfahrten unternommen?

1. Beschreibe, wie Kolumbus sein Verhalten gegenüber den Ureinwohnern darstellte. → M5
2. Erläutere die Risiken, die sich aus der falschen Weltkarte von Toscanelli ergaben. → M6

Kolumbus entdeckt einen neuen Kontinent

3. Vergleiche die Gründe für die Suche nach dem Seeweg nach Indien. → M8, M9 Think-Pair-Share
4. Diskutiert, welche Auswirkungen die Entdeckungsfahrten für die Europäer haben können. → M7

Die Folgen der Entdeckungsfahrten

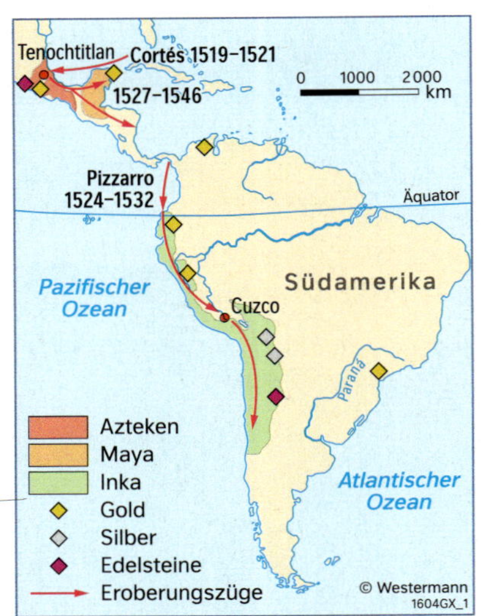

M 1 Bedeutende Reiche der amerikanischen Ureinwohner vor der Ankunft der Europäer

In Amerika treffen zwei Welten aufeinander

Als Kolumbus und andere europäische Seefahrer den neuen Kontinent entdeckten, war dieser keineswegs menschenleer, sondern von den amerikanischen Ureinwohnern bewohnt. Diese lebten in unterschiedlichen Gemeinschaften zusammen. Neben Stämmen von nomadischen Jägern und Sammlern gab es auch hoch entwickelte Reiche. Zur Zeit der Entdeckungsfahrten waren vor allem die Herrschaftsgebiete der Maya, der Inka und der Azteken bedeutende Hochkulturen. Diese Völker ...

- gründeten Städte und errichteten Großbauten,
- betrieben ausgedehnte Landwirtschaft,
- arbeiteten in verschiedenen Berufen arbeitsteilig,
- besaßen ein komplexes Schriftsystem und
- waren zu anspruchsvollen künstlerischen Leistungen fähig.

Im Gegensatz zu den Europäern besaßen sie jedoch keine Feuerwaffen und konnten sich aus diesem Grund gegen deren häufig sehr aggressives Vorgehen kaum zur Wehr setzen. Legenden über sagenhafte Goldschätze führten dazu, dass europäische Abenteurer Expeditionen ausrüsteten, um die Schätze in ihre Hände zu bekommen.

Die Kolonialisierung verändert den Kontinent

Die unterworfenen Ländereien wurden den Heimatländern der Entdecker angegliedert und Kolonien genannt. Die Errichtung einer solchen Kolonie hatte zum hauptsächlichen Ziel, Gewinne für das Mutterland zu erwirtschaften. Aus diesem Grund wurden große Anstrengungen unternommen, um Gold und Silber abzubauen. Auch in Europa unbekannte Waren wie Tabak, Zucker oder Kaffee wurden angepflanzt.

Da es in den Kolonien nicht genügend Europäer gab, wurden die Ureinwohner dazu gezwungen, die anfallenden Arbeiten zu erledigen. Dabei wurden sie häufig auf menschenverachtende Art und Weise behandelt. Dieses Vorgehen war zusätzlich zu einer Reihe von eingeschleppten Krankheiten ein wesentlicher Grund für eine Bevölkerungskatastrophe in Mittel- und Südamerika. Innerhalb weniger Jahre verringerte sich die Anzahl der Ureinwohner von etwa 75 Millionen im Jahr 1492 auf etwa 10 Millionen im Jahr 1570. Um den Verlust an Arbeitskräften auszugleichen und damit die Bewirtschaftung der Kolonien weiterhin Gewinne abwarf, begannen die Europäer, große Mengen an Sklaven nach Amerika zu bringen. Diese wurden zumeist in Afrika von Sklavenhändlern gekauft und in Sklavenschiffen über den Atlantik transportiert.

Info

Pizarro
Der Spanier Francisco Pizarro (um 1476–1541) eroberte und zerstörte das Großreich der Inka mit einer kleinen Gruppe von Soldaten, indem er dessen Herrscher gefangen nahm, erpresste und schließlich ermordete.

WES-112129-303
Film über die Eroberung des Inkareichs

M 2 Sklaventransportschiff zur Beförderung von Sklaven von Afrika nach Amerika
Lithografie, Anfang 19. Jh.
Die Sklaven aus Afrika waren in den Laderaum gepfercht und wurden wie Ladung behandelt.

M 3 **Die Eroberung von Cuzco durch die Spanier** Kupferstich von T. de Bry, 1596

Die Kolonialgeschichte hat Auswirkungen bis heute

Die Europäer hatten an den Kolonien nicht nur wirtschaftliche Interessen. Ebenso wurden Bemühungen unternommen, die einheimische Bevölkerung zum Christentum zu bekehren. Im Lauf der Zeit führte die damit verbundene Unterdrückung zu einem fast vollständigen Verschwinden der ursprünglichen Kulturen. Zentrale Elemente wie Sprache, Schrift und Religion gerieten in Vergessenheit, stattdessen wurden die europäischen Varianten übernommen.

Dabei war das Vorgehen meist unnachgiebig: Kultische Gegenstände aus Edelmetallen wurden von spanischen Eroberern oft ohne Rücksicht auf den künstlerischen Wert eingeschmolzen und dadurch zerstört. Die Benutzung der Schrift der Maya wurde so gründlich unterdrückt, dass sie über Jahrhunderte vollständig in Vergessenheit geriet. Sie konnte erst in der heutigen Zeit mit großem Aufwand wieder entschlüsselt werden. Auch die Auseinandersetzung um ein gleichberechtigtes Miteinander zwischen Europäern und Ureinwohnern dauert bis in die Neuzeit an.

M 4 **Goldschmiedearbeit der Inka**
16. Jh.

Aufgaben

In Amerika treffen zwei Welten aufeinander

1. Beschreibe die Herrschaftsgebiete der amerikanischen Ureinwohner vor der Ankunft der Europäer. → M1
2. Benenne einige zivilisatorische Leistungen der Ureinwohner Amerikas vor der Ankunft der Europäer.
3. Beschreibe, wie sich die Gier der Europäer auf die Ureinwohner Amerikas auswirkte.
   → M2, M3, M4, Think-Pair-Share

Die Kolonialisierung verändert den Kontinent

4. Bewerte den Umgang der Europäer mit der Kultur der Ureinwohner Amerikas.
5. Diskutiert, welche Auswirkungen der Entdeckung Amerikas zum Ende des Mittelalters in Europa beigetragen haben.

M 5 Pyramide des Kulcán Bauwerk der Maya
aktuelles Foto

M 6 Kathedrale von Mexico-Stadt
erbaut ab 1573, aktuelles Foto

M 7 Über das Leiden der Ureinwohner

Ein spanischer Bischof berichtet über seine Erfahrungen mit dem Umgang der Ureinwohner auf der Insel Kuba:

Es befand sich ein königlicher Beamter auf dieser Insel, der bei der Verteilung dreihundert Indianer bekam. In der Zeit von drei Monaten hatte er deren zweihundertsiebzig durch Arbeit in den Bergwerken totgemartert, sodass ihm deren nur noch dreißig ... übrig waren. Man gab ihm deren wieder so viel, wo nicht noch mehr, und er brachte sie abermals um. Er bekam zum dritten Male so viel und machte es wieder so. ... Während meines Aufenthaltes starben binnen drei oder vier Monaten siebentausend Kinder vor Hunger, weil ihre Väter und Mütter in die Bergwerke geschickt wurden. Auch sah ich noch andere schreckliche Dinge. ... Man beschloss nachher, Jagd auf die Indianer zu machen, die sich im Gebirge befanden, und ging entsetzlich mit ihnen um. Kurz, die Spanier entvölkerten und verheerten diese ganze Insel so, ... dass sie durchgehends zur Wüste und Einöde gemacht worden sei.

De las Casas, B.: Bericht über die Verwüstungen, S. 28.

M 8 Ein Europäer kauft in Afrika Kriegsgefangene als Sklaven für den Einsatz in Amerika. Gemälde um 1820

M 9 Demonstration gegen ein Staudammprojekt in Rio de Janeiro aktuelles Foto

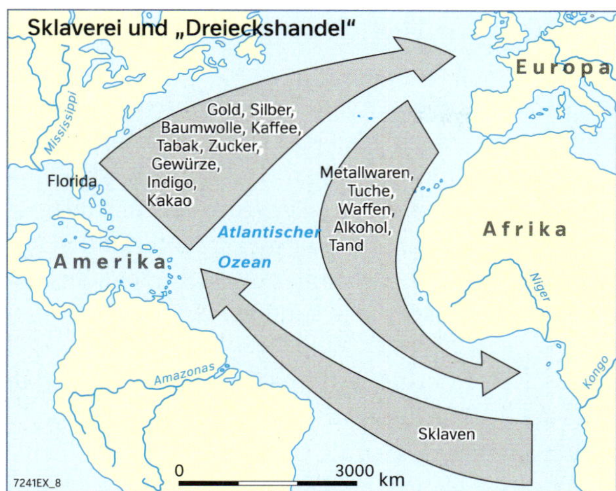

M 10 **Dreieckshandel** Warenverkehr zwischen Europa, Afrika und Amerika im 17. und 18. Jh.

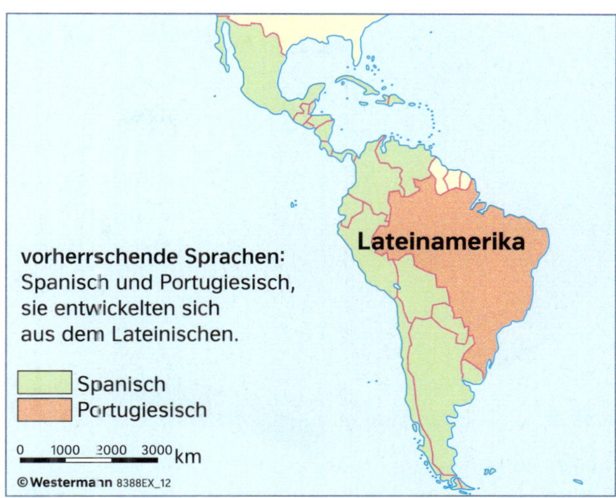

M 11 **Karte Sprachgrenzen** Lateinamerika

M 12 **Spieler der brasilianischen Fußball-Nationalmannschaft** aktuelles Foto

Aufgaben

Die Kolonialisierung verändert den Kontinent

1. Nenne Merkmale einer Hochkultur, die zum Bau der Maya-Pyramide notwendig sind. → M5
2. Beschreibe den Bau einer Maya-Pyramide und einer Kathedrale nach europäischem Vorbild. → M5, M6
3. a) Vergleiche die Lebensumstände der Ureinwohner und der Sklaven in den amerikanischen Kolonien mit denen der eingewanderten Europäer. → M7, M8
   b) Bewerte den Umgang der Europäer mit den kubanischen Ureinwohnern.
4. Begründe, warum der Dreieckshandel für die Europäer sehr gewinnbringend war. → M10

Die Kolonialgeschichte wirkt bis heute nach

5. Beschreibe die Auswirkungen der Verdrängung der Kulturen der Ureinwohner. → M6, M7, M11
6. a) Diskutiert, ob es heute gelungene Formen des Zusammenlebens zwischen Nachfahren der Sklaven, der Ureinwohner und der eingewanderten Europäer gibt. → M12
   b) Fasse zusammen, wo es heute noch zu Auseinandersetzungen kommt. → M9

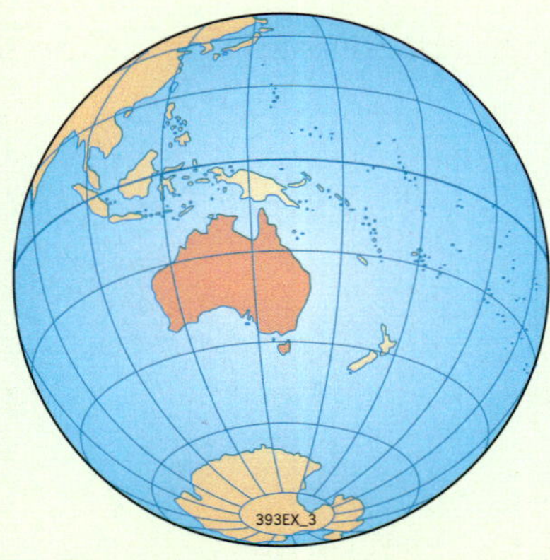

M 1 **Lage von Australien**

M 2 **James Cook** Gemälde von 1776

Die Suche nach dem Südland

Auch viele Jahre nach der Entdeckung Amerikas waren den Europäern Teile der Erde noch unbekannt. Es gab die Vermutung, dass den großen Landmassen der Nordhalbkugel (Europa, Asien und Nordamerika) eine vergleichbare Landmasse auf der Südhalbkugel gegenüberstehen müsste. Mit dem Wissen um die folgenreiche Entdeckung Nordamerikas durch Kolumbus schien daher die Suche nach einem bislang noch unentdeckten Südkontinent ein Unterfangen zu sein, das ähnlich hohe Gewinne versprach.
Der Engländer James Cook (1728–1779) unternahm aus diesem Grund Entdeckungsfahrten auf der Südhalbkugel.

James Cook erreichte auf dieser Reise als erster Europäer den Kontinent Australien und gilt deshalb als dessen Entdecker, obwohl Australien bereits in der Steinzeit besiedelt wurde. Die Seefahrer seiner Zeit hatten auf langen Reisen mit dem Skorbut zu kämpfen, einer Mangelerkrankung, die nach einigen Monaten auf hoher See zum Tod führen konnte.

James Cook führte verschiedene Experimente zu dessen Bekämpfung durch, die bewirkten, dass viele Schiffsbesatzungen zukünftig mit vitaminhaltigen Nahrungsmitteln ausgestattet wurden. Dies machte ausgedehnte Seereisen und weitere Entdeckungsfahrten erst möglich und trug maßgeblich dazu bei, dass sich die Europäer über große Teile der Welt ausbreiten konnten.

M 3 **Terra Australis** (der Südkontinent) im Atlas von Rumold, 1595

Aufgaben

1. a) Nenne Gründe für die Suche nach dem Südkontinent, die mit denen anderer Entdeckungsfahrten vergleichbar sind.
   b) Beschreibe die Vorstellungen von seiner Lage und seiner Ausdehnung im Vergleich mit den übrigen Kontinenten. → M3
2. Erläutere die Bedeutung der erfolgreichen Bekämpfung des Skorbuts für die Ausbreitung der Europäer über die Welt. Think-Pair-Share

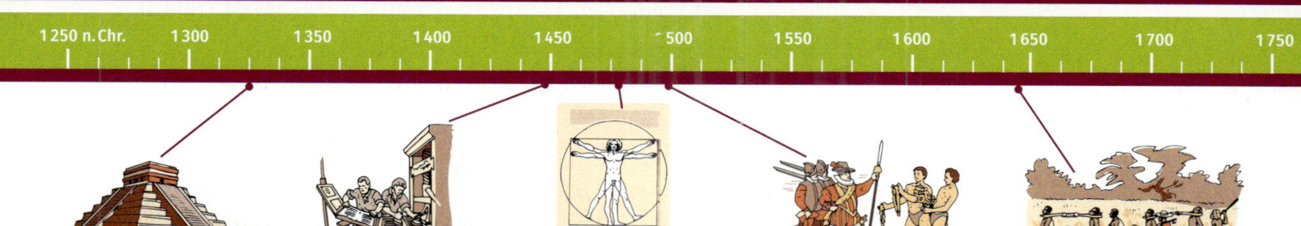

1300 - 1500
Hochkultur der Azteken

um 1450
Buchdruck

1450 - 1550
Humanismus

1492
Entdeckung Amerikas

Dreieckshandel/Verschleppung afrikanischer Sklaven

Seit dem Ende des 13. Jhs. entwickelte sich zunächst in italienischen Städten ein neues Menschenbild. Der Mensch rückte in den Mittelpunkt. Künstler und Gelehrte erklärten ihn in der von Gott geschaffenen Welt für sich selbst verantwortlich. Die Menschen sollten von nun an ihr Leben durch erworbenes Wissen selbst gestalten.

Das neue Menschenbild war die Voraussetzung für den tiefgreifenden Wandel, der sich vom Mittelalter zur Neuzeit vollzog. Diese neue Art der Vorstellung wird Humanismus genannt. Dieser bildete die Grundlage für das Zeitalter der **Renaissance**, in der sich das Denken und die Vorstellung von der Welt grundlegend änderten. Diese Veränderung läutete ab ca. 1450 den Übergang vom Mittelalter zur Neuzeit ein.

Künstler und Gelehrte wie Leonardo da Vinci oder Galileo Galilei prägten diese Zeit des wissenschaftlichen Fortschritts.

Eine wichtige Errungenschaft dieser Zeit war die Weiterentwicklung des Buchdrucks durch Johannes Gutenberg um 1450, wodurch Wissen leichter verbreitet werden konnte. Weitere Erfindungen dieser Zeit waren ein seetauglicher Kompass und hochseetaugliche Schiffe. Dies waren u. a. die Voraussetzungen für die **Entdeckung Amerikas 1492** durch Christoph Kolumbus. Folge dieser Entdeckung war die jahrhundertelange Ausbeutung der Ureinwohner durch die europäischen Mächte.

Mit der Belagerung und **Eroberung Konstantinopels 1453** durch Sultan Mehmed II., den Herrscher des Osmanischen Reiches, zerbrach das Byzantinische Reich. Die Stadt Konstantinopel blieb bis 1923 Zentrum des Osmanischen Reiches.

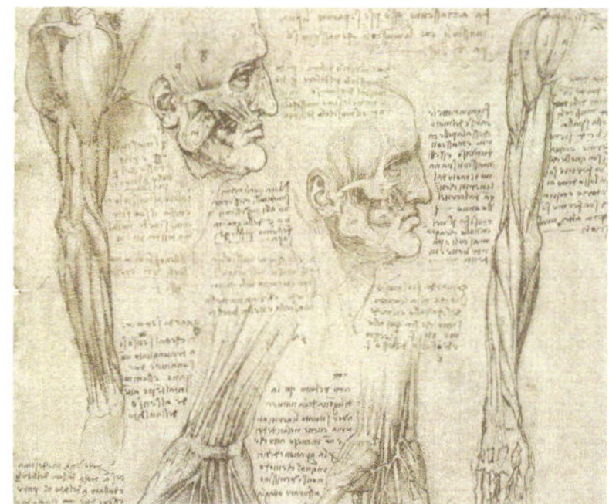

Lesetipps

- Rainer M. Schröder: Die Medici-Chroniken 2. Der Pate von Florenz. Marcello wird mit den Medici-Brüder Lorenzo und Giuliano groß. Allerdings gerät er ins Netz von Intrigen.
- WAS ist WAS Band 5: Große Entdecker. Ihre Reisen und Abenteuer. Abenteurer wie Kolumbus erbeuteten auf ihren Reisen eine Vielzahl von Schätzen und stießen in entlegene Winkel der Erde vor.

Hörbuch- und Filmtipps

- Abenteuer & Wissen: Johannes Gutenberg: Der Siegeszug des Buches. Um 1450 verändert eine Erfindung die Welt.
- ZDF – Terra X : Der geheime Kontinent. Kolumbus begibt sich 1492 von Sevilla aus auf eine Reise, auf der er Amerika entdeckt.
- ZDF – Königliche Dynastien: Die Osmanen – Eines der mächtigsten Weltreiche der Geschichte.

1. Der neue Mensch – Wissenschaft und Technik

Ich kann ...

a) Merkmale des neu entstandenen Menschenbildes mithilfe von M2 nennen.
b) die Darstellung des neuen Weltbildes erläutern. → M1
c) eine Internetrecherche zu Albrecht Dürer durchführen. → M2, 🔍
d) Vor- und Nachteile einer Internetrecherche aufzeigen.

M 1 Darstellung des Weltbildes aus dem 16. Jh.

M 2 Selbstbildnis Albrecht Dürers Gemälde 1498

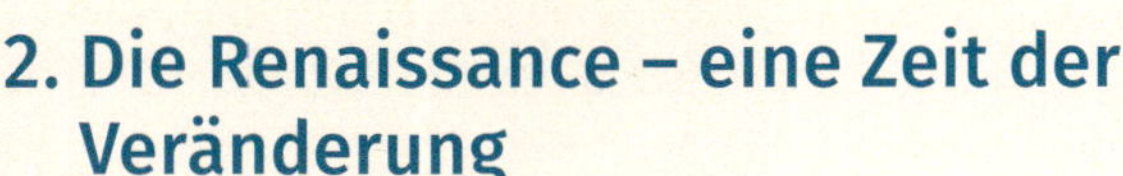

2. Die Renaissance – eine Zeit der Veränderung

Ich kann ...

a) Gründe nennen, warum die Menschen auf das Wissen der Antike zurückgriffen.
b) die Leistungen Leonardo da Vincis aufzeigen. → M4
c) den Einfluss der Medici auf die Entwicklung der Kultur in Florenz erläutern. → M3

M 3 Basilica di San Lorenzo in Florenz aktuelles Foto

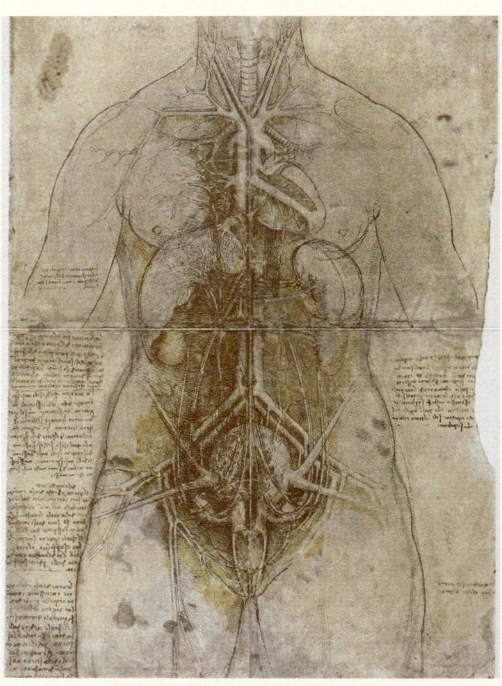

M 4 Hauptorgane und Arteriensystem der Frau Zeichnung um 1500

G	U	O	H	M	T	I	N	T	E	A	S	E
D	R	U	C	K	E	R	P	R	E	S	S	E
A	R	L	E	T	T	E	R	L	E	I	E	B
B	U	C	H	S	T	A	B	E	N	T	I	E
A	B	T	A	O	O	H	A	N	D	E	Z	R
E	L	B	B	T	U	R	N	E	N	R	I	F
M	E	I	N	T	A	G	I	S	Z	S	N	H
E	I	T	N	A	G	E	R	W	U	R	N	E

M 5 **Gitterrätsel zum Buchdruck**

3. Der Buchdruck und seine Auswirkungen

Ich kann ...

a) das Druckverfahren nach Johannes Gutenberg mithilfe der im Gitterrätsel versteckten sechs Begriffe beschreiben. → M5

b) die Auswirkungen des Buchdrucks erläutern.

c) den Begriff „digitale Revolution" erklären.

4. Die Eroberung Konstantinopels

Ich kann ...

a) die Eroberung Konstantinopels durch die Osmanen beschreiben. → M6

b) die Eroberung Konstantinopels aus der Perspektive verschiedener Betrachter darstellen.

c) die Auswirkungen der Eroberung Konstantinopels erläutern.

M 6 **Die Eroberung Konstantinopels 1453 durch die Osmanen** Gemälde 15. Jh.

M 7 **Die falschen Götter**

Folgendes Dokument lasen die Spanier den Ureinwohnern auf Spanisch oder Lateinisch vor, wenn sie von einem Gebiet Besitz ergreifen wollten:

Im Auftrag des Königs tun wir euch kund, dass der Herr, unser Gott, den Himmel und die Erde schuf. Wir fordern euch auf, dass ihr die Kirche als Herrscherin anerkennt sowie den Papst als höchsten Priester und den König und die Königin als höchste weltliche Macht und Herrscher. Wenn ihr dies nicht tut, so werden wir mit Gottes Hilfe gegen euch Krieg führen; wir werden euch, eure Frauen und Kinder zu Sklaven machen.

Dor-Ner, Z.: Kolumbus und das Zeitalter der Entdeckungen.

5. Die Entdeckung Amerikas

Ich kann ...

a) Gründe für die Entdeckungsfahrten der Europäer benennen.

b) mithilfe der Textquelle die Folgen der Kolonialisierung für die Ureinwohner beschreiben. → M7

c) die Leistungen des Christoph Kolumbus aus der Perspektive der Einwohner Süd- und Mittelamerikas beurteilen.

WES-112129-304
Lösungen zum Kompetenzcheck

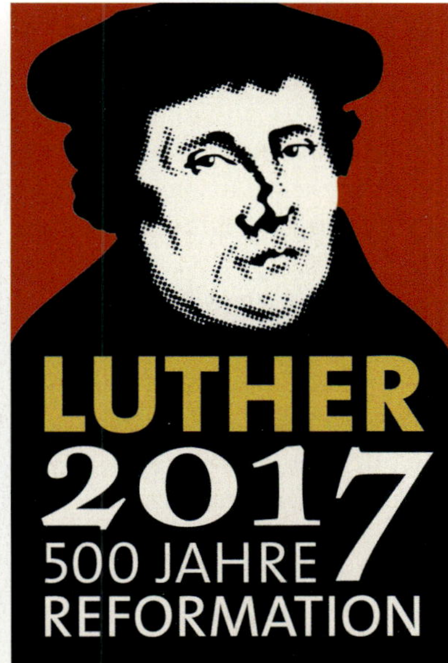

04

REFORMATION UND KONFESSIONALISIERUNG

Die Kirche besaß seit Jahrhunderten viel Macht, die sie in Form von Herrschaftsämtern und als geistliche Führungsmacht über die Menschen ausübte. Die Menschen waren tief im Glauben verwurzelt. Immer wieder wurde diese Macht jedoch auch missbraucht, weshalb der Ruf nach Reformen zunehmend lauter wurde.

Martin Luther, selbst Priester und Professor, geriet in einen Konflikt mit Papst und Kirche, da er die Missstände beseitigen wollte. Seine Bemühungen führten zur Reformation, in deren Verlauf die evangelische Kirche als eine neue christliche Glaubensrichtung entstand. Religiöse Fragen waren eng mit der Politik verbunden. Ermutigt von der Kritik Luthers an der Kirche begannen die Bauern einen bewaffneten Aufstand gegen die Grundherren und Fürsten.

Eine andere Erscheinung dieser und späterer Zeit sind die Hexenverfolgungen, die zahllose Opfer forderten und durch religiösen Eifer ausgelöst wurden.

- → Weshalb war die Religion für das Denken und Handeln der Menschen wichtig?
- → Welche Folgen hatte die Reformation?
- → Wer wurde verfolgt und ausgegrenzt?
- → Wie erlebten die Menschen im 16. Jh. Krisen und Umbrüche?

M 1 **Das Jüngste Gericht** Altarbild von Hans Memling um 1471

M 2 **Die Verbrennung von drei sogenannten Zauberinnen** kolorierter Holzschnitt 1555

M 3 **Aufständische Bauern** Holzschnitt 1525

M 4 **Martin Luther** Plakat 2017

M 5 **Schilder mit Hinweisen auf katholische und evangelische Gottesdienste** aktuelles Foto

M 6 **Karl V.** Gemälde von Peter Paul Rubens um 1604

Glaube der Menschen und Missstände der Kirche

Glaubensvorstellungen der Menschen

Für die Menschen im Mittelalter und in der beginnenden Neuzeit waren Krankheiten, Seuchen, Hunger, Armut und Kriege keine Ausnahmeerscheinungen, sondern alltägliche Erfahrungen. Die Zuversicht oder Hoffnung auf ein besseres Leben war gering.

Hinzu kam, dass die Kirche die Ängste der Menschen noch steigerte, indem sie vor der Strafe Gottes warnte, die jedem Sünder drohte. Der Weg in den Himmel als Ort der Erlösung, in den jeder Gläubige nach seinem Tod kommen wollte, war schwer zu erreichen. Von der Lebensführung im Diesseits hing ab, ob die „arme Seele" am Tag des *Jüngsten Gerichts* in den Himmel oder in die Hölle, den Ort ewiger Verdammnis, gelangen würde.

Die Menschen glaubten daran, dass alle Seelen im Fegefeuer gereinigt werden würden. Durch Buße und Gebete oder auch *Wallfahrten* konnte man seine Leidenszeit im Fegefeuer verkürzen. Die Menschen hatten große Angst vor dem Jüngsten Gericht, da sich niemand sicher sein konnte, wie das Urteil über die eigene Person ausfallen würde. Viele Bilder aus dieser Zeit geben Zeugnis von der Höllenangst und Todesfurcht der Menschen.

Jüngstes Gericht
Damit wird im Christentum das endgültige Gericht und Urteil Gottes bezeichnet, dem alle Lebenden und Toten unterzogen werden.

Wallfahrten
Bei einer Wallfahrt wird eine bestimmte Wegstrecke meist zu Fuß zurückgelegt, um am Ziel eine Pilgerstätte (Kirche oder Kapelle) zu besuchen.

M 1 Der Heuwagen
Altarbild von Hieronymus Bosch um 1500

Macht und Reichtum der Kirche

Die Kirche hatte über Jahrhunderte hinweg im Bündnis mit den Königen und Fürsten ihre Macht und Position ausgebaut. Ihr Besitz wurde immer größer. Hohe Vertreter der Kirche kamen aus adligen Familien und brachten ihren Besitz mit, wenn sie ein kirchliches Amt erhielten. Noch heute zeugen prächtige Klöster und Kirchenbauten vom Reichtum der Kirche.

Während ein Großteil der Bevölkerung in Armut lebte, konnten Bischöfe und Äbte ein Leben in Luxus und Sicherheit führen. Viele hohe Geistliche erhielten ihre Ämter, indem sie sehr viel Geld dafür bezahlten. Sie vernachlässigten ihr Kirchenamt und die damit verbundenen Verpflichtungen. Die strengen Regeln der Kirche wurden häufig missachtet. Verschwendungssucht, eine ausschweifende Lebensführung und auch Beziehungen zu Frauen waren keine Ausnahme. Auch Mönche und Nonnen verstießen gegen ihre Gelübde und die Klosterregeln. Die hörigen Bauern hingegen sorgten mit ihren Abgaben und Steuern für den nötigen Unterhalt der Geistlichen.

Die führenden Vertreter der Kirche, Papst und Bischöfe, verstanden sich in erster Linie als mächtige Fürsten, die ihre Interessen und ehrgeizigen Pläne durchsetzen wollten. Insbesondere die Päpste waren ein eindrucksvolles Beispiel für die Macht und den Reichtum der Kirche. Viele von ihnen lebten ausschweifend und veranstalteten rauschende Feste. Dabei war es selbstverständlich, die eigene Macht auch durch Bauwerke zur Schau zu stellen. So wurde der Grundstein für den Petersdom im Jahre 1506 in Rom gelegt. An Größe und Pracht sollte dieser Bau alle anderen Gebäude der Stadt in den Schatten stellen. Angesichts der Größenordnung und Bedeutung dieses Bauvorhabens wurde sehr viel Geld benötigt. Die bedeutendsten Künstler und Baumeister wurden beauftragt. Die erforderlichen Geldmittel sollten die Gläubigen aufbringen.

M 2 Nonnen überqueren mit einem Abt nach einem Trinkgelage einen zugefrorenen See. Holzschnitt um 1450

M 3 Der Ablasshandel

Der Ablasshandel

Die Kirche nutzte die Ängste der Menschen aus und machte daraus ein Geschäft, indem sie den Gläubigen einen Sündenerlass nicht mehr allein durch Gebete und Buße, sondern durch Geld anbot. Für die Finanzierung der kostspieligen Kirchenbauten und des Ämterkaufs ehrgeiziger Geistlicher gab die Kirche sogenannte Ablassbriefe heraus, die die Gläubigen kaufen sollten:

- Wer einen Ablass kaufte, dem würde die Strafe für seine Sünden erlassen und damit der Weg in den Himmel geebnet werden.
- Im Auftrag des Papstes zogen Mönche durch das Land und verkauften diese Ablassbriefe.
- Ob die Menschen ihre Sünden auch bereuten, spielte dabei keine Rolle.
- Man konnte sogar Vergebung für zukünftige Sünden mit dem Kauf eines solchen Briefes erlangen.

Der Ablasshandel brachte der Kirche sehr viel Geld ein, weil man auch Ablässe für Verstorbene kaufen konnte. Ungefähr die Hälfte der Einnahmen aus Deutschland bekam der Papst für den Neubau der Peterskirche in Rom, den Rest erhielten die Bischöfe, um ihre teils großen Schulden zu bezahlen. Die Befreiung von den Sünden wurde zu einer finanziellen Frage.

Aufgaben

Glaubensvorstellungen der Menschen

1. Nenne Gründe für die Ängste der Menschen.
2. Beschreibe die Vorstellung von der Hölle. → M 1
3. Diskutiert über die heutigen Ängste der Menschen. Fishbowl

Der Ablasshandel

4. Weise die genannten Missstände im Bild nach. → M 2
5. Erkläre den Erfolg der Kirche beim Ablasshandel.
6. Beurteile die Ursachen des Ablasshandels. → M 3

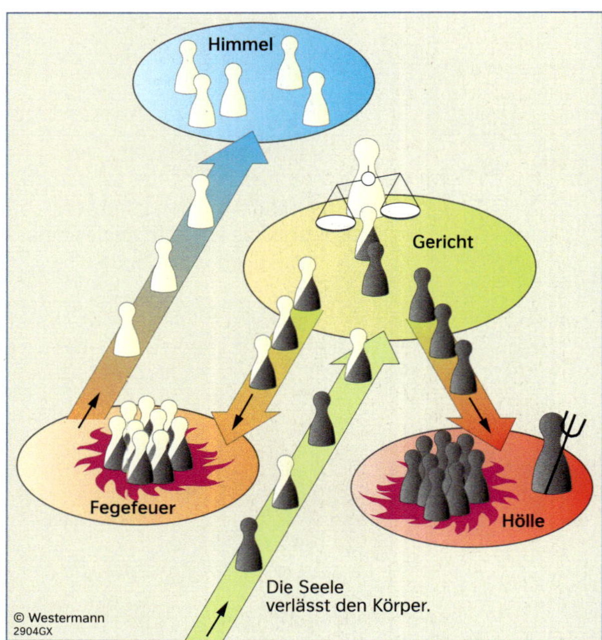

M 4 Damalige Vorstellung der Gläubigen vom Leben nach dem Tod

M 5 Ablasspredigt

In einer Predigt des Johann Tetzel hieß es:

Du Priester, du Edler, du Kaufmann, du Weib, Jungfrau, du Verheiratete, du Jüngling, du Greis, gehe doch hinein in deine Kirche ... besuche das allerheiligste Kreuz, das für dich aufgerichtet ist, das immer schreiet und dich ruft. ...
Bedenke, dass du auf dem tobenden Meer dieser Welt, in so viel Sturm und Gefahr bist und nicht weißt, ob du zum Hafen des Heils kommen könntest. ...
Du sollst wissen, dass wer beichtet und in Reue Almosen in den Kasten legt, wie ihm der Beichtvater rät, vollkommene Vergebung aller seiner Sünden habe ... Was steht ihr also müßig? Laufet alle nach dem Heil eurer Seele ...
Höret ihr nicht die Stimme eurer schreienden toten Eltern und anderer, die da sagen: Erbarmet, erbarmet euch doch meiner etc., weil die Hand Gottes uns berührt hat. Wir sind in schweren Strafen und Pein, davon ihr uns mit wenigen Almosen erretten könntet und doch nicht wollt. Tut die Ohren auf, weil der Vater zu dem Sohn und die Mutter zur Tochter etc. schreiet.

Köhler, W.: Dokumente zum Ablassstreit von 1517, S. 125 f.

M 6 Kritik an den Priestern

Den anstößigen Lebenswandel vieler Priester haben die Menschen zum Teil heftig kritisiert:

Sie sagen, dass die Priester so unpriesterlich und unordentlich leben, dass es wider den christlichen Glauben wäre, sie länger zu ertragen. Die Priester, so heißt es, liegen Tag und Nacht in den öffentlichen Wirtshäusern, trinken mit den Laien[1] und lassen sich volllaufen. Sie machen dann Lärm, schlagen sich und raufen miteinander. Oftmals gehen sie nach solchem Trinken und Lärmen, ohne zu schlafen oder ins Bett zu gehen, zum Altar, um die Messe zu lesen.

[1] Bezeichnung für alle Nichtgeistlichen

Junghans, H. (Hg.): Die Reformation in Augenzeugenberichten, S. 43.

M 7 Das Leben der Päpste

Über die Hofhaltung von Papst Leo X. (1521–1523) wird berichtet:

[Leos] Hofstaat mit 638 Menschen, vom Erzbischof bis zum Elefantenwärter, vom Musiker bis zum Dichterling und zu den Hofnarren, erforderte Unsummen. Oft war Leo wochenlang auf Jagden, an denen bis zu 2000 Reiter teilnahmen, darunter Kardinäle[1], Spaßmacher und Hofschauspieler.

[1] sehr hochrangige Geistliche

Bucher, A. (Hg.): Reformation und katholische Reform 1500-1712, S. 3.

Info

Johann Tetzel

(um 1460–1519) war Dominikanermönch und als Ablassprediger zunächst in Sachsen tätig. Ab 1510 betrieb er in Süddeutschland und in Österreich den Handel mit Ablässen. In Innsbruck wurde er wegen Ehebruchs und Spielbetrugs zum Tode verurteilt. Eine Vollstreckung des Urteils wurde durch den Kurfürsten von Sachsen verhindert. Ab 1517 war er im Auftrag des Erzbischofs von Mainz in den Bistümern Halberstadt und Magdeburg unterwegs. Sein Wirken als Ablassprediger dort war der Anlass für den Thesenanschlag Luthers in Wittenberg. 1519 starb Tetzel in Leipzig an der Pest.

M 8 Der Ablasshändler Johann Tetzel
Flugblatt um 1550

Der Text auf dem Flugblatt lautet:

„Oh, ihr Deutschen merket mich recht/
Des heiligen Vaters Papstes Knecht/
Bin ich und bring euch itzt allein/
Zehn tausendundneunhundert carein[1]/
Gnad und Ablass von einer Sünd/
Vor euch/eure Eltern/Weib und Kind/
Soll ein jeder gewehret sein/
so viel ihr legt ins Kästlein/
Sobald der Gulden im Becken klingt/
Im huy die Seel' im Himel springt."

[1] Verkürzung der Buße bzw. der Verzicht darauf

M 9 Blühender Ablasshandel

Friedrich Myconius, ein Prediger und Zeitgenosse Tetzels, berichtete:

Johann Tetzel predigte unzählig viel Geld, das er alles nach Rom schickte. Besonders in dem neuen Bergwerk Annaberg, wo ich ihn selbst zwei Jahre gehört habe, erlangte er trefflich viel Geld. ... Wann immer man den Gesandten in eine Stadt einführte, alle Priester, Mönche, der Rat, die Schulmeister, Schüler, Mann, Weib und Kinder gingen ihm mit Fahnen, Kerzen und Gesang in langer Prozession entgegen. Da läutete man alle Glocken, spielte alle Orgeln, begleitete ihn in die Kirche, richtete ein großes Kreuz mitten in der Kirche auf, an das man des Papstes Fahne hängte.

Myconius, F: Historia reformationis, S. 14 f. (verändert)

Aufgaben

Macht und Reichtum der Kirche

1. Nenne Anweisungen, wie sich ein Priester zu verhalten hat. → M6
2. Sammle mögliche Anlässe, für die ein Papst die genannten Personen benötigte. → M7
3. Weise nach, dass Tetzels Rolle als Mönch und sein Verhalten nicht zusammenpassten.

Der Ablasshandel

4. Vergleiche das Schaubild mit der Ablasspredigt, um den Erfolg Tetzels zu erklären. → M4, M5
5. Stelle die Aussichten für das Seelenheil bei einem reichen und armen Gläubigen gegenüber. → M8, Think-Pair-Share
6. Bewerte die Vorgehensweise der Kirche. → M8, M9

Martin Luther im Konflikt mit Kirche und Kaiser

Info

Martin Luther
Martin Luther wurde 1483 in Eisleben in Sachsen-Anhalt geboren und studierte zunächst Rechtswissenschaften. Er gab dieses Studium jedoch auf, um in den Dienst der Kirche zu treten, was er bei einem schweren Gewitter gelobt hatte. Er trat in das Augustinerkloster der Stadt Erfurt ein. Nach seinem Theologiestudium wurde er 1507 Priester und 1512 schließlich Theologieprofessor in Wittenberg.

Ein frommer Mönch und Theologe

Nicht alle Geistlichen waren mit der Vorgehensweise der Kirche und ihrer Ablassprediger einverstanden. Auch die Kritik an den Missständen in der Kirche und der Ruf nach Erneuerung wurden immer lauter. Ein Theologe und Mönch zweifelte an dem von der Kirche vorgegebenen Weg zum Seelenheil. Der Name dieses Geistlichen war **Martin Luther**.

95 Thesen gegen den Ablasshandel und die kirchliche Tradition

In der Bibel, die für Luther Maßstab allen christlichen Denkens und Handelns war, fand er keinen Beleg für den Ablasshandel. Er kam zu dem Ergebnis, dass der sündige Mensch nicht durch gute Werke, sondern allein durch den Glauben die Gnade Gottes erwarten könne. Damit begann Luthers Kampf gegen den Ablasshandel. Glaube und aufrichtige Reue seien der einzige Weg zu einer Vergebung der Sünden.

M 1 **Martin Luther in seinen drei Rollen** Altarbild von Lukas Cranach 1572

Der Verkauf von Ablassbriefen ging weiter. Luther verfasste eine Streitschrift in lateinischer Sprache, die er als Grundlage für eine wissenschaftliche Diskussion an andere Gelehrte verschickte. Nach der durch Quellen nicht belegbaren Überlieferung hat er diese 95 Thesen am 31. Oktober 1517 an der Kirchentüre in Wittenberg angeschlagen. Damit begann ein Prozess, der heute als **Reformation** bezeichnet wird. Luthers Schrift wurde ins Deutsche übersetzt und auf Flugblättern verbreitet. Seine Kritik sollte nun jeder verstehen können. Das Jahr **1517** gilt als **Beginn der Reformation**.

Die Zuspitzung des Konflikts

Was als religiöse Streitfrage begonnen hatte, weitete sich schon bald zu einem folgenschweren Konflikt aus. Martin Luther wurde 1518 in Augsburg im Auftrag des Papstes verhört. Er sollte seine Überzeugung aufgeben. Doch Luther weigerte sich. Deshalb wurde ihm der Bann, also der Ausschluss aus der Kirchengemeinschaft, angedroht. Das päpstliche Schreiben warf Luther ins Feuer. Er verfasste nun weitere Schriften gegen die Kirche und den Papst. Deshalb wurde der Bann verhängt.

M 2 Luther verbrennt die Bannandrohung des Papstes.
Zeitgenössischer Holzschnitt

Alte Lehre Auslegung der Hl. Schrift nur durch den Papst, kein Irrtum möglich	**Neue Lehre Luthers** Irrtum von Päpsten und Bischöfen möglich
Neben der Hl. Schrift großes Gewicht der Tradition (zusätzliche Glaubenssätze von Päpsten und Bischöfen) als Glaubensgrundlage	Hl. Schrift als alleinige Glaubensgrundlage, deshalb nur zwei Sakramente statt sieben
Unterscheidung zwischen Geistlichen und Laien	keine Unterscheidung zwischen Geistlichen und Laien, Grund: direkte Beziehung aller zu Gott
Vermittlung der Gnade Gottes durch die Kirche in Form der Spendung von Sakramenten, Gewährung von Ablass und durch „gute Werke“	Vermittlung der Gnade Gottes nur durch den Glauben

M 3 Alte und neue Lehre

Nach dem Kirchenbann weigerte sich Luther auch auf dem Reichstag in Worms 1521, seinen Standpunkt vor Kaiser Karl V. und den Reichsfürsten zu widerrufen. Daraufhin wurde er vom Kaiser geächtet. Er war nun ohne Rechte und Schutz. Jeder hätte ihn töten dürfen, ohne bestraft zu werden. Aber er hatte nicht nur Gegner unter den Fürsten. Diese standen schon seit Jahrhunderten in Konkurrenz zum König und Kaiser des Reiches, der seine Stellung nur stärken konnte, wenn es ihm gelang, die Fürsten zu schwächen. Luthers Landesherr, Kurfürst Friedrich der Weise von Sachsen, täuschte einen Überfall auf ihn nach der Abreise aus Worms vor und ließ den Geächteten auf die Wartburg bringen. In diesem Versteck übersetzte Luther unter dem Decknamen *Junker* Jörg das Neue Testament aus dem Griechischen ins Deutsche, womit er die Grundlage für das Neuhochdeutsche schuf. Um seiner neuen Rolle gerecht zu werden, veränderte er auch sein Aussehen. Erst 1522 kehrte Luther nach Wittenberg zurück.

M 4 Die Wartburg bei Eisenach
aktuelles Foto

Junker
junger Herr

Aufgaben

Ein frommer Mönch und Theologe

1. Fasse die Kritik Luthers an der Kirche zusammen.
2. Ordne die drei Bilder den Tätigkeiten Luthers als Reformator, als Junker Jörg und als Mönch zu. → M1

Die Zuspitzung des Konflikts

3. Begründe das Vorgehen des Papstes gegen Luther. → M2
4. Bildet zwei Gruppen in eurer Klasse und verteilt die Rolle Luthers und seines Gegenspielers für ein Streitgespräch. Überzeugt euch gegenseitig. → M3, Kugellager

M 5 Thesen gegen den Ablass

In den 95 Thesen vom 31. Oktober 1517 äußerte sich Martin Luther zum Ablasshandel:

21. Daher irren all die Ablassprediger, welche erklären, dass der Mensch durch den Ablass des Papstes von jeder Strafe los und frei werde. ...
24. Folglich wird der größte Teil des Volkes betrogen, wenn man ihm schlankweg mit hohen Worten verspricht, es sei die Strafe los. ...
27. Man predigt Menschenlehre, wenn man sagt: Sobald das Geld im Kasten klingt, entflieht die Seele [dem Fegefeuer].
28. Das ist gewiss, dass Gewinn und Habgier zunehmen können, wenn das Geld im Kasten klingt; ob die Kirche mit ihrer Fürbitte Erfolg hat, steht dagegen bei Gott. ...
32. Wer glaubt, durch Ablassbriefe seines Heils sicher zu sein, wird auf ewig mit seinen Lehrmeistern verdammt werden. ...
36. Jeder Christ, der wahrhaft Reue empfindet, hat einen Anspruch auf vollkommenen Erlass von Strafe und Schuld, auch ohne Ablassbrief. ...
67. Den Ablass, den die Ablassprediger als „größte Gnaden" ausschreien, kann man insofern tatsächlich dafür ansehen, als er ein großes Geschäft bedeutet.

Büssem, E./Neher, M. (Hg.): Arbeitsbuch Geschichte, Neuzeit 1 Quellen, S. 1.

M 6 Eingang zur Schlosskirche in Wittenberg
aktuelles Foto

Das Erst Buch Mose. I.

I.

M anfang schuff Gott himel vnd erden/ Vnd die erde war wüst vnd leer/ vnd es war finster auff der tieffe/ vnd der Geist Gottes schwebet auff dem wasser.

Vnd Gott sprach/ Es werde liecht/ Vnd es ward liecht/ vnd Gott sahe das liecht fur gut an/ Da scheidet Gott das liecht vom finsternis/ vnd nennet das liecht/ Tag/ vnd die finsternis/ Nacht/ Da ward aus abend vnd morgen der erste tag.

Vnd Gott sprach/ Es werde eine feste zwisschen den wassern/ vnd die sey ein vnterscheid zwisschen den wassern/ Da macht Gott die Feste/ vnd scheidet das wasser hunden/ von dem wasser droben an der Festen/ Vnd es geschach also/ Vnd Gott nennet die Festen/ Himel/ Da ward aus abend vnd morgen der ander tag.

Vnd Gott sprach/ Es samle sich das wasser vnter dem himel/ an sondere örter/ das man das trocken sehe/ vnd es geschach also/ Vnd Gott nennet das trocken/ Erde/ vnd die samlung der wasser nennet er/ Meere/ Vnd Gott sahe es fur gut an.

M 7 Erste Seite von Luthers deutscher Übersetzung des Alten Testaments 1534

M 8 Luther verteidigt seine Thesen auf dem Reichstag zu Worms 1521. Holzschnitt 1521

M 9 Der Kaiser in Worms 1521

Nachdem Luther einen Widerruf seiner Positionen abgelehnt hatte, antwortete der Kaiser mit dieser Erklärung:

Wie Ihr wisst, stamme ich von den allerchristlichsten Kaisern der edlen deutschen Nation, den gläubigen Königen von Spanien, den Erzherzögen von Österreich und den Herzögen von Burgund. Sie alle waren bis in den Tod treue Söhne der römischen Kirche; denn stets verteidigten sie den christlichen Glauben ...

Aus diesem Grunde bin ich entschlossen, alles aufrechtzuerhalten, was meine Vorfahren und ich bis zum gegenwärtigen Augenblick aufrechterhalten haben. ...

Denn es ist gewiss, dass ein einziger Bruder irrt, dessen Meinung gegen die der gesamten, über tausend Jahre alten Christenheit steht – eine Meinung, nach der die Christenheit sich zu jeder Zeit im Irrtum befunden hätte. ...

Und nachdem ich die Antwort Luthers gehört habe, die er gestern in unser aller Gegenwart gab, erkläre ich Euch, dass ich bereue, so lange das Vorgehen gegen Luther und seine falsche Lehre aufgeschoben zu haben, und dass ich entschlossen bin, ihn nicht weiter anzuhören.

Köpf, U. (Hg.): Deutsche Geschichte in Quellen und Darstellungen, S. 176 f.

M 10 Luther auf dem Reichstag zu Worms
Gemälde von Anton von Werner, 1877

Aufgaben

Luther gegen den Ablasshandel

1. Nenne die Kritikpunkte Luthers am Ablasshandel. → M5
2. Erläutere die Bedeutung der Bibelübersetzung für die Bevölkerung der damaligen Zeit. → M7

Die Zuspitzung des Konflikts

3. Ordne die Figuren auf dem Bild (Luther, Kaiser, Fürsten) richtig zu. Begründe deine Entscheidung. → M8
4. Vergleiche die beiden Bilder. Orientiere dich dabei an der Methode „Umgang mit Bildquellen“. → M8, M10
5. Nimm Stellung zur kaiserlichen Erklärung. → M9
6. Informiere dich über die Bedeutung Wittenbergs für Luther und die Reformation. → M6, 🔍

Umgang mit Bildquellen

Symbol	Bedeutung
Papstkrone	Papst
Schultertuch/ Hut	Kardinal
Bischofsmütze	Bischof
Tonsur/Kutte	Mönch
Schleier	Nonne
Krone	König
Pelzkragen	Hoher Adel
Waffen/Rüstung	Ritter
Werkzeug	Handwerker
einfache Kleidung	Bauer
dunkles Gewand	Gelehrter
Feuer	Hölle
Esel	Dummheit
Drache/Teufel	Böses/Gefahr
Wolken/ Unwetter	Gefahr
Anker	göttliche Hilfe
Fuß mit Huf	Teufel
Baum	Lebenskraft
Segel	Antrieb
Schiff	Gemeinschaft
weiße Taube	Heiliger Geist
schwarzer Vogel	Tier des Teufels
Hirtenstab	Bischof/Papst
Kreuz	Kirche

M 1 Symbole und ihre Bedeutung

Viele Menschen konnten zur Zeit der Reformation weder lesen noch schreiben. Dennoch nahmen sie lebhaften Anteil an dem Streit zwischen Luther und der Kirche. Dies wurde möglich durch die zahlreichen Flugblätter, die in dieser Zeit hergestellt wurden. Die entscheidende Voraussetzung dafür war die Erfindung des Buchdrucks. Nur so konnten Schriftstücke, und Bilder in großer Zahl und sehr günstig vervielfältigt werden.

Das Interesse der Bevölkerung an Flugblättern hing vor allem damit zusammen, wie Personen darauf abgebildet wurden. Meist handelt es sich um bekannte Persönlichkeiten, deren Darstellung entstellt, verzerrt oder übertrieben ist. Die betroffene Person wird so dem öffentlichen Spott ausgesetzt. Hinter dieser Verspottung steht der Urheber des Flugblattes mit seiner Meinung, die er damit wirkungsvoll zum Ausdruck bringt. Bei der Bedeutung und Verbreitung dieser Bildquellen spielen verschiedene Faktoren eine große Rolle:

- Oft wurden diese einseitig bedruckten Blätter öffentlich ausgehängt. So hingen sie an Rathaus- und Kirchentüren oder auch in Wirtsstuben.
- Die Darstellungen konnten damit in aller Öffentlichkeit vorgestellt und diskutiert werden. Ein Flugblatt erreichte also weit mehr als nur einen Interessenten.
- Flugblätter waren deshalb so erfolgreich, weil die Bilder auch von allen Menschen verstanden wurden, die nicht lesen konnten. Gerade zur Zeit Luthers befeuerten sie den Kampf zwischen seinen Anhängern und Gegnern.
- Gleichzeitig wurden die Vorstellungen und Positionen Luthers auf diesem Weg schnell und wirkungsvoll verbreitet.
- Neben der Darstellung von Personen beinhalten Flugblätter eine Vielzahl von Symbolen, die den Menschen des 15. und 16. Jhs. bekannt waren.

Schritte zur Auswertung von Bildquellen:

Schritt 1: Die Entstehung des Bildes klären

- Wann ist das Bild hergestellt worden?
- Welche Informationen besitzen wir über die Entstehung des Bildes?
- Wer ist der Urheber?

Schritt 2: Den Inhalt des Bildes beschreiben

- Was oder wer ist auf dem Bild dargestellt?
- Welche Technik wurde verwendet?
- Wie sind die einzelnen Teile des Bildes angeordnet?
- Tauchen neben Personen oder Gegenständen auch Symbole auf?

Schritt 3: Das Bild deuten

- Welche Bedeutung haben die dargestellten Personen oder Gegenstände für die Menschen der damaligen Zeit?
- Was sagt das Bild über das Denken der Menschen aus?
- Spiegelt die Darstellung eine bestimmte Sichtweise wider?

M 2 „Luther – des Teufels Dudelsack" Erhard Schoen, 1521

M 3 „Luthers und Luzifers einträchtige Vereinigung"
Holzschnitt von Petrus Sylvius, Leipzig 1535

Mögliche Lösung zur Auswertung des Flugblattes M2:

Schritt 1:

- Das Flugblatt ist 1521 erschienen.
- Der Streit zwischen Luther und der Kirche hat einen Höhepunkt erreicht. Der Reichstag in Worms 1521 hat die Ächtung Luthers durch den Kaiser zur Folge.
- Der Autor des Flugblattes ist namentlich bekannt: Erhard Schoen.

Schritt 2:

- Das Bild zeigt Luther als Mönch, sein Kopf dient einem Wesen, das den Teufel darstellen soll (mit zwei Tierköpfen und Klauen), als Dudelsack.
- Hier liegt ein Holzschnitt vor.
- Der Teufel benutzt Ohr und Nase Luthers für sein Spiel.

Schritt 3:

- Der Teufel ist das Böse in der Welt.
- Im Alten Testament ist er der Verführer der Menschen, der von Gott geschaffene Engel Luzifer, der aber von ihm abgefallen ist. Im Neuen Testament ist er der Gegenspieler Gottes.
- Der Dudelsack war im Mittelalter in ganz Europa verbreitet, früher als Instrument des Teufels beschrieben, der die Menschen zu hemmungslosem Verhalten verleitet.
- Hier wird ausgedrückt, dass Luthers Aussagen vom Teufel kommen, er das Sprachrohr des Bösen ist.

Aufgabe

Werte das zweite Flugblatt nach der vorgestellten Methode aus. → M3

Der Bauernkrieg

Die Lage der Bauern

Die meisten Menschen im Mittelalter waren in der Landwirtschaft tätig. Dennoch hatte dieser Stand das geringste Ansehen. Immer wieder waren die Bauern besonderen Härten ausgesetzt, durch die Natur und die Forderungen der Grundherren. Im 15. Jh. verschärfte sich ihre Situation. Die Grundherren versuchten, neue Einnahmen zu bekommen und ihre Herrschaft auszudehnen:

- Die Nutzung der Allmende wurde stark eingeschränkt.
- Der Fischfang und die Waldnutzung blieben allein den Grundherren vorbehalten.
- Die Dorfgerichte der Bauern sollten beseitigt werden.

Damit wollten sich die Bauern nicht abfinden. Sie begannen, sich zur Wehr zu setzen.

M 1 Ein Fahnenträger der aufständischen Bauern
Holzschnitt 16. Jh.

Beginn und Verlauf des Bauernkriegs

Anders als bei früheren Unruhen erreichten die nun einsetzenden Aufstände eine wesentlich größere Ausdehnung. Die Bauern beriefen sich auf die von Luther formulierten und inzwischen im ganzen Land verbreiteten Grundsätze aus dem Evangelium. Seine Schrift „Von der Freiheit eines Christenmenschen" nahmen sie wörtlich.

Die Aufstandsbewegung begann im April 1525 in Südwestdeutschland und breitete sich über Franken und Hessen bis nach Thüringen aus. Die Bauern organisierten sich in großen Verbänden, den sogenannten Haufen, um gemeinsam für ihre Forderungen zu kämpfen. Sie stürmten Burgen und Klöster, plünderten und zerstörten sie. Dabei wurden vor allem die Urkunden zerrissen, in denen die Abgaben und Dienste für die Fürsten und Grundherren festgelegt waren.

Zunächst sprach sich Luther für die Belange der Bauern und gegen die Willkür der Adligen aus. Als jedoch die Aufständischen immer stärker an der bestehenden Ständeordnung rüttelten, diese beseitigen wollten und dabei Plünderungen und Morde verübten, wandte er sich gegen sie.

Luther konnte die Reformation nicht dadurch gefährden, dass er sich die Landesherren zu Feinden machte. Nur sie konnten ihm im Kampf gegen Kaiser und Papst helfen. Die Bauern, die sich von ihm im Stich gelassen fühlten, fanden in Thomas Müntzer einen Reformator, der sie in ihrem Kampf unterstützte und die Ständegesellschaft beseitigen wollte.

M 2 Thomas Müntzer (um 1490–1525) kolorierter Kupferstich 1608

Das Ergebnis

Die süddeutschen Adligen gründeten den Schwäbischen Bund, um gegen die Aufständischen vorzugehen. Die militärisch unterlegenen Bauern konnten sich gegen die kampferprobten Truppen der Adligen nicht durchsetzen. So wurden die Bauernaufstände niedergeschlagen und die Anführer grausam hingerichtet. Dieses Schicksal traf auch Thomas Müntzer nach der Niederlage der Bauern in der Schlacht von Frankenhausen. Auch wenn die Adligen aus Angst vor neuen Aufständen vereinzelt zu Zugeständnissen gegenüber den Bauern bereit waren, spielten diese in der Folgezeit jedoch politisch weiterhin keine Rolle.

M 3 Die Zwölf Artikel (1525)

Die Bauern gaben über 300 Klageschriften ab. Die wichtigsten Forderungen der Bauern fasste der Handwerksgeselle Sebastian Lotzer im Februar 1525 zusammen:

1. Unser demütig Bitte und Begehr [ist], dass ... jede Gemeinde ihren Pfarrer selbst wählen und auch wieder absetzen kann.
2. Den Kornzehnten wollen wir gern geben. ... Da man ihn Gott und den Seinen geben soll, gebührt er einem Pfarrer, so er das Wort Gottes klar verkündet. Was überbleibt, soll man teilen mit armen Bedürftigen, wenn solche im Dorfe vorhanden sind.
   Den kleinen Zehnt[1] wollen wir nicht geben, denn Gott der Herr hat das Vieh frei dem Menschen geschaffen.
3. Zum Dritten ist es bisher Brauch gewesen, uns als Leibeigene zu halten, was zum Erbarmen ist ... Es ergibt sich aus der Hl. Schrift, dass wir frei sind, und wir wollen es sein. Nicht dass wir völlig frei sein und keine Obrigkeit haben wollen; das lehrt uns Gott nicht.
5. Zum Fünften sind wir auch beschwert im Hinblick auf die Holznutzung. Denn unsere Herrschaften haben sich die Wälder alle allein zugeeignet. Unsere Meinung ist: Was es an Waldungen gibt, mögen sie nun Geistlichen oder Weltlichen gehören, das soll, wenn jene sie nicht gekauft haben, der ganzen Gemeinde wieder gehören.

Die weiteren Forderungen sind:

6. Die Frondienste müssen verringert werden.
7. Der Herr darf von den Bauern keine willkürlichen Dienste verlangen.
8. Zu hohe Pachtzinsen müssen ermäßigt werden.
9. Gestraft wird nach altem überlieferten Recht.
10. Auch das Gemeindeland darf von allen genutzt werden.
11. Witwen und Waisen darf der Grundherr nichts von ihrem Erbe nehmen.
12. Sollte eine unserer Forderungen der Hl. Schrift widersprechen, wollen wir sie sofort fallen lassen.

[1] Viehzehnt, Abgabe von Vieh

Geschichte in Quellen, Band 3, Nr. 61, S. 144f. (verändert)

M 4 Martin Luther über die Bauern

In seiner Schrift „Wider die räuberischen und mörderischen Rotten der Bauern“ vom Mai 1525 äußerte sich Luther folgendermaßen:

Dreierlei gräuliche Sünden wider Gott und Menschen laden diese Bauern auf sich, weswegen sie den Tod verdient haben an Leib und Seele mannigfaltig.
Zum Ersten, dass sie ihrer Obrigkeit Treu und Huld geschworen haben, untertänig und gehorsam zu sein, wie solches Gott gebietet.
Zum andern, dass sie Aufruhr anrichten, rauben und plündern mit Frevel Klöster und Schlösser, die nicht ihnen gehören ...
Zum Dritten, dass sie solche schreckliche, gräuliche Sünde mit dem Evangelium decken, nennen sich christliche Brüder, nehmen Eid und Huld und zwingen die Leute zu solchen Gräueln ... Womit sie die allergrößten Gotteslästerer und Schänder seines heiligen Namens werden ... Daran haben sie wohl zehnmal den Tod verdient an Leib und Seele.

Geschichte in Quellen, Band 3, Nr. 62 b), S. 154f. (vereinfacht)

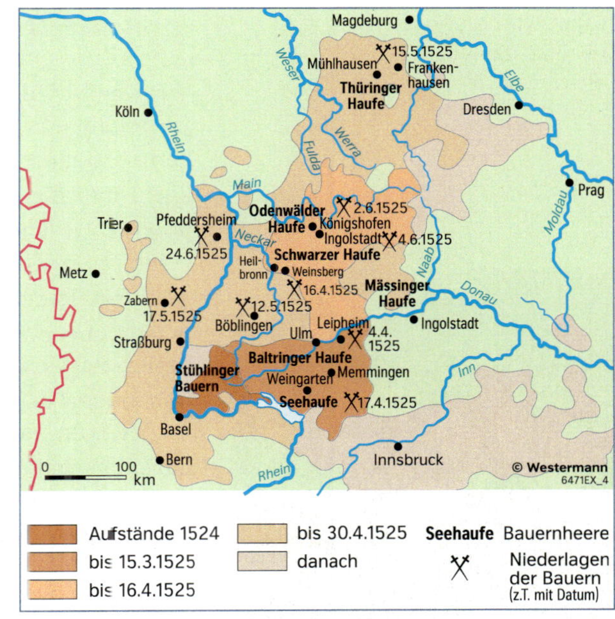

M 5 Die Ausdehnung des Bauernkriegs

Aufgaben

Aufstände der Bauern

1. Stell dir vor, du bist ein Bauer und beschwerst dich bei deinem Grundherrn. Verfasse anhand der Zwölf Artikel einen Beschwerdebrief. → M1, M3, Stühletausch
2. Begründe die weite Ausdehnung des Bauernkrieges im Reich. → M5

Die Rolle Luthers

3. Verfasse ein Streitgespräch zwischen den Bauern, Thomas Müntzer und Luther. → M2, M4
4. Nimm Stellung zu Luthers Haltung. → M4
5. Recherchiere heutige Gruppen von Menschen, die benachteiligt sind.

Der Kirchenstreit führt zur Glaubensspaltung

M 1 **Kaiser Karl V. (1500–1558)** Gemälde 1520

Karl V. – ein übermächtiger Kaiser

Der Reichstag in Worms hatte gezeigt, dass der Kaiser nicht nur in weltlichen Angelegenheiten entschied, sondern auch religiöse Streitfragen regeln wollte. Kaiser Karl V. stammte aus der Herrscherfamilie der Habsburger und regierte über ein riesiges Reich, da er nicht nur die römisch-deutsche Kaiserwürde innehatte, sondern auch über Spanien, die Kolonien in Amerika und über Neapel, Sizilien und Sardinien herrschte. Die Fürsten im Reich betrachteten diese Machtfülle mit Sorge, da sie um ihren Einfluss fürchteten. Vor diesem Hintergrund muss man auch die lutherfreundliche Haltung einiger Reichsfürsten verstehen, die sich nicht unbedingt aus religiösen, sondern oft aus machtpolitischen Gründen auf die Seite des Reformators stellten.

Kaiser Karl V. lehnte jegliche Neuerung in der Kirche ab, denn er war ein strenggläubiger Katholik. Deshalb sah er in Luthers Vorgehen eine Gefahr für die Einheit der Christenheit. In seinem Herrschaftsgebiet sollte es auch weiterhin nur einen Glauben geben.

Durch Kriege gegen Frankreich und die Abwehr der Türken konnte der Kaiser nicht konsequent gegen die neue reformatorische Bewegung vorgehen. Immer wieder musste er Zugeständnisse an die Anhänger Luthers machen, um im Reich den Frieden nicht zu gefährden und um Hilfe für seinen Kampf gegen die äußeren Feinde zu erhalten.

Die neue Lehre gewinnt an Boden

Die Strafmaßnahmen gegen Luther konnten die Ausbreitung seiner Glaubensvorstellungen nicht verhindern. Eine Ursache dafür war, dass sich einige Landesherren der neuen Lehre anschlossen. Neben einem machtpolitischen Gegengewicht zum katholischen Kaiser hatten die Fürsten auch einen finanziellen Gewinn. Nach Luthers Vorstellung sollte nämlich der weltliche Herrscher auch oberster Kirchenherr sein. Den Landesfürsten fiel damit der Besitz der Kirche zu. Die Klöster und Pfarreien mit ihrem Grundbesitz, den Gebäuden und den damit verbundenen Einnahmen gehörten nun ihnen. Damit steigerte sich die Macht der Landesherren.

Sachsen, die Kurpfalz und Hessen bekannten sich zur Reformation. Bayern blieb neben anderen süd- und westdeutschen Gebieten katholisch. Großen Zulauf hatte Luthers neue Lehre vor allem in den Städten. Die aufstrebenden Bürgerschichten bekundeten damit ihr Selbstbewusstsein und ihre Eigenständigkeit.

M 2 **Kurfürst Johann Friedrich von Sachsen (1503–1554), links außen steht Luther** Gemälde 1535

Die Glaubensunterschiede verfestigen sich

Auf einem Reichstag wurde 1526 festgelegt, dass sich die Fürsten in der Religionsfrage so verhalten sollten, wie sie es vor Gott und dem Kaiser verantworten könnten. Das bedeutete, dass die neue Glaubensrichtung vorübergehend geduldet wurde. 1529 wurde dieser Beschluss jedoch zurückgenommen. Dagegen protestierten die evangelischen Landesherren. Sie rechtfertigten ihre Haltung damit, dass jeder Herrscher vor Gott verantwortlich sei und daher in Glaubensfragen zu nichts gezwungen werden dürfe. Seit diesem Ereignis spricht man von den Protestanten.

Der Kampf zwischen Kaiser und Fürsten

Im sogenannten Augsburger Bekenntnis von 1530 legten die Protestanten dem Kaiser ihr Glaubensbekenntnis vor. Darin nahmen sie zu zahlreichen Fragen des christlichen Glaubens Stellung. Doch sie konnten damit nichts an der Ablehnung des Kaisers gegenüber dem *evangelischen* Glauben ändern. Die evangelischen Landesfürsten gründeten schließlich den Schmalkaldischen Bund. Als der Kaiser außenpolitische Konflikte beigelegt hatte, ging er gewaltsam gegen den Protestantismus vor. 1546 errang er einen Sieg gegen den Schmalkaldischen Bund. Da jedoch alle Fürsten im Reich, sowohl die katholischen als auch die evangelischen, ihre Eigenständigkeit durch den übermächtigen Kaiser bedroht sahen, kam es zu einem gemeinsamen Aufstand. Die Fürsten besiegten Karl V.

evangelisch
Luther führte seine Lehre allein auf das Evangelium zurück. Darum bezeichneten sich seine Anhänger als evangelisch.

Der Augsburger Religionsfrieden und seine Folgen

Nach Jahren des Krieges einigten sich im Jahr 1555 die Fürsten mit dem Kaiser im Augsburger Religionsfrieden auf folgende Regelung:

- Die Landesherren können wählen, ob sie den katholischen oder evangelischen Glauben annehmen.
- Die Untertanen müssen die *Konfession* ihres Landesherrn annehmen. Wer dies nicht will, darf auswandern.
- In den Reichsstädten, die *konfessionell* gemischt sind, dürfen Angehörige beider Glaubensrichtungen nebeneinanderleben.
- Wechselt ein geistlicher Fürst zur evangelischen Konfession, verliert er sein Amt, sein Bistum bleibt katholisch.

Durch den Augsburger Religionsfrieden kam es zu einer dauerhaften Glaubensspaltung in Deutschland. Dem Kaiser war es nicht gelungen, die Einheit der Christenheit zu bewahren. Er dankte 1556 ab.

Die katholische Kirche reagierte auf die Ausbreitung und Festigung des evangelischen Glaubens, indem sie folgende Ziele verfolgte:

- Einerseits ging es darum, den Protestantismus zurückzudrängen. Diese Bewegung wird als Gegenreformation bezeichnet.
- Andererseits wurde die Notwendigkeit einer Reform der Kirche anerkannt. Dazu gehörte z. B. die Förderung der Priesterausbildung oder eine Aufwertung der Predigt.

Diese Politik führte zu weiteren religiösen Streitigkeiten. Die Anhänger beider Konfessionen schlossen sich zu Schutzbündnissen zusammen – die Katholiken in der Katholischen Liga, die Evangelischen in der Protestantischen Union. Da die Religion das Leben der Menschen grundlegend prägte, hinterließ die Glaubensspaltung auch im Alltag jedes einzelnen Menschen tiefe Spuren. So entwickelten sich unterschiedliche Formen von Frömmigkeit, zum Teil abweichende kirchliche Feiertage und konfessionell getrennte Schulen.

Konfession (Adjektiv konfessionell)
Darunter versteht man eine Glaubensrichtung innerhalb des Christentums.

M 3 Die evangelische St. Ulrichskirche in Augsburg ist mit der katholischen Basilika St. Ulrich und Afra zusammengebaut.
Die evangelische Kirche entstand aus einem 1457 erbauten Predigtsaal, welcher 1526 den Protestanten zur Verfügung gestellt wurde. Aktuelles Foto

Aufgaben

Die neue Lehre gewinnt an Boden

1. Nenne Gründe für die Unterstützung Luthers durch die Fürsten im Reich. → M2
2. Informiere dich über die Konfessionen in deiner Region.

Der Augsburger Religionsfrieden

3. Vergleiche die unterschiedliche Stellung der Anhänger Luthers vor und nach dem Augsburger Religionsfrieden.
4. Sammelt in der Klasse Unterschiede der beiden Konfessionen, die ihr als Schülerinnen und Schüler erlebt.

M 4 **Die Ausbreitung der Konfessionen um 1555**

M 5 Aus dem Augsburger Bekenntnis (1530)

Die neue Glaubensrichtung nimmt feste Formen an:

4. Die Menschen können vor Gott nicht gerechtfertigt werden durch eigene Kräfte, Verdienste oder Werke, sondern sie werden ohne ihr Zutun gerechtfertigt um Christi willen durch den Glauben ...
5. Damit wir diesen Glauben erlangen, ist das Amt eingesetzt, welches das Evangelium verkündigt und die Sakramente darreicht. Denn das Wort und die Sakramente sind die Mittel, durch welche der Heilige Geist geschenkt wird ...
10. Leib und Blut Christi sind im Abendmahl wahrhaft gegenwärtig und werden denen, welche [es] genießen, ausgeteilt ...

Bornkamm, H. (Hg.): Das Augsburger Bekenntnis, S. 18 f. (gekürzt)

M 6 Die Religion wird von oben bestimmt

Bericht über einen Besuch des Fürstbischofs Julius Echter 1586 in Gerolzhofen:

Julius eröffnete dem Stadtrat, warum er gekommen; die protestantischen Mitglieder des Rates baten ihn, sie bei ihrer Religion zu belassen; denn sie hätten sie von Jugend an schon geübt.
Aber der Fürstbischof erklärte, er wolle Einigkeit in der Religion und keine Zersplitterung haben; sie sollten sich äußern, ob sie wieder der katholischen Religion angehören wollten oder nicht.
In gleicher Weise sprach Julius auch zur Bürgerschaft und zu jedem insbesondere. Als aber etliche vom Rat und der Bürgerschaft rundweg dem Fürsten erklärten, dass sie bei ihrer lutherischen Religion beharren wollten, da ordnete Julius eine Ratssitzung auf den 1. März an; dort wurden durch drei fürstbischöfliche Räte die Abgefallenen nicht allein von ihrem Ratsstand abgesetzt, sondern auch ihr Gut zu verkaufen und wegzuziehen geheißen.

Zit. nach: www.ijon.de/echter/biogra08.html

WES-112129-401
Hörszene zum Besuch des Bischofs

M 7 Die Abdankung Kaiser Karls V. 1556

Mit folgenden Worten trat Karl V. die Herrschaft über habsburgische Gebiete an seinen Sohn ab:

In meinem 19. Jahre wagte ich es, beim Tode des Kaisers um die kaiserliche Krone mich zu bewerben, nicht um meine Besitzungen auszudehnen, sondern um nachdrücklicher für das Wohl Deutschlands und meiner anderen Königreiche ... wirksam sein zu können und in der Hoffnung, unter den christlichen Völkern den Frieden zu erhalten ... Ich bin teils durch den Ausbruch der deutschen Ketzerei[1], teils durch die Eifersucht anderer Mächte behindert worden, das Ziel dieser Bestrebungen vollständig zu erreichen; aber ich habe mit Gottes Hilfe nie aufgehört, meinen Feinden zu widerstehen und mich zu bemühen, meine Sendung zu erfüllen ... Mich zurückziehend, bitte ich Euch inständig, Eurem Fürsten getreu zu sein und unter Euch selber auf gutes Einverständnis zu halten. Vor allem hütet Euch vor jenen neuen Sekten, von welchen die angrenzenden Länder heimgesucht sind, und wenn die Ketzerei auch über Eure Grenzen eindringen sollte, dann zögert nicht, sie zu vertilgen, oder es wird Euch übel ergehen.

[1] Abweichung von der offiziellen Kirchenlehre, Irrglaube

Kohler, A. (Hg.): Quellen zur Geschichte Karls V., S. 466-468. (vereinfacht)

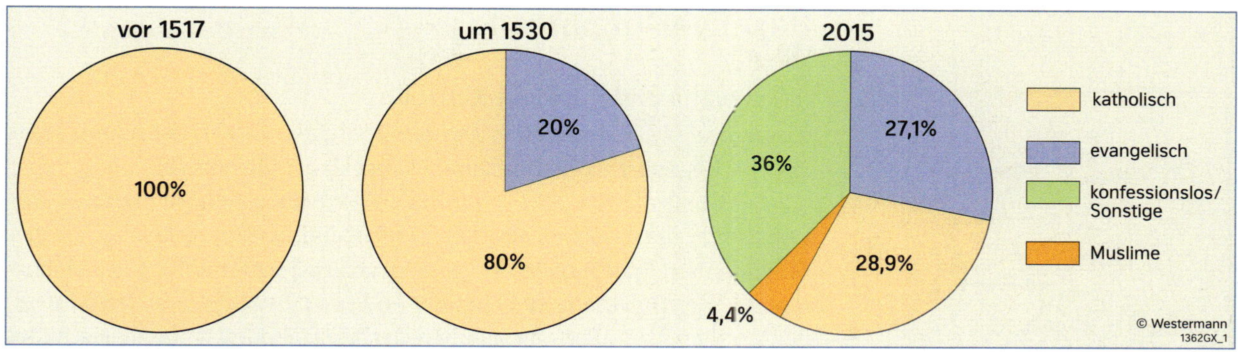

M 8 Die Konfessionen in Deutschland

M 9 Simultankirche Corpus-Christi in Eschenfelden im Landkreis Amberg-Sulzbach
Protestanten und Katholiken feiern in der Kirche ihre Gottesdienste. Aktuelles Foto

Aufgaben

Die Glaubensunterschiede

1. Vergleiche die Karte mit dem aktuellen Stand in Deutschland. ⤳ M4, M8
2. a) Suche nach Simultankirchen in deiner Umgebung und informiere dich über die Gottesdienste dort. ⤳ M9, 🔍
   b) Erkläre die Veränderungen, die dazu führten, dass es heute Simultankirchen gibt.
3. Untersuche die Umsetzung der Forderungen Luthers im Augsburger Bekenntnis. ⤳ M5

Der Augsburger Religionsfrieden

4. Diskutiert die Vorgehensweise des Fürstbischofs. ⤳ M6, Kugellager
5. Beurteile die Haltung Karls V. in Herrschafts- und Religionsfragen. ⤳ M7

Hexenverfolgungen

M 1 Eine Hexe lässt sich mit dem Teufel ein. Holzschnitt um 1500

Hexenwahn in der frühen Neuzeit

Im 16. und 17. Jh. wurden in Deutschland etwa 25 000 Menschen, meist Frauen, wegen Hexerei und Zauberei angeklagt und verurteilt.

Die Menschen im Mittelalter und in der frühen Neuzeit erklärten sich viele Dinge, die ihr Leben oder Schicksal beeinflussten, als Zeichen Gottes. Ihnen fehlten Erklärungen und wissenschaftliche Methoden, um Lebensumfeld oder Umstände zu begreifen und mit den Mitteln der Vernunft zu deuten. Fest verankert im Glauben der Menschen war die Existenz des Bösen auf der Welt: Krankheiten, Missernten und Unglücksfälle wurden den Kräften des Teufels zugeschrieben, der im Bund mit schlechten Menschen sei. Frauen galten im Vergleich zu Männern als besonders schwach und moralisch nicht gefestigt. Deshalb waren sie die Hauptverdächtigen.

Die Kirche und die Hexenverfolgung

Mächtige und Gelehrte förderten den Glauben an Hexen und Zauberer. 1486 verfassten Dominikanermönche ein Buch mit dem Titel „Hexenhammer“, ein Handbuch für Hexenprozesse. Bis ins 17. Jh. hinein erschien dieses Werk in 29 Auflagen. Damit begann eine 200 Jahre dauernde Hexenjagd in ganz Europa, die für manche ein einträgliches Geschäft war. Sowohl in katholischen als auch evangelischen Landesteilen wurde Jagd auf Hexen gemacht. Das Bistum Bamberg z. B. zahlte für jede Anzeige einer Verdächtigen eine große Summe. Kam es zu einer Verurteilung, erhielt der Ankläger einen Teil des Vermögens der Verurteilten. Den Hauptanteil bekam jedoch der Landesherr.

M 2 Die „Hexe“ Anna Schulz im Gefängnis
Sie wurde 1630 in Bamberg als „Teufelshure“ angeklagt und in Eisen und Ketten gelegt. Unbekannter Künstler, um 1630.

Hexenprozess und Folterung

Wurde man angezeigt und der Hexerei verdächtigt, konnte man einem Todesurteil kaum noch entkommen. Die Folter war ein reguläres Mittel, um „Geständnisse“ der Beschuldigten zu erzwingen. Ein Geständnis war die notwendige Voraussetzung für eine Verurteilung:

- Zunächst wurden der verdächtigen Hexe die Folterinstrumente gezeigt.
- Gestand sie nicht, erfolgte eine sogenannte peinliche Befragung, die eigentliche Folter. Diese reichte vom Verbrennen mit glühenden Eisen bis hin zum Brechen von Gliedmaßen.
- Nach dem Schuldspruch wurde die Verurteilte öffentlich hingerichtet.

Zumeist wurde sie lebendig verbrannt, denn von einer Hexe sollte nichts übrig bleiben, denn auch einen Leichnam sah man noch als gefährlich an.

Das Ende der Verfolgungen

Einwände gegen den Hexenglauben und die Hexenverfolgung wurden nur vereinzelt geäußert. Ein Mann der Kirche, der Jesuit Friedrich Spee, veröffentlichte 1631 anonym eine Kritik an den Hexenprozessen. Darin forderte er, die Folter als Beweismittel abzuschaffen und die Hexenprozesse zu beenden. Erst im 18. Jh. konnte im Zuge dieser Entwicklung der Hexenglauben überwunden werden. Am 2. April 1756 fand die letzte Hexenhinrichtung im Reich statt. In Landshut wurde die 15-jährige Veronika Zeritschin als Hexe verbrannt, nachdem sie zuvor enthauptet worden war.

M 3 So stellten sich die Menschen das Treiben der Hexen vor: Hexenflug, Wetterzauber, Teufelsanbetung und Liebesverhältnis mit dem Teufel. Titelbild eines Buches zur Hexenlehre von Peter Binsfeld, München 1591

M 4 Der „Hexenhammer"

Dieses Buch von 1486 rechtfertigte die Hexenverfolgung:

Es gibt auch andere, die Gründe angeben, weshalb mehr Frauen als Männer für abergläubisch befunden werden. Der erste, weil sie leichtgläubig sind; und weil der Dämon hauptsächlich den Glauben zu verderben sucht, tritt er auch eher an diese heran ... Der zweite Grund ist, weil sie von Natur aus wegen ... der körperlichen Verfassung ... leichter zu beeinflussen sind ... Der dritte Grund ist der, weil sie eine schlüpfrige Zunge haben und sie das, was sie durch schlechte Kunst wissen, ihren Genossinnen kaum verheimlichen können, und sich heimlich, da sie schwach sind, leicht durch Schadenszauber zu rächen suchen ... Ebenso kann auch angefügt werden: Da jene unstet sind, können sie deswegen schneller die Kinder den Dämonen weihen, wie sie es auch tun ... Schlecht also ist die Frau von Natur aus, da sie schneller am Glauben zweifelt, auch schneller den Glauben ableugnet. Das ist die Grundlage für die Zauberer und Hexen.

Behringer, W.: Hexen, S. 96 f.

M 5 Ablehnung der Hexenprozesse

Der Jesuit Friedrich Spee übte anonym Kritik an der Hexenverfolgung:

Was suchen wir so mühsam nach Zauberern? Hört auf mich, ihr Richter, ich will euch gleich zeigen, wo sie stecken. Auf greift ... alle Ordenspersonen und foltert sie, sie werden gestehen. Leugnen welche, so foltert sie drei-, viermal, sie werden schon bekennen. Bleiben sie immer noch verstockt, dann treibt ihnen den Teufel aus ... sie schützen sich durch Zauberei, der Teufel macht sie gefühllos. Fahrt nur fort, sie werden sich endlich doch ergeben müssen.
Wollt ihr dann noch mehr, so packt hohe geistliche Würdenträger und Kirchenlehrer, sie werden gestehen, denn wie sollten diese feinen Herren etwas aushalten können? Wollt ihr noch mehr, dann will ich euch selbst foltern lassen und ihr dann mich.
Ich werde nicht in Abrede stellen, was ihr gestanden habt. So sind wir schließlich alle Zauberer.

Spee, F.: Cautio criminalis, S. 96. (verändert)

Aufgaben

Hexenwahn

1. Nenne Belege dafür, dass es sich um eine Teufelsdarstellung handelt. → M1
2. Weise die genannten Handlungen der Hexen im Bild nach. → M3

Die Kirche und die Hexenverfolgung

3. Stelle das damalige Frauenbild mit eigenen Worten vor. → M4
4. Schreibt eine Antwort aus der Sicht eines Richters und aus der Sicht einer Verdächtigen. → M5

Ausgrenzung heute

Unkenntnis und fehlende wissenschaftliche Einsichten waren in der Vergangenheit oft der Grund dafür, dass Menschen, vor allem Frauen, für Krankheiten, Missernten und Todesfälle verantwortlich gemacht und als Hexen und Zauberinnen umgebracht wurden. Es gibt zwar inzwischen vernünftige Erklärungen für die genannten Ereignisse, aber dennoch existiert bis heute das Problem der Ausgrenzung mancher Personengruppen.

NEWS – NEWS – NEWS – NEWS – NEWS

Für euer Schülerradio soll ein Beitrag zum Thema „Ausgrenzung heute“ gestaltet werden. Ihr habt den Auftrag, eure Mitschülerinnen und Mitschüler darüber zu informieren, ob und wo Menschen in der heutigen Zeit ausgegrenzt und verfolgt werden, ohne dass dafür vernünftige und stichhaltige Gründe geltend gemacht werden können.

Habt ihr euch schon einmal gefragt, ob es heute noch Hexenverfolgungen gibt? Werden bestimmte Personengruppen verfolgt oder ausgegrenzt, weil sie anders aussehen? Von wem werden sie bedroht? Was macht der Staat, um das zu verhindern? Wie reagiert die Öffentlichkeit darauf? Wird den Opfern oder deren Angehörigen geholfen? Wer setzt sich für die Verfolgten ein? Ist eine Entwicklung zum Positiven zu erkennen?

So geht ihr vor:

- Die oben genannten Fragen sollen in einem Radiobeitrag, den ihr als Podcast zum Herunterladen anbieten könnt, beantwortet werden.
- Teilt die Klasse in zwei große Arbeitsgruppen, die ihr in weitere, kleinere Gruppen mit je drei bis vier Schülern unterteilt. Jede dieser Gruppen übernimmt eine bestimmte Aufgabe:
- *Recherche im Internet und in Zeitungen, Darstellung der aktuellen Fälle, Befragung von Angehörigen der Opfer, Arbeit von Hilfsorganisationen, Vergleich der Fälle mit der UN-Menschenrechts-Charta …*
- Verfasst euren Radiobeitrag, indem ihr die Ergebnisse der Gruppen zusammenfügt. Die hier angebotenen Informationen sollen euch den Einstieg erleichtern.
- Ihr könnt euren Radiobeitrag auch live vortragen.

Ich habe zusammen mit meinen beiden Töchtern versucht, meine Frau zu retten, aber wir konnten gegen die 50 Dorfbewohner nichts ausrichten. Sie haben meine Frau aus dem Haus geschleift, gefoltert und dann ermordet. Unter der Folter hat sie in ihrer Not noch vier weitere Namen von angeblichen Hexen genannt. Darunter war ihre eigene Mutter. Auch diese vier Frauen wurden mit Äxten und Ziegelsteinen erschlagen. Einer der Täter war ein Verwandter.

M 1 Aussage des Ehemannes einer im Jahr 2016 ermordeten Inderin

Info

1. Fall: Hexenjagd in Indien

In Europa wurde der Hexenglauben überwunden. Doch nicht überall auf der Welt können sich Frauen sicher fühlen: So wurden in den letzten Jahren in Indien etwa 2 300 Menschen, meist Frauen, wegen „Hexerei“ getötet. Diese Zahlen gab die indische Regierung bekannt. Todesfälle und rätselhafte Krankheiten in ihrem Dorf oder einfach nur Gesundheitstipps für die Nachbarin sind der Auslöser für brutale Morde an Frauen.

Der Aberglaube und der Neid des ortsansässigen Medizinmannes machen sie zur Zielscheibe einer blinden Hexenjagd. Ein Gesetz gegen Hexenverfolgung gibt es zwar, es hilft aber kaum, da die Polizisten selbst oft an Hexen glauben und die Mörder nicht verfolgen oder eine Aufklärung behindern, weil sie bestochen werden.

M 2 **Homepage der Hilfsorganisation „Amnesty International"**

Info

2. Fall: Albinos in Afrika

Albinos gibt es nicht nur bei uns in Europa, sondern auch in Afrika. Sie leiden unter einem Mangel des Farbstoffs Melanin, der Haar, Haut und Augen ihre Farbe verleiht. Albinos in Afrika müssen jedoch um ihr Leben fürchten. Ihre Körperteile sollen Macht verleihen und sogar Aids heilen. Auf dem Schwarzmarkt liegt der Preis für die Leiche eines Albinos bei 66 000 Euro, für Hände und Füße eines ermordeten Jungen sollen Medizinmänner in einem aktuellen Fall mehr als 58 000 Euro bezahlt haben. Durch diesen Aberglauben wurden allein im Jahr 2015 in dem südafrikanischen Land Malawi 66 Anschläge auf Betroffene verübt, oft aus den Reihen der eigenen Familie. Die Dunkelziffer solcher Übergriffe liegt nach Expertenmeinung um ein Vielfaches höher. Der Kampf gegen Aberglaube und Vorurteile hat erst begonnen. Immerhin lebt einer von 5000 Afrikanern mit dem Gendefekt.

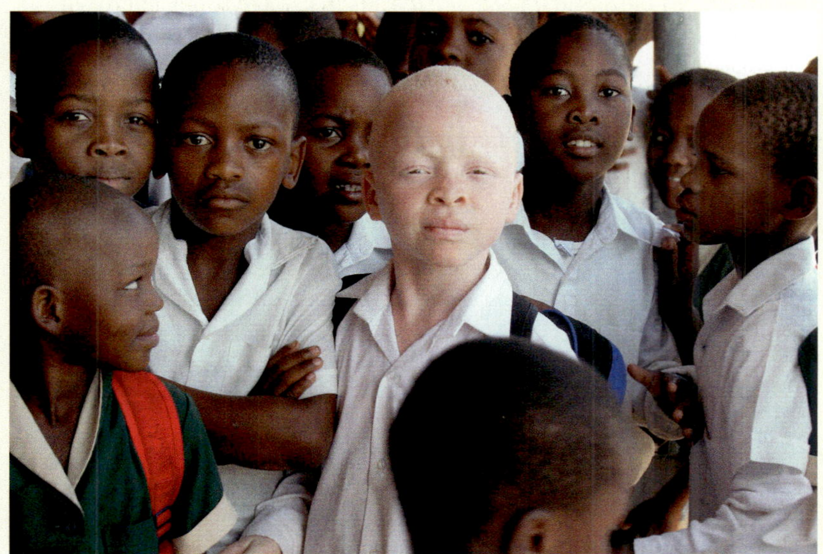

M 4 **Albinojunge in einer Schule in Mariannhill in Südafrika** aktuelles Foto

M 3 **Menschen haben Rechte**

In der Menschenrechts-Charta der UNO werden die für alle Menschen gültigen Rechte formuliert:

1. Alle Menschen sind frei und gleich an Würde und Rechten geboren. ...
2. Jeder hat Anspruch auf alle in dieser Erklärung verkündeten Rechte und Freiheiten, ohne irgendeinen Unterschied, etwa nach Rasse, Hautfarbe, Geschlecht, Sprache, Religion, politischer oder sonstiger Anschauung, nationaler oder sozialer Herkunft, Vermögen, Geburt oder sonstigem Stand. ...
3. Jeder hat das Recht auf Leben, Freiheit und Sicherheit der Person. ...
5. Niemand darf der Folter oder grausamer, unmenschlicher oder erniedrigender Behandlung oder Strafe unterworfen werden. ...
7. Alle Menschen sind vor dem Gesetz gleich und haben ohne Unterschied Anspruch auf gleichen Schutz durch das Gesetz. Alle haben Anspruch auf gleichen Schutz gegen jede Diskriminierung ... und gegen jede Aufhetzung zu einer derartigen Diskriminierung. ...
10. Jeder hat bei der Feststellung seiner Rechte und Pflichten sowie bei einer gegen ihn erhobenen strafrechtlichen Beschuldigung in voller Gleichheit Anspruch auf ein gerechtes und öffentliches Verfahren vor einem unabhängigen und unparteiischen Gericht.

Artikel 1–10 aus der Allgemeinen Erklärung der Menschenrechte vom 10.12.1948

M 5 **Zitat von Peter Mutharika, Malawis Staatsoberhaupt, im April 2016:**

„Es ist entmutigend, die Zahl von Entführungen, Tötungen und Öffnungen der Gräber von Albinos zu sehen."

Heinrich VIII. und die Kirche Englands

M 1 **Lage Englands**

Historische Hintergründe

Die Unzufriedenheit mit dem Zustand der Kirche und Bemühungen um ihre Erneuerung gab es nicht nur in Deutschland. Eine neue Konfession entstand auch in England. Die treibende Kraft war hier jedoch der König.

Heinrich VIII. regierte von 1509 bis 1547 England. Er war der erste englische König mit einer Bildung im Sinne der Renaissance. So sprach er mehrere Sprachen, verfasste Gedichte, komponierte Musik und zeigte großes Interesse an religiösen Themen. Bekannt ist Heinrich noch heute für seine insgesamt sechs Ehen, von denen zwei für ungültig erklärt wurden und zwei mit der Hinrichtung der jeweiligen Ehefrau endeten.

Als seine erste Ehe mit Katharina von Aragon keinen männlichen Thronfolger hervorbrachte, wollte Heinrich, dass der Papst diese Ehe auflöst, damit er eine neue Verbindung mit einer Frau eingehen konnte. Der Papst lehnte jedoch ab. Daraufhin sagte sich der König von der römisch-katholischen Kirche los und begründete die Kirche Englands, die er selbst als König leitete.

M 2 **Heinrich VIII.** Ölgemälde

WES-112129-402
Film über Heinrich VIII. und die Kirche Englands

Verlauf und Ergebnis der Reformation in England

Die englische Reformation war keine Bewegung von unten bzw. aus den Reihen der Gläubigen, sondern ein staatlicher Akt. Während der König die weltliche Führung der anglikanischen Kirche übernommen hat, wurde der Erzbischof von Canterbury zum geistlichen Oberhaupt.

Inhaltlich gibt es keine großen trennenden Unterschiede zwischen der anglikanischen und der römisch-katholischen Kirche. Die Anglikaner erkennen aber die Vorrangstellung des Papstes nicht an. Anders als bei den Katholiken können bei ihnen seit 1992 Frauen zum Priester geweiht werden. Inzwischen sind sie sogar zum Bischofsamt zugelassen.

Eine Reformation von oben

Dadurch, dass die anglikanische Kirche als Staatskirche gegründet wurde, hatten die Untertanen keine Wahl, ob sie weiterhin katholisch bleiben wollten oder nicht. Thomas Morus, ein berühmter Humanist und Staatsmann im Dienst Heinrichs VIII. verweigerte den Treueeid auf die neue Verfassung, in der sich der König zum religiösen Oberhaupt der neuen anglikanischen Kirche erklären ließ. Er wurde deshalb hingerichtet.

M 3 **Die letzten Worte von Thomas Morus an das Volk:**

Ich nehme euch zu Zeugen, dass ich im Glauben und für den Glauben der hl. katholischen Kirche und als treuer Diener des Königs, aber in erster Linie als treuer Diener Gottes sterbe. Betet für den König, dass Gott ihn führe und erleuchte.

www.heiligenlexikon.de

Aufgaben

1. Benenne die Unterschiede der Reformation in Deutschland und England.
2. Informiere dich über die Person und Bedeutung von Thomas Morus.
3. Nimm Stellung zum Standpunkt von Thomas Morus. → M3

1500 1510 1520 1530 1540 1550 1560 1570 1580 1590 1600

Missstände der Kirche

1517
Luthers Thesen lösen die Reformation aus

1521
Reichstag in Worms

1525
Bauernkrieg

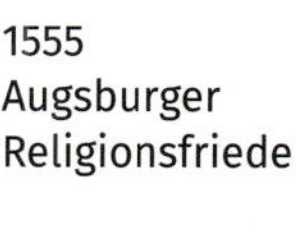

1555
Augsburger Religionsfriede

1450–1750
Hexenverfolgungen

Martin Luther übte scharfe Kritik am Zustand der katholischen Kirche. Insbesondere der Ablasshandel wurde zum Auslöser für die Veröffentlichung von Luthers Thesen **1517**. Dieses Ereignis steht für den **Beginn der Reformation**. Der dadurch in Gang gesetzte Konflikt mit dem Papst spitzte sich immer mehr zu. Luther wurde gebannt und geächtet. Gleichzeitig verbreiteten sich seine Ideen und Vorstellungen von einer erneuerten Kirche im Reich. Die Reformation führte schließlich zur Bildung der evangelischen Kirche.

Auf der Grundlage der Bibel versuchten auch die Bauern, ihre Forderungen nach besseren Lebensbedingungen durchzusetzen. Der Bauernkrieg wurde jedoch niedergeschlagen. Kaiser Karl V. konnte die Glaubensspaltung im Reich nicht aufhalten. Im Augsburger Religionsfrieden wurde der evangelische Glaube anerkannt. Die konfessionelle Spaltung im Reich wurde darin politisch umgesetzt. Aberglauben und Hexenwahn überdauerten die **Reformation** und führten noch lange danach zu massenhaften Verfolgungen, von denen vor allem Frauen betroffen waren. Die Religion war und blieb der Maßstab im Denken der Menschen. Sie konnte auch für niedere Zwecke missbraucht werden.

Lesetipps

- Tanja Kasischke: Luther, was läuft? Stuttgart 2017. Jugendliche zwischen 12 und 17 Jahren fragen, wie aktuell Luthers Thesen heute sind.
- Christian Nürnberger/Petra Gerster: Der rebellische Mönch, die entlaufene Nonne und der größte Bestseller aller Zeiten, Stuttgart 2016. In diesem Buch wird nicht nur Luthers religiöses Wirken, sondern auch sein Privatleben nachgezeichnet.
- Manfred Eichhorn: Das Feuer von Frankenhofen. Eine Geschichte aus dem Bauernkrieg 1525, Ulm 2014. Der Bauernsohn Martin aus Frankenhofen wird als Begleiter seines Vaters Augenzeuge und Beteiligter im schwäbischen Bauernaufstand.
- Harald Parigger: Die Hexe von Zeil, München 2016. Am Schicksal der 19-jährigen Ursula Lambrecht aus Bamberg werden die Hexenprozesse zu Beginn des 17. Jahrhunderts geschildert.

Film- und Spieletipp

- Spielfilm „Luther“ (2003)
- Anke Rieper: Luther-Spiele. 33 Aktionen rund um den Reformator (spielend leicht), 2017. Die einzelnen Stationen im Leben Luthers werden in Form von Spielen und Aktionen zum Leben erweckt.

1. Die Kirche: Glaube und Missstände

Ich kann ...

a) die Bedeutung der Religion für das Leben der Menschen im Mittelalter und in der frühen Neuzeit erklären.

b) anhand des Bildes den Ablasshandel erklären. ⤼ M1

c) die Kritik an den Missständen in der Kirche begründen.

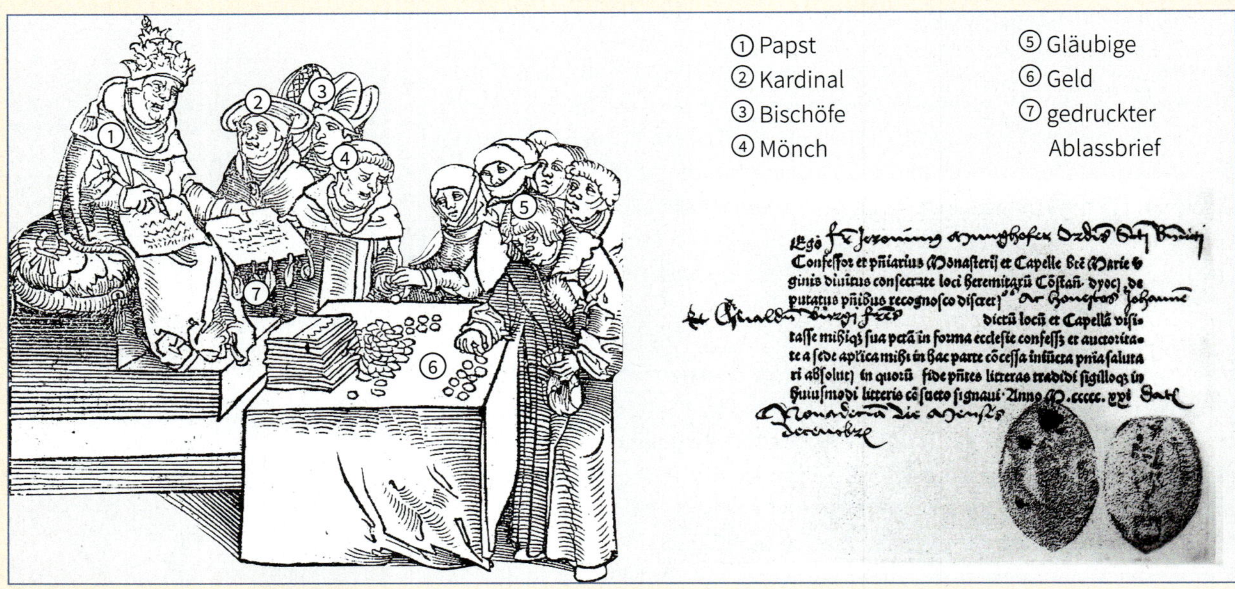

M 1 **Ablasshandel** Holzschnitt von Lucas Cranach dem Älteren von 1521 und ein Ablassbrief, wie er 1521 verkauft wurde

2. Die Reformation

Ich kann ...

a) den Konflikt Luthers mit der Kirche beschreiben.

b) die Methode „Umgang mit Bildquellen" bei dem Flugblatt anwenden. ⤼ M2

c) die religiösen und politischen Folgen der Reformation erklären.

M 2 **Flugblatt** Amsterdam 1638

WES-112129-403
Lösungen zum Kompetenzcheck

3. Der Bauernkrieg

Ich kann ...

a) die Begriffe bzw. Namen zu sinnvollen Sätzen zusammenfügen. ⤳ M3

b) die gebildeten Sätze in den Ablauf des Bauernkriegs einordnen.

c) den Zusammenhang zwischen den Forderungen der Bauern und ihrer Berufung auf die Bibel erklären.

d) Luthers Wechsel in seiner Haltung gegenüber den Bauern im Bauernkrieg deuten.

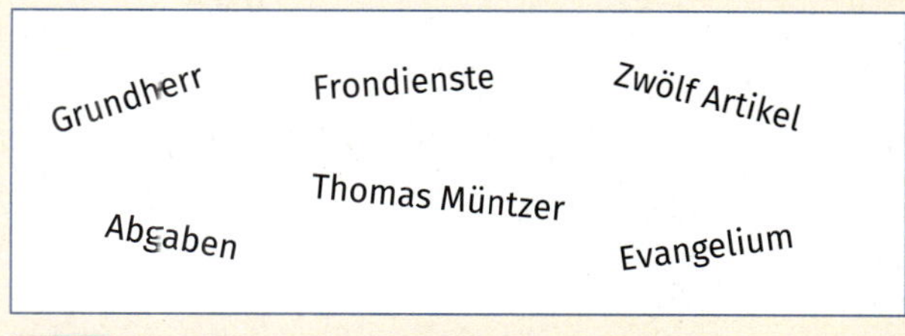

M 3 Begriffe zum Bauernkrieg

4. Die Glaubensspaltung

Ich kann ...

a) die Entstehung der evangelischen Kirche beschreiben.

b) wichtige Glaubensunterschiede zwischen beiden Konfessionen benennen.

c) das Thema Glaubensspaltung in der aktuellen Diskussion anhand der Umfrageergebnisse erörtern. ⤳ M4

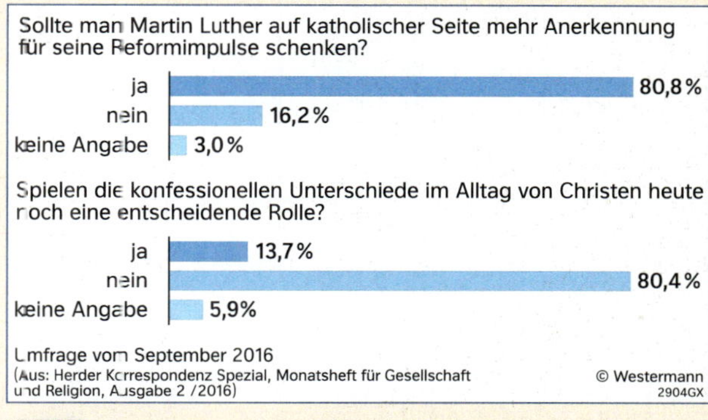

M 4 Umfrage zu den Konfessionen September 2016

5. Die Hexenverfolgungen

Ich kann ...

a) typische Vorwürfe und Vorurteile gegenüber verdächtigen Frauen benennen.

b) den Textauszug in den Ablauf eines Hexenprozesses einordnen. ⤳ M5

c) das Vorgehen gegen Betroffene kritisch bewerten.

M 5 Die Hexenverfolgung in einem Jugendbuch

Ursula, die Tochter des Bamberger Bürgermeisters, wird Opfer der Hexenjäger:

„Ursula Lambrecht, Tochter des Johannes Lambrecht, Ihr werdet wegen Hexerei in Haft genommen", sagte der Kommissär. Er sagte es so leidenschaftslos, als ob er gekommen wäre, ein Paar zerrissene Stiefel zum Flicken abzuholen. „Habt Ihr Beweise?" „Beweise?" Einwag hob die Augenbrauen. „Sechs Personen haben bei der peinlichen Befragung Euren Namen bekannt, ein rechtschaffener Bürger hat Zeugnis gegen Euch abgelegt, und was wir sonst an Beweisen brauchen, werden wir noch bekommen." ...
Der Knecht schob Ursula an den Tisch, auf dem mehrere Leinöllampen brannten, und bog ihr den Kopf zurück. „Da, seht euch die Augen an! Schwarz wie Höllenruß. Wenn die keine Hexe ist ..." „Hast du es schon getrieben mit dem Teufel?" „Wie war es denn mit ihm?" „Hat es nach Schwefel geschmeckt, als du ihm den Hintern geküsst hast?" Die Männer waren bester Laune. Ursula schwieg. Reglos, fast ohne einen Wimpernschlag, blickten ihre dunklen Augen, bis einer der Wächter besorgt rief: „Merkt Ihr, wie sie uns anstiert, die verfluchte Hexe? Wer weiß, was sie uns an den Hals hext. Schaff sie weg!" „Mach dir nicht die Hosen voll!", meinte der Knecht wegwerfend. „Die kann keinen Schaden mehr anrichten. Ihr Herr und Meister schert sich einen Dreck um sie. Ein paar Dutzend Weiber und Männer hab ich gepeinigt, wie's mir die Kommissäre befohlen haben; zwei sind mir verreckt dabei. Hätt' mich da nicht längst der Teufel holen müssen? Aber mir ist es nie besser gegangen. Ich bring sie jetzt nach oben."

Parigger, H.: Die Hexe von Zeil, S. 87 ff.

05

DAS FRÜHNEUZEITLICHE EUROPA ZWISCHEN KONFESSIONELLER AUSEINANDERSETZUNG UND ABSOLUTISTISCHEM HERRSCHAFTSANSPRUCH

Leid und Elend bestimmten den Alltag vieler Menschen im 17. Jh. Eine Ursache dafür war ein 30 Jahre dauernder Krieg, der sich an der Frage des richtigen Glaubens entfachte und erst mit dem Westfälischen Frieden ein Ende fand.

Doch nicht nur der Dreißigjährige Krieg prägte dieses Jahrhundert, sondern in Frankreich kam ein König an die Macht, der absolut regieren wollte. Als absolutistischer Herrscher strebte er neben der alleinigen Regierung in seinem Reich auch die Vorherrschaft über andere Länder an, weshalb Konflikte vorprogrammiert waren. Wieder litten die Menschen unter Gewalt.

→ Warum gab es in Europa einen Krieg, der 30 Jahre dauerte?

→ Wie entwickelte sich der Absolutismus in Frankreich?

→ In welcher Form wurde auch in Bayern absolutistisch regiert?

→ Warum war der Frieden im 17. und 18. Jh. immer wieder in Gefahr?

M 1 **Ludwig XIV.** König von Frankreich, Gemälde von H. Rigaud 1701
M 2 **Der Galgenbaum** Radierung von J. Callot 1632
M 3 **Prager Fenstersturz** Kupferstich von M. Merian um 1635, neu koloriert
M 4 **Gartenanlage von Schloss Versailles** aktuelles Foto
M 5 **Heidelberger Schloss** aktuelles Foto

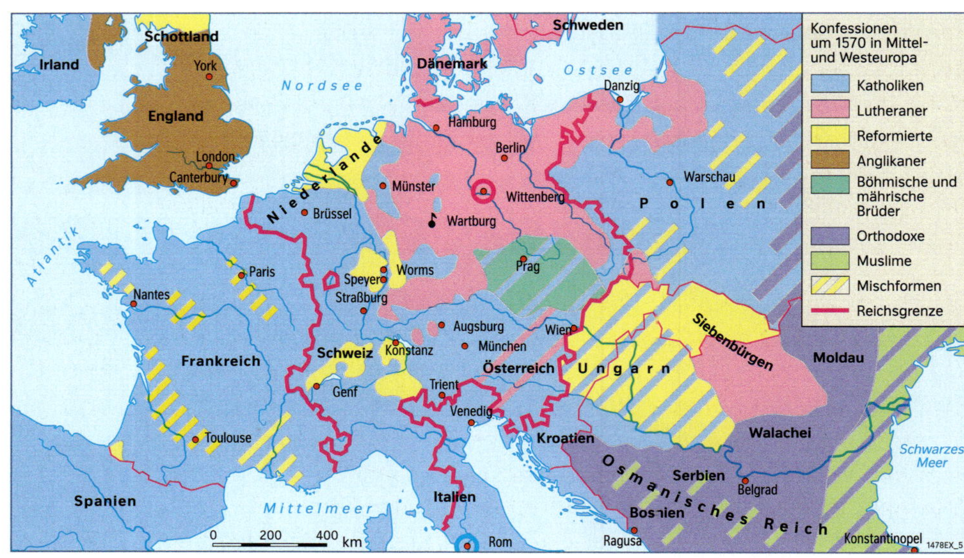

M 1 **Glaubenszugehörigkeit im 16. Jh.**

Der Dreißigjährige Krieg 1618 – 1648

Der Beginn eines langen Krieges

M 2 **„Prager Fenstersturz"**
zeitgenössische Darstellung

„Der **Dreißigjährige Krieg** war die zweite große Katastrophe in der deutschen Geschichte nach der großen Pest Mitte des 14. Jhs. Aber während die Pest ‚nur' Menschen hinweggerafft hatte, wurden im Krieg während der Lebenszeit einer ganzen Generation das Land verwüstet und die Städte zerstört", so die Aussage des französischen Historikers Joseph Rovan. Doch wie konnte es zu einem derartigen Krieg kommen?

Unter dem katholischen Kaiser Rudolf war den protestantischen Adligen in Böhmen im Majestätsbrief von 1609 Religionsfreiheit zugesichert worden. Sein Nachfolger Ferdinand II., der seit 1617 böhmischer König war, nahm diese Zugeständnisse jedoch zurück. Die Vertreter des protestantischen Adels in Böhmen betrachteten dieses Vorgehen gegen die Reformation als Verletzung ihrer Rechte. 1618 drangen Vertreter der böhmischen *Stände* in die Prager Burg ein und warfen kaiserliche Beamte aus dem Fenster. Diese überlebten den Fall, aber der „Prager Fenstersturz" löste einen der längsten Kriege der deutschen und europäischen Geschichte aus.

Der böhmisch-pfälzische Konflikt 1618 – 1623

Stände
Im Mittelalter und in der frühen Neuzeit war die Gesellschaft in Gruppen, in Stände, eingeteilt. Kriterien waren z. B. Beruf, Besitz oder Herkunft.

Die böhmischen *Stände* setzten Ferdinand II. als böhmischen König ab und wählten den Anführer der protestantischen Union, den Kurfürsten von der Pfalz, Friedrich V., zum neuen König. Ferdinand erhielt zur Niederschlagung der Rebellion Unterstützung durch das Heer der katholischen Liga. Am 08.11.1620 wurde das böhmische Heer am Weißen Berg bei Prag vernichtend geschlagen. Die Führer des Aufstandes wurden hingerichtet und ihr Besitz fiel an den Kaiser und seine Verbündeten. Feldherr Tilly verfolgte Friedrich von der Pfalz und eroberte dessen Hauptstadt Heidelberg. Als Dank für die Unterstützung verlieh Ferdinand dem bayerischen Herzog Maximilian die Kurwürde; somit wurde er Kurfürst und zusätzlich erhielt er die Obere Pfalz, die heutige Oberpfalz.

Der niedersächsisch-dänische Konflikt 1624 – 1629

1625 griff der dänische König Christian IV., unterstützt von England und den Niederlanden, in den Krieg ein. Zum einen wollten sie dadurch die protestantische Seite stärken, zum anderen versprach er sich dadurch einen Zuwachs an Macht und Einfluss. Bis 1629 erlitt Christian IV. jedoch schwere Niederlagen gegen Tilly und den kaiserlichen Feldherrn Wallenstein.

Der schwedische Konflikt 1630 – 1635

Der mit vielen norddeutschen Fürsten verwandtschaftlich verbundene König Gustav II. Adolf von Schweden landete 1630 mit seinem Heer an der Ostseeküste. Er wollte ...

- mit seinem Eingreifen den Protestanten im Reich zu Hilfe kommen und
- Schwedens Macht im Ostseeraum ausbauen.

Tilly hatte die Stadt Magdeburg erstürmt und bei den Kämpfen, Plünderungen und Bränden starben etwa 20 000 Menschen. Diese Ereignisse ließen die Stimmung der deutschen Protestanten zugunsten Gustav Adolfs umschlagen. Die protestantischen Fürsten zeigten sich jedoch lange Zeit zurückhaltend dem schwedischen König gegenüber, da sie die kaiserliche Herrschaft nicht voreilig gegen eine schwedische eintauschen wollten. Die Schweden zogen quer durch das Reich, eroberten und verwüsteten viele Städte und Gebiete. Auch der bayerische Feldherr Tilly unterlag 1632 in der Schlacht bei Rain am Lech und starb an seinen Verwundungen. Der schwedische König Gustav Adolf zog in München als Sieger ein. Jedoch gelang es der katholischen Seite 1632 bei Lützen nahe Leipzig, sich gegen die Schweden zu behaupten. In dieser Schlacht fiel Gustav Adolf.

Der schwedisch-französische Konflikt 1635 – 1648

Das katholische Frankreich hatte längere Zeit bereits Gustav Adolf finanziell unterstützt, um damit den Kaiser zu schwächen. Nach der Niederlage der Schweden bei Nördlingen wendeten sich die protestantischen Stände von Schweden ab. Somit kämpfte nun das katholische Lager des Kaisers zusammen mit den Protestanten gegen das protestantische Schweden. Aus einer Auseinandersetzung um den richtigen Glauben wurde immer mehr ein Krieg um Macht und Einfluss. Frankreich ging nun von der verdeckten zur offenen Kriegsführung über, da es den Krieg als Entscheidungskampf zwischen sich und den Österreichern betrachtete. Eine endgültige Entscheidung konnte aber nicht erzwungen werden. Noch dreizehn Jahre tobte der Krieg, in dem das katholische Frankreich gegen den katholischen Kaiser kämpfte.

M 3 Hellebarde
Waffe der Fußsoldaten

M 4 Armbrust
Zunächst wurden auch noch Armbrüste eingesetzt, später dann von Feuerwaffen abgelöst.

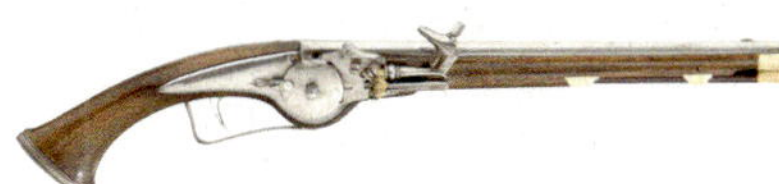

M 5 Radschlosspistole
Nicht nur Fußsoldaten, auch Kavalleristen, also Soldaten zu Pferd, kämpften mit diesen Pistolen.

Aufgaben

Der Dreißigjährige Krieg

1. Erkläre Anlass und Ursachen des Krieges. → M2
2. Erläutere anhand von M1, warum der Krieg vor allem im Heiligen Römischen Reich ausgetragen wurde.
3. Erstelle bezüglich der verschiedenen Phasen des Krieges eine Tabelle mit folgenden Informationen:

Phasen	Zeitdauer	Beteiligte	Folgen
böhm-pfälz. Konflikt	1618 – 23		
(...)			

M 6 Feldherr Albrecht von Wallenstein

Info

Albrecht von Wallenstein (1583–1634)
Albrecht von Wallenstein war neben Tilly der wichtigste Heerführer des Kaisers im Dreißigjährigen Krieg. Mit seinem Privatvermögen gelang es ihm, eigene Truppen aufzustellen, die im Dienste der katholischen Liga kämpften. Infolge zahlreicher Siege wuchs sein Ansehen beim Kaiser, jedoch sahen die andern Fürsten dies skeptisch, was dann zu seiner Absetzung 1630 führte. Zwei Jahre später kehrte er zurück. Um sein Heer zu finanzieren, erhob er von den Besiegten Kriegssteuern; Plünderungen waren die Folge. Da er auch noch eigenständig Verhandlungen mit den Gegnern führte und somit auch immer mehr politische Entscheidungen traf, sahen Fürsten und Kaiser seine Macht für sie als gefährlich an. Der Kaiser befahl, ihn zu verhaften. 1634 wurde Albrecht von Wallenstein von kaisertreuen Soldaten ermordet.

M 7 Aus dem Majestätsbrief Rudolfs II.

1609 regelte Kaiser Rudolf II. das Verhältnis der Konfessionen untereinander:

Gleicherweise soll auch ... niemand, wie aus den höheren Ständen also auch aus den Städten, Märkten und das Bauernvolk, weder von ihren Obrigkeiten noch andern geistlichen und weltlichen Standespersonen von einer Religion abgewendet ... werden ... Es soll auch wider obbestimmten Frieden ... kein Befehl ... von uns, unseren Erben und künftigen Königen zu Böheimb [Böhmen], auch von keinem anderen ausgehen, und wenngleich solches ausginge ... dasselbe doch keine Kraft haben.

Geschichtliche Quellenhefte mit Überblick: „Die Welt im Wandel“, S. 102f.

M 8 Rolle Frankreichs

Richelieu, der leitende französische Minister, schrieb an seinen König:

Es ist ein Zeichen ungewöhnlicher Voraussicht und klarer politischer Erkenntnis, wenn man zehn Jahre lang alle Feinde des Staates Eurer Majestät einzig mit der Hand in der Geldbörse festgehalten hat, ohne selbst zu den Waffen zu greifen, immer nur durch das Mittel einer Bündnispolitik, um in den offenen Krieg erst jetzt einzugreifen, weil unsere Verbündeten nicht mehr genügen.

Brack, H. (Hg.): Treffpunkt Geschichte, S. 49.

Info

Gustav II. Adolf (1594–1632)
In seiner Funktion als schwedischer König griff er 1630 auf der Seite der Protestanten gegen die Habsburger in den Dreißigjährigen Krieg ein. Da Bayern mit den Habsburgern verbündet war, belagerte er auch München und andere bayerische Städte. Bei seinem Rückzug an die Ostsee kam es 1632 im heutigen Sachsen-Anhalt, bei Lützen, zur Schlacht mit Wallenstein. Die Schweden gewannen zwar diese Schlacht, Gustav II. Adolf wurde dabei aber getötet. Er hat jedoch den Protestanten im Reich geholfen, sich gegen die katholischen Habsburger zu behaupten.

M 9 Gustav II. Adolf

M 10 **„Seelenfischerei“**
Wenngleich es schon vor dem Dreißigjährigen Krieg entstanden ist, wird in diesem Gemälde doch deutlich, dass die Frage nach dem richtigen Glauben nicht nur auf den Schlachtfeldern, sondern auch in der Kunst ausgetragen wurde. Adrian van de Venne, Ölgemälde 1614

M 11 **Die Schlacht am Weißen Berg in Prag 1620**
Die Truppen des Kaisers besiegen die böhmischen Aufständischen. Gemälde von Pieter Snayers 17. Jh.

Aufgaben

Dreißigjähriger Krieg

1. Beschreibe den Inhalt des Majestätsbriefs. → M7
2. Stelle die unterschiedlichen Vorgehensweisen Frankreichs im Dreißigjährigen Krieg dar. → M8
3. Untersuche, welche Art der Glaubensüberzeugung jeweils in den Bildern dargestellt wird. → M10, M11, Think-Pair-Share

Statistiken und Diagramme auswerten

Statistiken

Von einer Statistik spricht man, wenn ein bestimmter Sachverhalt, wie z. B. die Bevölkerungsentwicklung eines Ortes, anhand der zur Verfügung stehenden Zahlen in einem festgelegten Zeitraum betrachtet wird. Entscheidend ist hierbei, dass das Zahlenmaterial korrekt erhoben worden ist.

Diagramme

Die Zahlen, die in Statistiken aufgelistet werden, können auf unterschiedliche Art und Weise dargestellt werden. Eine Möglichkeit stellen Diagramme dar. Hierbei wird z. B. zwischen Säulen-, Linien- oder Kreisdiagrammen unterschieden. Für das Fach Geschichte können nicht alle historischen Sachverhalte in Diagrammen und Statistiken dargestellt werden. Diagramme sind immer dann dienlich, wenn Informationen zu vergleichen sind, die auch in Zahlen wiedergegeben werden können, wie z. B. die Bevölkerungsverluste durch einen Krieg. Bestimmte Schritte sind dabei sinnvoll.

Schritte zur Auswertung von Statistiken und Diagrammen:

Schritt 1: Erfassen des Inhalts
- Wovon handelt die Auflistung? Vergleiche dazu u. a. Überschrift, x- und y- Achse.
- Von wem ist die Darstellung? Wann wurde sie veröffentlicht?

Schritt 2: Darstellen der Zahlen
- Wie werden die Zahlen dargestellt? Um welche Form eines Diagramms handelt es sich? Ein Kreis-, Linien- oder Säulendiagramm?

Schritt 3: Überprüfen der Daten
- Überprüfe die Herkunft des statistischen Zahlenmaterials.
- Sind die Daten glaubwürdig? Gibt es mehrere Statistiken zum selben Sachverhalt?

Schritt 4: Interpretieren der Zahlen
- Deute das Zahlenmaterial. Gibt es Besonderheiten und Erklärungen dafür? Ist das Diagramm aussagekräftig?

Jahr	Einwohner
1430	16 000
1560	20 000
1600	40 000
1650	60 000

M 1 Statistik Bevölkerungsentwicklung von Hamburg
Daten aus einem Online-Lexikon

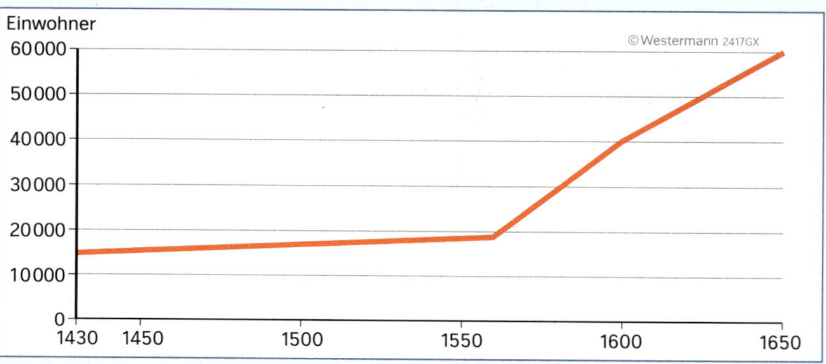

M 2 Liniendiagramm Bevölkerungsentwicklung Hamburg vom 15. bis 17. Jh.

Mögliche Auswertung der Materialien M1 und M2:

Schritt 1:
Beide Darstellungen handeln von der Bevölkerungsentwicklung der Hansestadt Hamburg vom 15. bis zum 17. Jahrhundert. Die Zahlen stammen aus einem Artikel aus dem Internet.

Schritt 2:
Die Zahlen von M1 wurden hier in M2 in einem einfachen Liniendiagramm wiedergegeben. So werden die Einwohner auf der y-Achse in 10 000er-Schritten bis 60 000 aufgelistet, und die x-Achse zeigt die Jahre im Vergleich.

Schritt 3:
Die Herkunft der Zahlen kann anhand dieses Materials nur bedingt geklärt werden. So müssen Artikel im Internet nicht immer korrekt sein.
Für den Zeitraum des Dreißigjährigen Krieges erfahren wir, dass die Bevölkerungszahl der Stadt Hamburg sich von ca. 40 000 auf ca. 60 000 Einwohner erhöht hat, also um 50 % gestiegen ist.

Schritt 4:
Aus beiden Darstellungen geht hervor, dass die Bevölkerungszahl der Stadt Hamburg stetig zugenommen hat. Hamburg blieb, auch aufgrund der starken Befestigungsanlagen, von den Auswirkungen des Dreißigjährigen Krieges verschont.

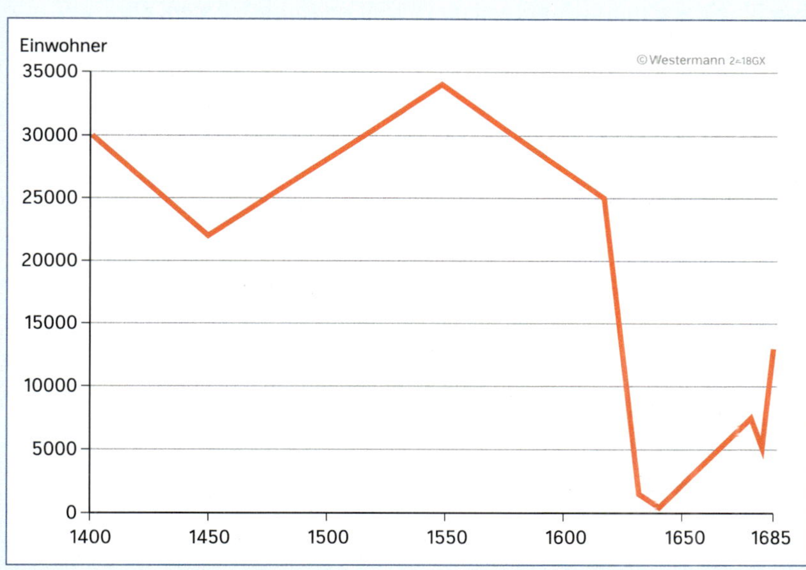

M 3 **Liniendiagramm Bevölkerungsentwicklung Magdeburg vom 15. bis 17. Jh.**

Jahr	Einwohner
1400	30 000
1450	22 000
1550	34 000
1620	25 000
1632	1 500
1639	450
1681	7 700
1683	5 155
1685	13 000

M 4 **Bevölkerungsentwicklung von Magdeburg vom 15. bis 17. Jh.**
Daten aus einem Online-Lexikon

Aufgaben

1. Werte M3 und M4 mithilfe der Analyseschritte aus. Die mögliche Lösung zu M1 und M2 hilft dir dabei.
2. Erkläre die Unterschiede in der Bevölkerungsentwicklung der beiden Städte Hamburg und Magdeburg im Dreißigjährigen Krieg.

Kriegsführung und Kriegsleid

Im 17. Jh. nahmen die Mannschaftsstärken der Armeen deutlich zu. Die Vergrößerung der Armeen und die Ausweitung der strategischen Ziele trugen dazu bei, dass die Waffen vereinheitlicht wurden. Das bedeutete, dass die Waffen nun vom Staat und nicht mehr vom einzelnen Soldaten gestellt werden mussten.

M 1 **Kanone**

Kriegstechnik und Soldaten

Feuerwaffen erhöhten die Schlagkraft der Fußsoldaten. Die neuen Musketen – Gewehre, die von vorne geladen wurden – waren leichter zu bedienen. Trotzdem feuerten die Gewehre langsam. Ein Schuss erforderte etwa zwei Minuten Ladezeit. Die Schussweite lag bei etwa 50 Metern. Die Entscheidung in der Schlacht wurde meist über die an den Flügeln postierte Reiterei gesucht, die mit Säbel und Pistole bewaffnet war. Es war allerdings ein Problem, die vielen Pferde zu versorgen. So verendeten schon beim Anmarsch zur Schlacht von Lützen im Jahre 1632 etwa 4000 von 9000 Pferden der schwedischen Armee.

Die Artillerie gewann im Laufe des Krieges zunehmend an Bedeutung. Zudem wurden die Geschütze leichter und beweglicher. Besonders verwundbar waren die in Gruppen aufgestellten Soldaten. Sie stellten trotz der mangelnden Zielgenauigkeit und langsamen Schussfolge der Artillerie leichte Ziele dar.

Im Dreißigjährigen Krieg waren die Soldaten Söldner und gehorchten ihrem Feldherrn nur, wenn sie regelmäßig bezahlt wurden. Dies war nur möglich, wenn die Menschen in den besetzten Gebieten ihrer Güter und ihres Geldes beraubt wurden. Somit wurde die Versorgung der Truppen auf Kosten der Bevölkerung durchgesetzt. Große Armeen ab etwa 40 000 Mann konnten jedoch nicht immer kontrolliert werden. Das lag auch daran, dass die eigentliche Armee noch vom sogenannten Tross begleitet wurde. Darunter versteht man die Leute, die für die Versorgung der Soldaten verantwortlich waren; auch Frauen und Kinder zogen mit. Der Tross konnte zahlenmäßig die eigentliche Armee um ein Vielfaches übersteigen.

M 2 **Musketier**
Laden einer Muskete, zeitgenössischer Stich

M3 **„Die großen Schrecken des Krieges"** Kupferstich von Jacques Callotum 1632

Die Situation der Bevölkerung

Dass der Dreißigjährige Krieg für die Menschen katastrophale Folgen hatte, lag nicht nur an der Dauer der Auseinandersetzung. Eine Vielzahl weiterer Gründe ist zu nennen:

- Manche Gebiete wurden im Laufe der Zeit mehrmals verwüstet.
- Felder konnten nicht mehr bewirtschaftet werden, somit war die Versorgung der Bevölkerung mit Nahrungsmitteln unterbunden.
- Aufgrund des Hungers und des Elends zogen viele Menschen mit den Soldaten in der Hoffnung auf Essbares umher, wodurch die ansässige Bevölkerung nicht nur von den Soldaten, sondern auch noch von dem Tross in Mitleidenschaft gezogen wurde.
- Viele Menschen starben nicht direkt durch die Kämpfe, sondern aufgrund von Hunger, Unterernährung und Krankheiten.

Neben den körperlichen Verletzungen sind vor allem auch die psychischen Folgen zu nennen, mit denen die Menschen zurechtkommen mussten. Nach Schätzungen ging die Einwohnerzahl des Reiches während des Dreißigjährigen Krieges von **1618–1648** von 21 auf 13 Millionen zurück.

M4 **Übergriffe auf die Bevölkerung**

WES-112129-501
Hörszene zum Dreißigjährigen Krieg

Aufgaben

Kriegsführung und Kriegsleid

1. Beschreibe den Ladevorgang einer Muskete. → M2
2. Erkläre, wie die Armeen im Dreißigjährigen Krieg versorgt wurden.
3. Erläutere, warum es schwierig war, große Armeen zu steuern und zu kontrollieren.

Situation der Bevölkerung

4. Beschreibe, worunter die Bevölkerung neben den Kriegshandlungen noch zu leiden hatte. → M3, M4

M 5 Gedicht

Tränen des Vaterlandes von Andreas Gryphius:

Wir sind doch nuhmehr gantz / ja mehr den gantz verheeret!
Der frechen völcker schaar / die rasende posaun
Das vom blutt fette schwerdt / die donnernde Carthaun
Hat aller schweis / vnd fleis / vnd vorraht auff gezehret.
Die türme stehn in glutt / die Kirch ist vmgekehret.
Das Rahthauß ligt im graus / die starcken sind zerhawn,
Die Jungfrawn sind geschändt / und wo wir hin nur schawn,
Ist fewer / pest / und todt der hertz vnd geist durchfehret.
Hir durch die schantz vnd Stadt / rint alzeit frisches blutt.
Dreymall sindt schon sechs jahr als unser ströme flutt,
Von leichen fast verstopfft / sich langsam fort gedrungen,
Doch schweig ich noch von dem / was ärger als der todt,
Was grimmer den die pest / vnd glutt vnd hungersnoth,
Das auch der selen schatz / so vielen abgezwungen.

Gryphius, A.: Gesamtausgabe der deutschsprachigen Werke, S. 48.

M 6 Magdeburg im 30-jährigen Krieg

Otto v. Guericke über die Zerstörung Magdeburgs am 20. Mai 1631:

Da ist es geschehen, dass die Stadt mit allen ihren Einwohnern in die Hände und Grausamkeit ihrer Feinde geraten, die dann alle heftig und grausam, teils aus gemeinem Hass gegen die augsburgischen Konfessionsverwandten[1], teils dass man mit Drahtkugeln geschossen und sonst etwa von den Wällen geschälet, erzürnt und erbittert gewesen.
Insonderheit[2] hat ein jeder von den Feinden nach vieler großer Beute gefraget. Wenn dann eine solche Partei in ein Haus gekommen und der Herr etwas zu geben vermocht gehabt, hat er sich und die Seinigen so lang salvieren[3] und erhalten können, bis eine andere wieder angekommen. Endlich aber, wenn es alles hingegeben und nichts mehr vorhanden gewesen, alsdann ist die Not erst losgegangen. Da haben sie angefangen zu prügeln, ängstigen, gedrohet zu erschießen, spießen, henken usw., dass, wenn's gleich unter der Erde vergraben oder mit Schlössern verschlossen gewesen, die Leute dennoch hervorsuchen und herausgeben müssen.
Unter welcher Wüterei dann, und da diese herrliche, große Stadt, die gleichsam eine Fürstin im ganzen Lande war, in voller brennender Glut und solchem großen Jammer und unaussprechlicher Not und Herzeleid gestanden, sind mit greulichem, ängstlichem Mord- und Zetergeschrei viel Tausend unschuldige Menschen, Weiber und Kinder, kläglich ermordet und auf vielerlei Weise erbärmlich hingerichtet worden, also dass es mit Worten nicht genugsam kann beschrieben und mit Tränen beweint werden.
... Sobald sich aber die Hitze und Glut in etwas gestillt, hat der kaiserliche General von der Artillerie ... alle Braupfannen, Glocken und anderes Kupfergeschirr zusammen auf unterschiedliche große Haufen führen und für sich als Beute verwahren lassen.

[1] Protestanten [2] Insbesondere [3] retten

Scherrinsky, W.: Renaissance, Reformation und Glaubenskämpfe, S. 110 f.

M 7 Zerstörung Magdeburgs

kolorierter Kupferstich 1631

M 8 München im 30-jährigen Krieg

König Gustav II. Adolf besetzte München:

17. Mai 1632. Der Sieg von Rain am Lech ... öffnete dem schwedischen Heer den Weg nach Bayern. ... Während des Sonntagsgottesdienstes rückt die erste schwedische Eskadron[1] in die Residenzstadt ein. Am Mittag des darauffolgenden Tages reitet, vom Ismaning kommend, König Gustav durchs Isartor in die Hauptstadt Bayerns ein, eskortiert von etlichen hohen adeligen Herren, darunter auch der „Winterkönig“ Friedrich V., der dem Schweden empfiehlt, die Residenz seines Verwandten Maximilian in die Luft zu sprengen. Unterhändler waren Gustav Adolf nach Freising entgegengeritten und hatten die Stadt für 300000 Reichsthaler – dem halben Steueraufkommen Schwedens in einem Jahr – von Plünderungen und Brandschatzungen freigekauft. Die Eroberer halten sich an dieses Abkommen, und bereits zwei Stunden nach dem Einmarsch werden die Läden wieder geöffnet. Und viele Münchnerinnen flanieren Arm in Arm mit den fremden Soldaten durch die Stadt. ... Am Vormittag des 7. Juli ziehen die Schweden aus München wieder ab. Da die Stadt nur etwa die Hälfte der Kontribution[2] zahlen kann, werden 42 Geiseln mitgeführt, die Hälfte davon Geistliche.

[1] kleinste Einheit der Kavallerie [2] Zwangserhebung von Geldbeträgen im feindlichen Gebiet durch Besatzungstruppen

Böhbauer, H.: Die Chronik Bayerns, S. 214.

M 9 Gustav Adolf in München Einzug der Schweden in München am 17. Mai 1632
Kupferstich von Matthäus Merian d. Ä. (1593–1650), nachträgliche Kolorierung

Aufgaben

Kriegsführung und Kriegsleid

1. a) Beschreibe die genannten Verwüstungen. → M5
   b) Nenne das Jahr, in dem Andreas Gryphius „Tränen des Vaterlandes“ verfasst hat. → M5
2. a) Skizziere die gesamten Verwüstungen in Magdeburg. → M6, M7
   b) Stelle die Situation in München dar. → M8, M9
   c) Vergleiche den Hergang der Ereignisse in beiden Städten. → M6, M7, M8, M9

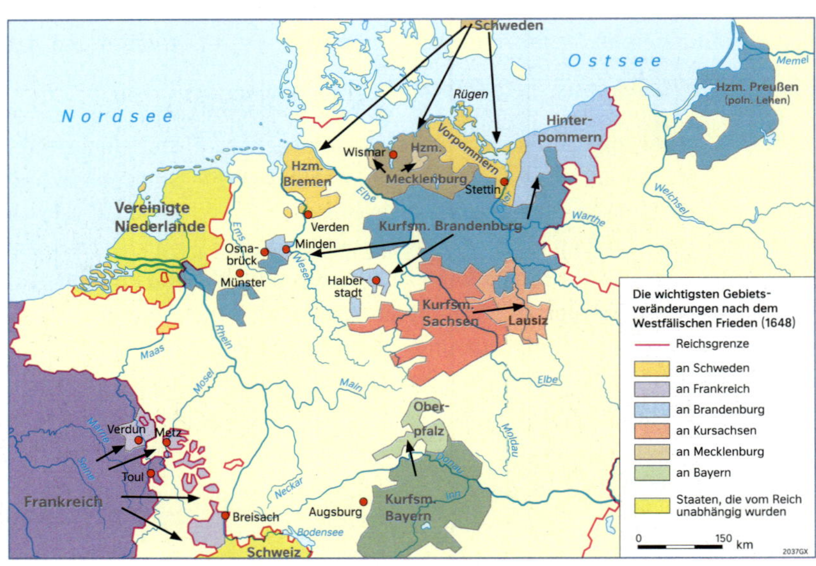

M 1 **Das Reich nach dem Westfälischen Frieden**

Der Westfälische Frieden von 1648

M 2 **Die gesiegelten Urkunden** mit denen der Westfälische Frieden geschlossen wurde

Im Dreißigjährigen Krieg wurden mehrere Konflikte ausgetragen. So wurde zwischen den Konfessionen gekämpft. Des Weiteren war es ein Konflikt des Kaisers mit den böhmischen Adeligen. Schließlich entwickelte es sich dann auch zu einer Auseinandersetzung zwischen dem Reich und ausländischen Mächten. Nachdem es aufgrund dieser verworrenen Lage zu keinen militärischen Entscheidungen gekommen war, führten langwierige Verhandlungen im katholischen Münster (mit Frankreich und seinen Verbündeten) und im evangelischen Osnabrück (mit den Schweden) zum **Westfälischen Frieden**. Damit wurde der Krieg beendet und die Religionskonflikte zwischen den Reichsständen beigelegt:

- Die Besitzverteilung wurde bis auf wenige Ausnahmen auf der Grundlage des Jahres 1624 festgeschrieben. Die Oberpfalz blieb zum Beispiel in bayerischem Besitz.
- Innerhalb des Reiches konnten sich die Reichsstände als Sieger fühlen, da sie sich gegenüber dem Kaiser durchsetzen konnten.

Durch den Verlauf des Dreißigjährigen Krieges und die Ergebnisse des Westfälischen Friedens änderte sich auch das europäische Staatensystem:

- Frankreich ging als kontinentale Vormacht aus dem Krieg hervor, da das französische Staatsgebiet bis an den Rhein vorgeschoben wurde.
- Schweden konnte seine Macht im Norden ausbauen. Es wurde zur Vormacht im gesamten Ostseeraum.
- Die protestantischen Niederlande und die Schweizer Eidgenossenschaft schieden aus dem Reichsverband aus.

Die Folgen des Krieges waren in Deutschland katastrophal. Handel, Gewerbe und Landwirtschaft kamen zum Erliegen. Seuchen und Hunger führten zum Massensterben. Es dauerte Jahrzehnte, bis sich die Länder von diesem Krieg erholten. Das „Heilige Römische Reich Deutscher Nation" büßte an Macht und Ansehen ein. Dafür wurden einzelne Territorien wichtiger und selbstständiger.

Treffen der EU-Außenminister

Bundeswehrsoldaten als Berater und Mitglieder der neuen Nato-Mission für Afghanistan mit Soldaten der afghanischen Armee

UN-Blauhelm-Soldaten der UN-Friedenstruppe in der Demokratischen Republik Kongo

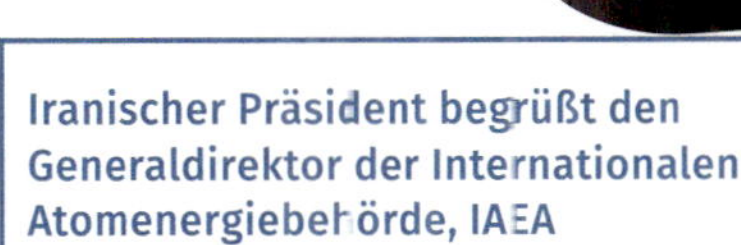
Iranischer Präsident begrüßt den Generaldirektor der Internationalen Atomenergiebehörde, IAEA

Skulptur vor dem Gebäude der Vereinten Nationen in New York

Treffen zwischen Papst Franziskus und Scheich Ahmed al-Tayyeb, Imam von Al-Azhar

Logo der Welthandelsorganisation WTO

M 3 Bemühungen um Frieden und Konfliktvermeidung

Aufgaben

Westfälischer Friede

1. Benenne die Veränderungen des Westfälischen Friedens für Bayern. → M1
2. Beurteile die Ergebnisse des Westfälischen Friedens hinsichtlich Gewinner und Verlierer.

Frieden und Konfliktvermeidung in der Gegenwart

3. a) Informiert euch anhand der Beispiele, wie sich die einzelnen Organisationen und Personen für den Frieden und Konfliktvermeidung einsetzen. → M3
   Arbeitet dazu in Gruppen und stellt euch eure Ergebnisse gegenseitig vor. Galeriegang

Organisation	Ziel	Mittel
UNO		
(...)		

   b) Diskutiert über den Nutzen derartiger Bestrebungen.

Absolutismus – der König als uneingeschränkter Herrscher

M 1 **Sonne als Symbol des Königs**
Detail am Gitterzaun von Schloss Versailles

Der Weg zur absoluten Macht Ludwigs XIV.

Schon mit vier Jahren wurde Ludwig XIV. noch während des Dreißigjährigen Krieges im Jahr 1643 König von Frankreich. Der Kardinal Jules Mazarin erledigte als leitender Minister die Regierungsgeschäfte für ihn. Frankreich war nach dem Krieg zwar weiterhin ein einheitliches, nicht zersplittertes mächtiges Land, doch die Lebensmittelpreise waren hoch und die Bevölkerung unzufrieden. Die Menschen litten nach wie vor unter den Folgen des Dreißigjährigen Krieges. Mazarin musste sogar bewaffnete Aufstände niederschlagen. Er schaffte es jedoch, die Macht des Königs zu erweitern und einige Rechte des Adels einzudämmen.

Mazarin starb 1661 und Ludwig übernahm mit 22 Jahren selbst die Herrschaft in Frankreich. Allein. Er ernannte keinen leitenden Minister, denn Ludwig wollte selbst entscheiden. Seiner Ansicht nach sollte ein König die ganze Macht haben und ein allmächtiger Herrscher sein. Er sah sich in der Tradition des Gottesgnadentums, das heißt einzig allein Gott steht über ihm, denn die Macht des Königs sei von Gott gegeben und er sei daher keinem Menschen Rechenschaft schuldig. Diese Regierungsform nennt man **Absolutismus**.

Info

Der Sonnenkönig Ludwig XIV.
Ludwig verglich seine Macht mit der Sonne, die Frankreich und den Menschen Licht, Wärme und Leben gab. Um dem Volk das zu verdeutlichen, wählte er als Symbol seiner Herrschaft die unerreichbare, aber lebensspendende Sonne und bezeichnete sich selbst als Sonnenkönig.

M 2 **Der Hofstaat unterwegs**
Gemälde um 1680

Das Ziel der absoluten Herrschaft

Ludwig XIV. hatte das Ziel, durch seine Herrschaft Frankreich zum mächtigsten Staat Europas zu machen. Doch er musste um seine Alleinherrschaft kämpfen, denn die Adligen, Bischöfe und Städte verfügten über politische Rechte, die sie seit dem Mittelalter innehatten. Nach vielen, oft auch bewaffneten Auseinandersetzungen konnte Ludwig XIV. den Adel entmachten und holte ihn mit Vergünstigungen, Vergnügungen und Drohungen zu sich an den Hof, um ihn besser kontrollieren zu können. Dabei stellte er sich stets in den Mittelpunkt, um den der Adel sich zu versammeln hatte.

Die Macht des Königs beruhte auch auf der Unterstützung der Kirche, die seine Position als gottgewollten König stärkte. Dafür duldete Ludwig für sein Volk nur den katholischen Glauben, dem er selbst anhing, und versuchte Protestanten zwangsweise zur Rückkehr zum Katholizismus zu bewegen. Er stand nun wie geplant über dem Gesetz und musste keinem mehr Rechenschaft ablegen. Seine Regierungsmacht war absolut.

M 3 Ludwig XIV. auf dem Pferd
Gemälde um 1685

Der Staat bin ich

Der Kern des Absolutismus ist die Alleinregierung. Der König verkörpert die Macht des Staates. Der Ausspruch „Der Staat bin ich" wird Ludwig XIV. zugesprochen. Es gab in Frankreich nur noch wenige Ratgeber, denn die letzte Entscheidung lag stets beim König.

Ludwig reformierte zudem die Verwaltung seines Königreiches. Mithilfe von Männern aus dem Bürgertum, die von ihm abhängig waren, modernisierte der König die Führung des Staates. Diese Beamten kontrollierten u. a. die Steuereinnahmen und die Polizei. Sie leiteten die Verwaltung in Städten und Gemeinden und konnten so auf allen Ebenen den Willen des Königs durchsetzen.

Auf Befehl des Königs wurde auch die Armee neu organisiert. Der König beschloss nach einem Krieg das Heer nicht mehr aufzulösen, wie es bisher geschah, sondern die Soldaten stets einsatzbereit zu halten. Dies bezeichnet man als stehendes Heer. Es war zwar kostspielig, aber es half Ludwig XIV. seine Vorstellung der Alleinherrschaft durchzusetzen, da …

- ein stehendes Heer ständig kampfbereit war,
- es durch beständige Überprüfung in einem besseren Zustand gehalten werden konnte,
- die Soldaten durch regelmäßige Übung bessere Kämpfer wurden und
- es zur Machtdemonstration diente.

Doch diese Art der Regierung kostete Geld, denn der Absolutismus war teuer. Die Beamten, das Militär und vor allem die aufwendige Hofhaltung verschlangen Unsummen und die Ausgaben stiegen Jahr für Jahr.

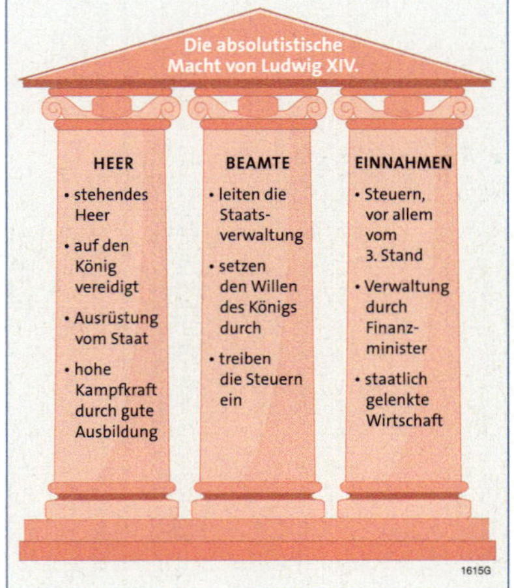

M 4 Stützen der Macht des Absolutismus
grafische Darstellung

Aufgaben

König Ludwig XIV.

1. Beschreibe wichtige Stationen im Leben von Ludwig XIV.
2. Erkläre die Wahl der Sonne als Symbol seiner Herrschaft. → M1
3. Erläutere, inwiefern der König den Adel an den Hof band. → M2

Absolutistische Herrschaft

4. Benenne die Stützen von Ludwigs absoluter Herrschaft. → M4
5. Beurteile die militärische Entscheidung für ein stehendes Heer. Partnervortrag

M 5 Die Sonne als Symbol des Königs

Ludwig XIV. schrieb in seinen Memoiren[1] im Jahr 1670:

Die Sonne ist ohne Zweifel das lebendigste und schönste Sinnbild eines großen Fürsten deshalb, weil sie … durch den Glanz, der sie umgibt, durch das Licht, das sie den anderen Gestirnen spendet, die gleichsam ihren Hofstaat bilden, durch die Verteilung des Lichtes über die verschiedenen Himmelsgebenden der Welt, durch das Leben und die Freude, die sie überall weckt, durch ihre unaufhörliche Bewegung, bei der sie trotzdem stets in ständiger Ruhe zu schweben scheint … Gott, der die Könige über die Menschen gesetzt hat, wollte, dass man sie als seine Stellvertreter achte … Es ist sein Wille, dass, wer als Untertan geboren ist, willenlos zu gehorchen hat.

[1] Lebenserinnerungen

Ludwig XIV.: Memoiren, S. 137.

M 6 Ludwig XIV. im Ballettkostüm als Sonnengott Apoll Gemälde 1653

M 7 Ludwig XIV. begutachtet 1687 einen Plan zum Bau der militärischen Festung Belfort. Kupferstich 19. Jh.
Der Baumeister de Vauban entwarf und baute für das stehende Heer Ludwigs XIV. Festungen zur Grenzsicherung des Königreiches.

M 8 Ludwig XIV. über seine Grundsätze

Ludwig XIV. begründete für seine Nachfolger sein Handeln folgendermaßen:

Was die Personen betrifft, die mir bei meiner Arbeit behilflich sein sollten, so habe ich mich … entschlossen, keinen Premierminister mehr in meinen Dienst zu nehmen. … Es war also nötig, mein Vertrauen und die Ausführung meiner Befehle zu teilen, ohne sie ganz und ungeteilt zu geben, indem man den verschiedenen Personen verschiedene Angelegenheiten gemäß ihren besonderen Fähigkeiten übertrug. Dies ist vielleicht das Erste und Wichtigste, was ein Herrscher können muss.
Ich entschloss mich noch zu einem weiteren Schritt. Ich wollte die oberste Leitung ganz allein in meiner Hand zusammenfassen.

Geschichte in Quellen, S. 426.

Minister
beraten den König
König in Versailles
Minister
führen seine Befehle aus
Grundlinien der Innen-/ Außenpolitik
Wirtschafts-/ Finanzpolitik
Justiz und Verwaltung
Provinzangelegenheiten
Justiz und Verwaltung
Wirtschafts-/ Finanzpolitik
Krieg, Marine, Außenpolitik, Hofhaltung
Provinzen
Beauftragte des Königs in den neuen Verwaltungsbezirken (Intendanten)
© Westermann 1584GX_1

M 9 **Regierung und Verwaltung unter Ludwig XIV.**

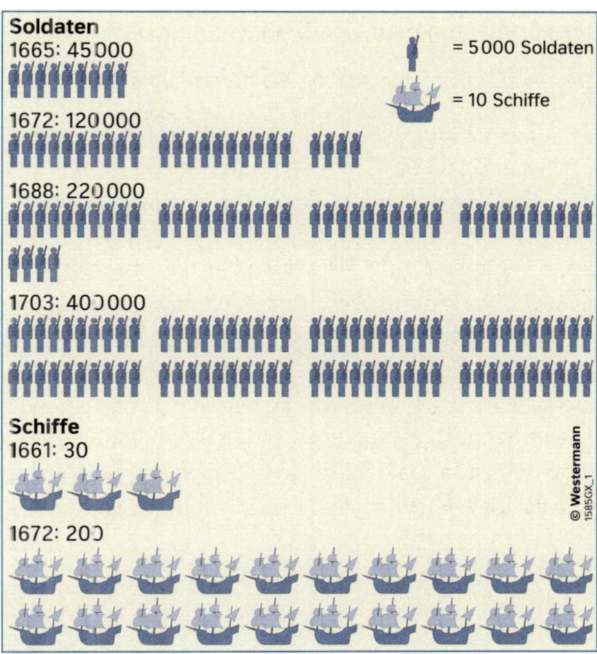

M 10 **Aufrüstung im absolutistischen Frankreich**

M 11 Rechtfertigung des Absolutismus

Der Bischof Jacques-Bénigne Bossuet verfasste 1682 ein Buch, welches die absolutistische Herrschaft erläuterte:

Die Fürsten handeln also als Gottes Diener und Statthalter auf Erden ... Deshalb ist, wie wir gesehen haben, der königliche Thron nicht der Thron eines Menschen, sondern Gottes selber ...
Die königliche Gewalt ist absolut. ... Niemand kann daran zweifeln, dass der ganze Staat in der Person des Fürsten verkörpert ist. Bei ihm liegt die Gewalt. In ihm ist der ganze Wille des Volkes wirksam. Ihm allein kommt es zu, alle Kräfte zum Wohl des Ganzen zusammenzufassen. Man muss den Dienst, den man den Fürsten schuldet, und den, den man dem Staate schuldig ist, als untrennbare Dinge ansehen.

Geschichte in Quellen, S. 451.

M 12 Kritik an der Herrschaftsform des Absolutismus

Erzbischof Francois Fénelon übte in seinem Roman „Télémaque" 1698 Kritik an der absolutistischen Herrschaftsform. Er wurde für seine Gedanken vom Hof verbannt:

Wenn sich die Könige daran gewöhnen, kein anderes Gesetz mehr anzuerkennen, als ihren unumschränkten Willen ...., dann vermögen sie alles. Aber gerade da sie alles tun können, was sie wollen, untergraben sie selber die Grundpfeiler ihrer Macht; sie richten sich in ihrer Regierung nicht mehr nach bestimmten Regeln und Grundsätzen. Alle Leute schmeicheln ihnen um die Wette; sie haben keine Untertanen mehr; es bleiben nur noch Sklaven ... Wer wird ihnen die Wahrheit sagen?

Hartig, P.: Auf der Suche nach dem besten Staat, S. 30.

Aufgaben

Machtübernahme Ludwigs XIV.

1. Beschreibe den Aufbau des absolutistischen Staates. → M8, M9
2. Recherchiere, zu welchen Gelegenheiten der König das Sonnenkostüm trug. → M6, 🔍
3. Beurteile das Selbstbild Ludwigs XIV. in seiner eigenen Beschreibung von sich als Sonnenkönig. → M5

Absolutistische Herrschaft

4. a) Fasse die Gedanken von Bischof Bossuet zur Erklärung des Absolutismus zusammen. → M11
   b) Stelle dem die Vorwürfe von Erzbischof Fénelon gegenüber. → M12
5. Erläutere das Schaubild zur Aufrüstung unter Ludwig XIV. → M10

Ein Herrscherbild analysieren

Darstellungen von Herrschern gibt es bereits seit der Antike, ob als Statue oder auf Münzen. In der Neuzeit wurden Maler beauftragt, Porträts der Monarchen anzufertigen. Absolutistische Herrscher nutzten diese Darstellungsform, um ihre Macht und Bedeutung sichtbar zu machen. Ludwig XIV. verbrachte viele Stunden damit, Künstlern Modell zu stehen.

Jede dargestellte Einzelheit war bedeutungsvoll. So nahmen Maler viele Gegenstände, wie etwa Krone, Schwert oder besondere Kleidung, in ihre Gemälde auf. Diese Gegenstände waren die Symbole der absoluten Herrschaft. Hand- und Fußhaltung zeigten Selbstbewusstsein.

Die Herrscherportraits dienten nicht dazu, den König lebensecht darzustellen, sondern das gewünschte Bild zu schaffen, das der Monarch der Welt zeigen wollte. Dafür wurden oft viele Dinge bewusst weggelassen oder beschönigt. So hatte Ludwig XIV. z. B. kaum mehr Zähne und trug eine Perücke, die sein schütteres Haar bedeckte.

M 1 Ludwig XIV. von Frankreich
Gemälde von Hyacinthe Rigaud 1701
Maße: 2,77 x 1,94 m

Schritte zur Analyse von Herrscherbildern:

Schritt 1: Das Bild beschreiben
- Beschreibe so genau wie möglich die abgebildete Person mit Angabe von Größe, Gestik, Mimik, Körperhaltung, Blickrichtung, Kleidung.
- Benenne die dargestellten Gegenstände und den Hintergrund des Bildes.

Schritt 2: Das Bild einordnen
- Nenne den Künstler des Bildes. In welchem Verhältnis stand er zum Modell?
- Nenne die Zeit der Entstehung des Bildes. Ist das Bild zur Zeit des Dargestellten (zeitgenössisch) oder später (historisch) entstanden?
- Erkläre die Symbole und Gegenstände des Gemäldes.

Schritt 3: Das Bild bewerten
- Erkläre, welche Absicht mit dem Gemälde verfolgt wurde.

Mögliche Lösung zur Auswertung von M1:

Schritt 1: Das Bild beschreiben
- der 63-jährige König Ludwig XIV. in Ganzkörperdarstellung
- selbstbewusste Haltung, stützt Arm in die Seite, blickt den Betrachter an
- rechte Hand hält Zepter, Königskrone, geschmücktes Schwert
- Kleidung kostbar (Pelz, Samt, Goldfäden), Absätze und Perücke lassen König größer erscheinen
- im Hintergrund rote Stoffe, Thron, Darstellung der Göttin der Gerechtigkeit auf Säule

Schritt 2: Das Bild einordnen
- Hofmaler Rigaud fertigte 1701 im Auftrag des Königs dieses Gemälde
- Ludwig XIV., zu dem Zeitpunkt bereits alt, hatte aufgrund von Krankheit weder Zähne noch Haare
- dargestellte Gegenstände sind Königsinsignien, stehen für Herrschaftsanspruch und Macht

Schritt 3: Das Bild bewerten
- macht die Eigenschaften eines absolutistischen Monarchen sichtbar und verständlich
- Rigaud stellt den König dar, wie er von der Welt gesehen werden möchte, ein souveräner Alleinherrscher von Gottes Gnaden

M 2 Kurfürst Max III. Joseph von Bayern, Gemälde 1767
Max III. Joseph von Bayern (1727-1777) herrschte im 18. Jh. als absolutistischer Monarch über Bayern. Der aus dem Geschlecht der Wittelsbacher stammende Kronprinz wurde hier mit allen Merkmalen eines Herrschers von Michael Hartwanger gemalt.

Aufgaben

1. Betrachte M1. Gleiche die drei Arbeitsschritte zur Analyse eines Herrscherbildes mit der Auswertung ab.
2. Analysiere M2. Wende dazu die drei Arbeitsschritte zur Interpretation eines Herrscherbildes an.

Absolutistische Hofhaltung – Schloss Versailles

Versailles als Zentrum der Macht

Versailles war ursprünglich ein kleines Jagdschloss am Rande von Paris. Ludwig XIV. baute es zu einem prächtigen Schloss aus und machte es zum Zentrum seines Landes. Die Kosten und der Bauaufwand waren extrem hoch, denn Ludwig ließ nur die teuersten Materialien verwenden, weil das Schloss Versailles als Schauplatz der Verherrlichung des Herrschers errichtet wurde. Alles, auch die riesige Gartenanlage, diente dem Ruhm des Königs, der in Gemälden, Statuen und Brunnenfiguren dargestellt wurde.

Bis zu 20 000 Menschen hielten sich ständig in dem über 2 000 Räume fassenden Gebäudekomplex auf. Hier wurden alle Regierungsentscheidungen getroffen und die Adligen mussten vor Ort sein, wollten sie nicht die Gunst und ihren letzten Einfluss auf den König verlieren. So waren sie gezwungen, nach Versailles zu ziehen. Dort investierten sie viel Geld und Zeit in das Hofleben und das strenge Hofzeremoniell. Ludwig gelang es dadurch, den Adel an sich zu binden und weiter zu entmachten.

Ludwigs Lebensweise und sein Regierungsstil wurden zum Vorbild für seine Zeitgenossen. Die europäischen Fürsten eiferten ihm nach, trugen Perücken, ließen prachtvolle Schlösser bauen und versuchten ebenso absolutistisch zu herrschen.

Info

Hofzeremoniell
Dies umfasste feierliche Vorschriften und Regeln für das Leben am Königshof. Der Tagesablauf für den König und die Höflinge war vom Aufstehen und Anziehen über das Empfangen von Bittstellern und die Abendvergnügungen genau geregelt. Alles drehte sich um die Person des Königs.

WES-112129-502
Hörszene zum Leben am Hof von Versailles

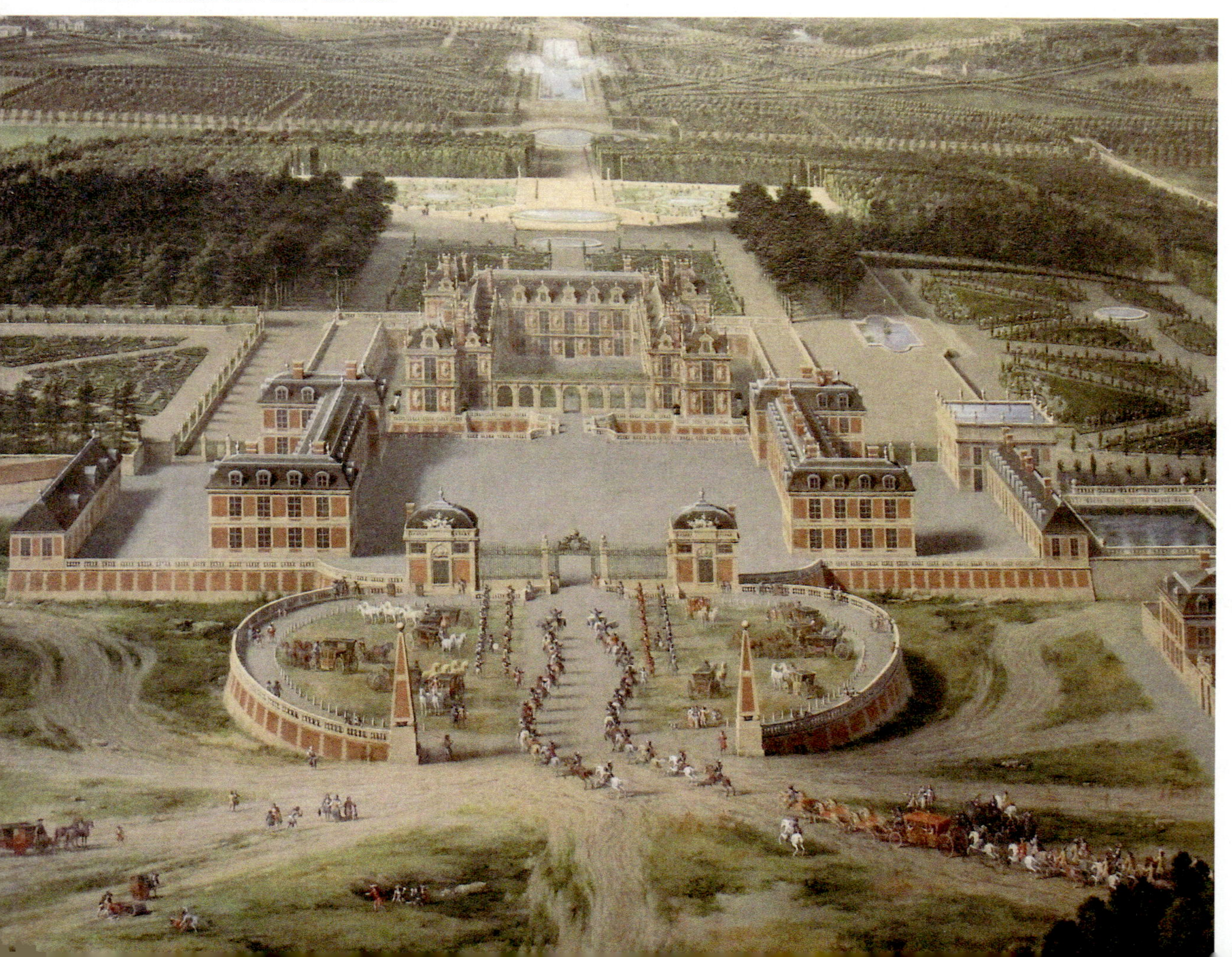

M 1 Die Schlossanlage von Versailles Gemälde von Pierre Patel 1668

M 2 Das Leben in Versailles

In einem Brief von 1671 schrieb Liselotte von der Pfalz, die mit dem Bruder von Ludwig XIV. verheiratet war:

Es herrscht hier in Versailles eine Pracht ... An Marmor und Gold wurde nicht gespart. Edelsteine, Spiegel, Edelhölzer, Teppiche, wohin du schaust, kostbare Gemälde und Statuen. Und erst die Springbrunnen, Wasserspiele und Pavillons in dem riesigen Park. Oft komme ich mir vor wie ein Vogel im goldenen Käfig. Da tänzeln mehr als 200 Hofdamen und Diener um mich herum, sodass ich keinen Schritt allein tun kann. Das ist aber nichts gegen die Dienerschaft des Königs und der Königin. Es sollen 20 000 zum Hofstaat gehören, darunter eine Leibwache von mehreren Tausend Mann, 383 Köche, 125 Sänger, 80 Pagen, 74 Kapläne, 48 Ärzte, 40 Kammerherren, 12 Mantelträger, 8 Rasierer.

Liselotte von der Pfalz: Briefe, 1811, S. 86.

M 3 Ludwig XIV. empfängt Höflinge
Gemälde von Henri Testelin 1667

M 4 Spiegelsaal von Versailles aktuelles Foto

M 5 Ludwig XIV. beginnt den Tag

Ein Herzog beschrieb die Aufstehzeremonie so:

Um acht Uhr morgens weckte der erste Kammerdiener den König. Der Leibarzt und der erste Chirurg und, solange sie lebte, die Amme des Königs traten zur gleichen Zeit ein. Die Amme küsste ihn, die anderen rieben ihn mit Tüchern ab, zogen ihm, weil er meist stark schwitzte, ein anderes Hemd an. Um Viertel nach acht rief man den Großkämmerer ... und mit ihm begannen die großen Entrées[1]. Einer von ihnen öffnete den Bettvorhang, der inzwischen wieder geschlossen worden war, und reichte dem König mit Weingeist vermischtes Wasser ... diese Herren verweilten einen Augenblick, sofern sie dem König etwas zu sagen hatten oder ihn um etwas bitten wollten ... dann gingen sie hinüber in den Sitzungssaal ... Nach kurzem Gebet rief der König und sie kamen alle wieder herein. Der Oberkämmerer brachte ihm seinen Morgenrock, während die zweiten Entrées begannen, nun erschien alles was Rang und Namen hatte.

[1] das Erscheinen von Personen

Saint-Simon, L.: Memoiren, S.331f.

Aufgaben

Das Bauwerk Schloss Versailles

1. a) Stell dir vor, du bist ein Reiseleiter. Beschreibe einem Besucher die Schlossanlage von Versailles.
   → M1, M4, Partnervortrag
   b) Erläutere, in welcher Weise das Schloss Versailles den absolutistischen Gedanken widerspiegelt.
   → M1, M2, M4

Leben im Schloss Versailles

2. a) Beschreibe das Leben am Hof von Versailles.
   → M2, M3, M5
   b) Bewerte die Aussage von Liselotte von der Pfalz: „Oft komme ich mir vor wie ein Vogel im goldenen Käfig."

Wirtschaft und Gesellschaft unter Ludwig XIV.

Die Wirtschaft wird angekurbelt

Die absolutistische Regierungsweise und der luxuriöse Lebensstil Ludwig XIV. waren sehr teuer. Finanzminister Colbert musste deshalb ständig mehr Geld für seinen König heranschaffen. Er entwickelte das System des Merkantilismus, das die Wirtschaft förderte und gleichzeitig einen entscheidenden Schritt auf dem Weg zu einem Zentralstaat leistete. Dazu erließ Ludwig XIV. folgende Maßnahmen:

- ein ertragreicheres Steuersystem,
- Vereinheitlichungen von Zöllen, Maßen und Münzen,
- Schutzzölle auf ausländische Waren,
- Ausbau von Häfen und Verkehrswegen und
- fortschrittliche Produktionsmethoden.

Fortschrittlich war das arbeitsteilige Herstellungskonzept der Manufaktur. Dort wurde die Produktion einer bestimmten Ware in Einzeltätigkeiten zerlegt und an die Mitarbeiter verteilt. Ein Arbeiter stellte z. B. in Handarbeit bei einem Stuhl die Lehnen her, ein anderer die Beine und ein weiterer die Sitzfläche. Damit konnte man schneller und billiger mehr produzieren. Wichtig war, dass sämtliche Arbeitsgänge an einem Ort konzentriert wurden. So entfielen weite und zeitraubende Transportwege. Colbert trieb diese Vorgehensweise weiter voran und unterstützte Manufakturgründungen durch Zuschüsse und Kredite, gewährte Steuerfreiheit und verteilte Prämien. Das Ziel war, Güter günstig herzustellen und teuer weiterzuverkaufen, um so große Gewinne zu erzielen.

Außerdem warb Colbert ausländische Fachkräfte an und verbesserte die Qualität der Produkte durch staatliche Kontrollen. Als Lenker der Wirtschaft war Colbert sicherlich einer der einflussreichsten Männer Frankreichs.

Info

Merkantilismus
Absolutistisches Wirtschaftssystem, in dem der Staat ganz gezielt in die Herstellung von Gütern und den Handel eingreift. Dabei steht der Verkauf von Waren ins Ausland im Mittelpunkt. Zudem soll selbst möglichst wenig Geld durch den Ankauf von Waren ausgegeben werden.

M 1 System des Merkantilismus

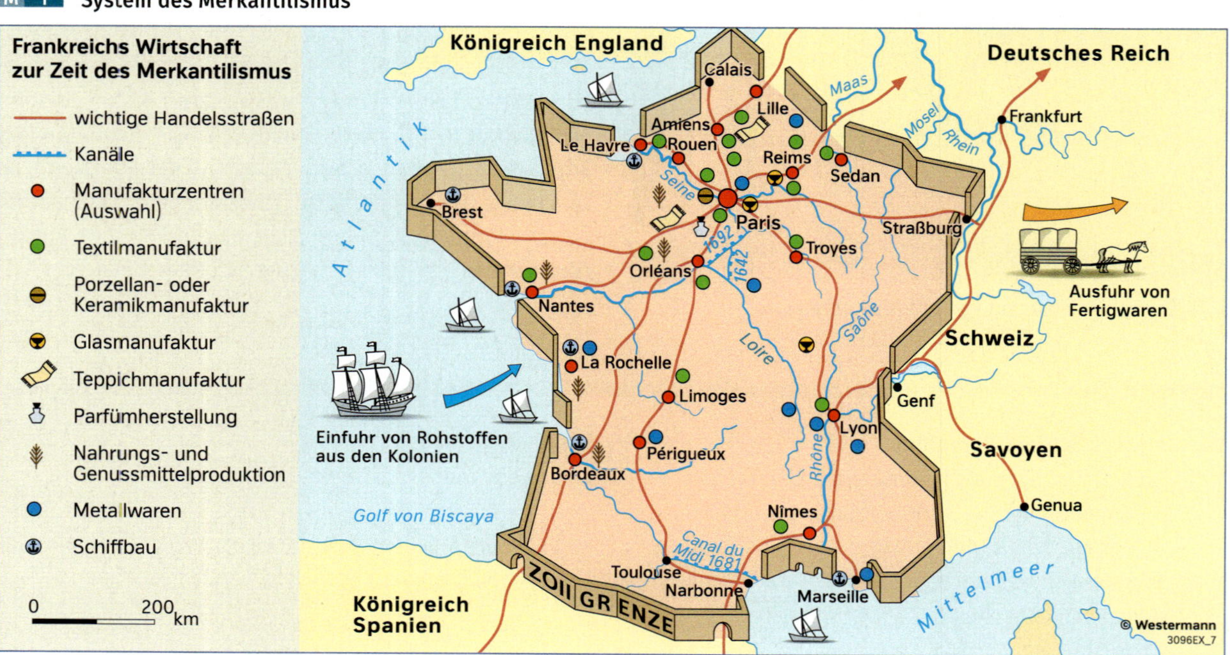

Die Lebensverhältnisse der Menschen im Absolutismus

Auch im 17. Jh. gliederte sich die französische Gesellschaft wie im Mittelalter in drei Stände. Der Klerus als erster und der Adel als zweiter Stand waren von Steuern befreit und machten zusammen weniger als 5 % der Bevölkerung aus, besaßen aber fast 60 % des Grundbesitzes. Viele Angehörige der ersten zwei Stände führten ein Leben voller Annehmlichkeiten. Der größte Teil des Volkes zählte zum dritten Stand und finanzierte mit Steuern und Abgaben das luxuriöse Leben der ersten beiden Stände. Großkaufleute, Ärzte und Anwälte zählten auch zum dritten Stand, konnten es jedoch zu Wohlstand bringen.

Die Bauern mussten von ihren Erträgen ein Drittel abgeben, selbst bei Missernten. Die adeligen Grundherren nahmen keine Rücksicht auf die Bauern. Tagelöhnern, Arbeitern und Handwerkern in den Städten erging es ähnlich schlecht. Immer wieder kam es zu Aufständen gegen die hohen Lebenshaltungskosten, die von den von Ludwig XIV. eingesetzten Beamten niedergeschlagen wurden. Viele Menschen waren arm, entkräftet und starben früh an Krankheiten.

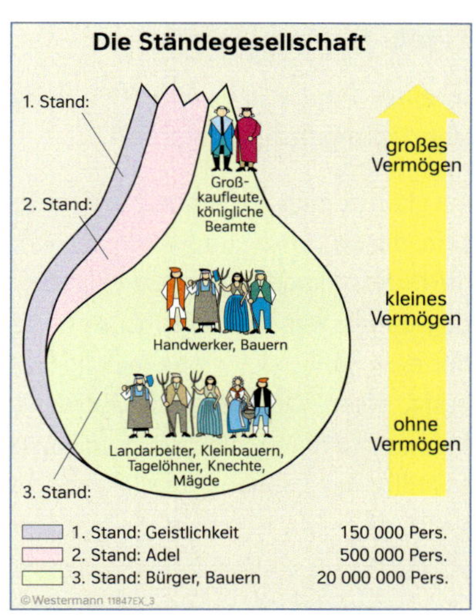

M 2 Französische Ständegesellschaft im Absolutismus

1 2 3 4 5

M 3 Pariser Stadtbevölkerung auf dem Markt Gemälde 17. Jh.

Aufgaben

Wirtschaft unter Ludwig XIV.

1. Erläutere die Bedeutung der Manufakturen für die französische Wirtschaft.
2. Erkläre das System des Merkantilismus. → M1

Gesellschaft im Absolutismus

3. Beschreibe die Ständegesellschaft zur Zeit Ludwigs XIV. → M2, Partnervortrag
4. Ordne den dargestellten Personen (1–5) auf dem Gemälde ihren Stand zu. → M3

M 4 Merkantilismus

In einer Denkschrift von 1664 erläuterte Colbert seine Überlegungen zur Wirtschaft:

Ich glaube, man wird ohne Weiteres in dem Grundsatz einig sein, dass es einzig und allein der Reichtum an Geld ist, der die Unterschiede an Größe und Macht zwischen den Staaten begründet. Was dies betrifft, so ist es sicher, dass jährlich aus dem Königreich einheimische Erzeugnisse [Wein, Weinessig, Eisen, Obst, Papier, Leinwand, Eisenwaren, Seide, Kurzwaren] für den Verbrauch im Ausland im Wert von 12 bis 18 Millionen ... hinausgehen. Das sind die Goldminen unseres Königreiches, um deren Erhaltung wir uns sorgfältig bemühen müssen. ... Je mehr wir ... den Konsum der ... eingeführten Waren verringern können, desto mehr vergrößern wir die Menge des hereinströmenden Bargeldes und vermehren wir die Macht, Größe und Wohlhabenheit des Staates. Außer den Vorteilen, die die Einfuhr einer größeren Menge Bargeld in das Königreich mit sich bringt, wird sicherlich durch die Manufakturen eine Million zurzeit arbeitsloser Menschen ihren Lebensunterhalt gewinnen.

Geschichte in Quellen, S. 448.

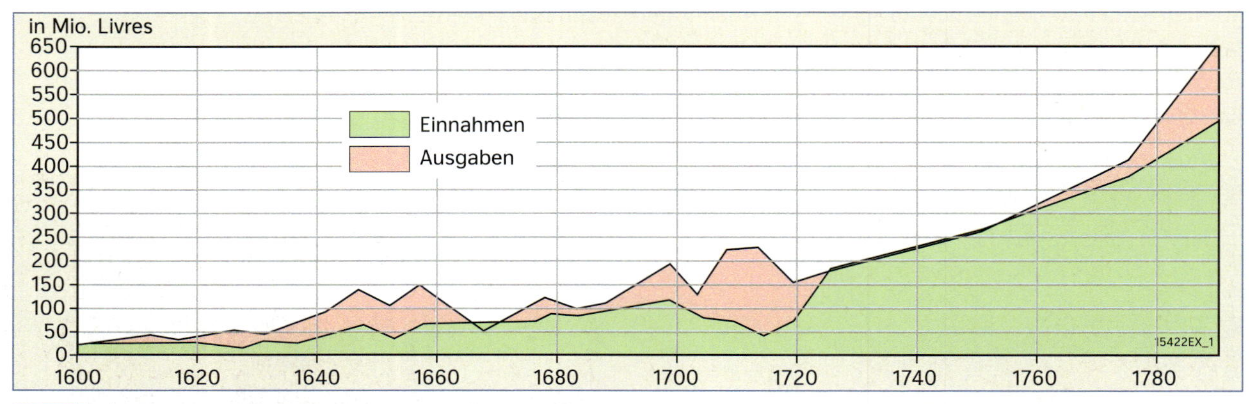

M 5 Einnahmen und Ausgaben des französischen Staates

WES-112129-503
Umrisszeichnung der Manufaktur

M 6 Spielkartenmanufaktur Gemälde um 1680

M 7 Verschwendungssucht des Adels

Ein Zeitgenosse schilderte die Zustände des Adels:

In allem liebte der König Glanz, Verschwendung, Fülle. Es war wohl berechnet, dass er die Sucht, ihm hierin nachzueifern, in jeder Weise begünstigte ... Wer alles draufgehen ließ für Küche, Kleidung, Wagen, Haushalt und Spiel, der gewann sein Wohlwollen ... Vom Hof aus hat die Verschwendungssucht Paris, die Provinzen, das Heer ergriffen. Man schätzt jeden, der eine gewisse Stellung einnimmt, nur noch nach seinem Aufwand in Küche und Haus ein ... Alle Stände sind in heillosem Durcheinander.

Weigand, W.: Der Hof Ludwigs XIV., S. 446f.

M 9 Adlige beim Essen zeitgenössisches Gemälde 18. Jh.

M 8 Das Leben des dritten Standes

Der Baumeister Vauban, der auch am Schloss Versailles für Ludwig XIV. arbeitete, richtete 1698 an den König eine Denkschrift:

Ich fühle mich verpflichtet, Seiner Majestät vorzutragen, dass in Frankreich nicht genügend Rücksicht auf das niedere Volk genommen [wird] ... Es ist die unterste Schicht des Volkes, die durch ihre Arbeit, ihren Handel und ihre Abgaben das Königreich bereichert. Durch ihre Zahl und ihre nützlichen Dienste für den Staat ist sie die bedeutendste Schicht, aber sie wird verachtet ... sie trägt alle Last, hat gelitten und leidet noch.

De Vauban, S.: Projet, S. 18. (verändert)

M 10 Bauern beim Essen Gemälde von L. le Nain 1642

Aufgaben

Merkantilismus

1. Schildere Colberts Vorgehen in der Wirtschaftspolitik und ihr Ergebnis. → M4, M5
2. a) Vergleiche Einnahmen und Ausgaben des französischen Staatshaushaltes. → M5
   b) Beurteile das Ergebnis im Hinblick auf Colberts Aussagen.
3. a) Beschreibe die einzelnen Arbeitsschritte in der Spielkartenmanufaktur.
   → M6, Tipp: Die Umrisszeichnung im Webcode kann dir dabei helfen.
   b) Erläutere die Vorteile dieser Vorgehensweise. → M6

Lebensverhältnisse

4. Beschreibe die Lebensweise der Adligen.
   → M7, M9, Placemat
5. Vergleiche Aussehen und Kleidung der Menschen des zweiten und des dritten Standes und lege dazu eine Tabelle an. → M9, M10

	Aussehen	Kleidung
2. Stand (Adel)		
3. Stand (Bürger/ Bauern etc.)		

6. Erläutere die Probleme des dritten Standes. → M8

Geschichte erzählen

Stell dir vor, du hättest vor 250 Jahren im absolutistischen Frankreich gelebt. Wer wärest du gewesen? Welche Träume und welche Sorgen hättest du gehabt? So wie heute gab es auch damals Menschen in verschiedenen Lebensumständen, die jeden Tag aufs Neue arbeiten, entscheiden und handeln mussten. Nun hast du hier die Möglichkeit, einer von ihnen zu werden. Bereitet ein Rollenspiel vor.

Du bist die Nonne **Véronique Cluny**. Du betreust und erziehst Waisenkinder. Ihre Zahl vergrößert sich aufgrund der Not der Menschen ständig. Du bist fromm und dem Bischof gehorsam, siehst aber auch das Elend der Armen und hast Mitleid mit ihnen.

Du bist **Jean Vagabonde** und arbeitest zur Saat- und Erntezeit bei Großbauern. Früher hattest auch du einen Hof. Doch als du die Abgaben nicht mehr zahlen konntest, fiel er an den Grafen zurück. Jetzt hast du nur zweimal im Jahr Arbeit, den Rest der Zeit ziehst du umher. Der Hunger macht dich oft zum Dieb.

Du bist der wohlhabende **Charles Longue**, dir gehört eine Tuchfabrik und ein großes Wohnhaus in einem feinen Pariser Stadtviertel. Obwohl du Geld genug hast, ärgern dich die Steuern und die Wirtschaftspolitik des Königs: Er hat die Zölle für die Einfuhr englischer Tuche gesenkt, aber England lässt französische Stoffe nicht ins Land. Dich ärgert, dass der König alles allein bestimmt.

Du bist der Anwalt **Hugo Jure**. Deine wirtschaftliche Situation ist gut, denn deine Kundschaft besteht aus wohlhabenden Bürgern. Zufrieden bist du trotzdem nicht. Du meinst, dass Menschen, die viel für die Gesellschaft leisten, auch politisch mitentscheiden sollten. Das dürfen zurzeit aber nur die, die das Glück haben, aus einer adligen Familie zu kommen.

Du bist die Marktfrau **Suzanne Fleuris** und verkaufst Obst und Gemüse auf den Pariser Märkten, um deine vier Kinder am Leben zu erhalten. Dein Mann ist tödlich verunglückt. Die hohen Brotpreise bringen euch an den Rand des Verhungerns. Ihr wohnt alle in einem Zimmer und du hast sogar noch ein Bett vermietet, aber es reicht nicht.

Du bist die **Marquise de Maronne** und gehörst zum Hofadel des Königs. Du bist auf seine Gunst und Zahlungen angewiesen und strebst danach, ihm positiv aufzufallen. Dein Leben ist bestimmt von Festen, Ballkleidern und dem „süßen Leben" in Versailles.

Aufgaben

1. Bildet Gruppen und verteilt die Rollen.
2. Führt Rollenspiele durch, z. B.:
   a) Schreibt in eurer Rolle einen kurzen Brief an den König (Beschwerde / Danksagung / Schmeichelei ...).
   b) Stellt euch vor, eure Figuren treffen sich an Ostern nach dem Kirchenbesuch zum Plaudern. Worüber würdet ihr reden? Welche Sorgen und Nöte teilt ihr?
   c) Der König will erneut die Steuern erhöhen. Trefft euch nach Ständen in verschiedenen Ecken der Klasse und diskutiert. Wie wollt ihr darauf reagieren?

Du bist der **Fürst Dobbanay** und lebst mit deiner Familie und den Bediensteten auf einem deiner Schlösser. Ihr lebt verschwenderisch von den Erträgen deiner riesigen Ländereien.

Du bist die Wäscherin **Charlotte Ariel**. Du wäschst auf den Pariser Waschkähnen die Wäsche der Reicheren. Dort erfährst du viel Neues, denn Waschfrauen aus ganz Paris treffen sich hier. Du lebst trotz der harten Arbeit ganz gut. Aber durch die letzte Steueranhebung sind auch die Preise für Seife drastisch gestiegen.

Du bist der **Graf von Alsace** und lebst auf deinem Landsitz. Die Abgaben der Bauern sichern dir nicht den Lebensstil, den du gern hättest. Deine weit verzweigte adlige Verwandtschaft soll nicht merken, dass du gar nicht so reich bist, wie du tust. Deswegen hast du deine Tochter mit einem reichen Fabrikanten verheiratet und dir von ihm Geld geborgt.

Du bist **Jérôme Taxis**, ein hoher Steuerbeamter des Königs. Du bist verantwortlich für die Steuereintreibung in einer Provinz. Von den eingezogenen Steuern für den König darfst du einen bestimmten Prozentsatz für dich behalten. Daher hast du viel Geld. Du bist nicht von Adel, dennoch akzeptierst du die bestehende Ordnung, da sie dir viele Vorteile bringt.

Du bist **Françoise Paysanne** mit sieben Kindern. Dein Mann hat einen kleinen Acker, eine Kuh und ein klappriges Pferd. Ihr schuldet eurem Grundherrn 168 Pfund Hafer und vier Hühner. Auch die Steuern drücken sehr. Doch woher sollen alle diese Abgaben kommen?

Du bist **Luc Travailleur** und Arbeiter in einer Fabrik. Dort machst du die Drecksarbeit. Du lebst in einem Elendsviertel und kannst von deinem Lohn gerade Miete und Brot bezahlen. Wenn der Brotpreis steigt, reicht das Geld nicht.

Du bist der Bischof **Pierre Gourmet** und gehörst zur hohen Geistlichkeit. Du besitzt ein Schloss und mehrere Klöster. Deine Bauern zahlen dir den Zehnten. Das meiste behältst du selbst, einen Teil gibst du (freiwillig!) an den Staat ab. Der Erhalt der Kirchen kümmert dich wenig. Du interessierst dich mehr für die Verschönerung deines Schlosses. Für die Armen hast du ein Hospital errichtet. Viel Geld steckst du nicht hinein.

Du bist ein Bauer mit Landbesitz und heißt **Jacques Bonhomme**. Du bist der reichste Bauer des Dorfes und hast dort viel Einfluss. Kleinen Bauern hilfst du mit Pferd und Wagen aus – für Gegenleistungen, versteht sich. Den Kirchenzehnten findest du gut, aber die Steuern des Königs für Getränke, Salz und Schinken ärgern dich sehr. Auch dass dein Grundherr noch über das Markt- und Mühlrecht verfügt, empört dich – du willst dein Getreide selber und teurer verkaufen.

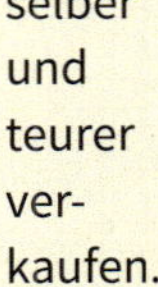

Absolutismus in Bayern

M 1 Maximilian II. Emanuel von Bayern (1662-1726) Ölgemälde 1706

Max Emanuel von Bayern

Maximilian II. Emanuel kam aus der Adelsfamilie der Wittelsbacher und wurde 1679 Kurfürst von Bayern. Die Idee des Absolutismus fand auch in Max Emanuel einen Anhänger und er versuchte, wie der französische König Ludwig XIV., seine Alleinherrschaft in barocker Pracht in Bayern zu verwirklichen. Doch durch die hohen Kosten der Hofhaltung und des stehenden Heeres war er stets in finanziellen Nöten.

Er war ehrgeizig und machte sich in zahlreichen Schlachten einen Namen als unerschrockener Feldherr. Sein Ziel war die Erringung der Königswürde. Dazu verwickelte er sein Land in zahlreiche europäische Kriege und verschiedene Bündnisse, wurde aber vom Kaiser nicht mit der Königskrone belohnt.

Info

Barock
Kunst- und Kulturepoche im 17. und 18. Jh. Stilelemente des Barock waren viele ovale und geschwungene Formen, üppige Dekorationen und wertvolle Materialien. Die Auftraggeber, adlige oder geistliche Herrscher, wollten sich mit den Kunst- und Bauwerken selbst verewigen und ein sichtbares Zeichen ihrer Macht hinterlassen.

Versailles als Vorbild für Schloss Nymphenburg

Die Mutter Max Emanuels ließ sich Nymphenburg als Sommerresidenz anlegen. Zunächst wurden das Schloss und der Park behutsam vergrößert. Ab 1715 begann dann der Ausbau zur barocken Schlossanlage, welche schon zu ihrer Entstehungszeit berühmt war. Kostbare Materialien, barocke Formgebung und weitläufige Räumlichkeiten betonen die gewollte Verwandtschaft mit Versailles. Gemeinsam mit dem Schloss Schleißheim gehört es heute zu den bekanntesten Barockanlagen Deutschlands. Mittelpunkt bilden hier die symmetrisch angelegten Wasserbecken mit Springbrunnen und Wasserspielen nach dem Vorbild von Versailles.

M 2 Schloss Nymphenburg aktuelles Panoramafoto

M 3 Schloss und Gartenanlage von Nymphenburg Aquarell von Johann Adam von Zisla 1723

M 4 Paradeschlafzimmer des Kurfürsten
Wie Ludwig XIV. richtete Max Emanuel Prunkschlafzimmer ein, um das Zeremoniell des Aufstehens des Herrschers zu vollziehen.

M 5 Festsaal im Schloss Nymphenburg
umgestaltet 1756/57 durch François Cuvilliés; Stuck und Fresken von Johann Baptist Zimmermann

Aufgaben

Max Emanuel

1. Vergleiche die Darstellung Max Emanuels auf dem Gemälde M1 mit der Darstellung Ludwigs XIV. auf Seite 156. Benenne Ähnlichkeiten und Unterschiede.
2. a) Recherchiere den Lebensweg Max Emanuels und fasse ihn in einem Steckbrief zusammen.
   b) Vergleiche seine Herrschaft mit der Ludwigs XIV. und benenne Unterschiede und Gemeinsamkeiten. Folgende Fragen können dir dabei helfen: Welches Ziel verfolgten die Herrscher? Wie demonstrierten sie ihre Macht? Welche Probleme ergaben sich daraus?

Schloss Nymphenburg

3. a) Beschreibe die Schlossanlage von Nymphenburg. → M2, M3
   b) Benenne mithilfe des Infotextes barocke Elemente in Einrichtung und Gestaltung. → M2, M3, M4, M5
   c) Vergleiche Schloss Nymphenburg mit dem Schloss Versailles. → M1 auf Seite 158

M 1 **Zerstörung des Heidelberger Schlosses** Gemälde 1689

Hegemonie und Balance of Power

Kampf als Mittel der Politik

Ludwig XIV. wollte Frankreich zum mächtigsten Land in Europa machen. Es sollte die Vormacht, die **Hegemonie**, über andere Fürsten und deren Ländereien, innehaben. Dabei wurde die Androhung von Krieg und sogar der Krieg selbst für den französischen König immer mehr zu einem selbstverständlichen Mittel der Politik.

Zu diesem Zweck benötigte Ludwig ein ständig bereites Heer, das zunehmend vergrößert werden musste, um die vielfältigen Eroberungspläne des Königs durchführen zu können. Den Krieg gegen die spanischen Niederlande rechtfertigte Ludwig durch seine Frau, eine spanische Prinzessin. Er behauptete, dass er dadurch Ansprüche auf diese Gebiete habe. Dann zog er mit einer riesigen Armee von 120 000 Soldaten direkt gegen die Vereinten Niederlande.

Erst als die Holländer ihre Schleusen öffneten und ihr Land unter Wasser setzten, konnten sie den französischen Vormarsch stoppen. Obwohl die europäischen Mächte Frankreich gemeinsam Einhalt geboten, konnte es im Frieden von Nimwegen (1679) seinen Besitz vergrößern.

Eine andere Methode praktizierte der Sonnenkönig im Elsass. Er ließ alte Urkunden nach Gebieten durchsuchen, die früher einmal französisch waren, und meldete seine Ansprüche darauf an. Elsass und auch Straßburg fielen so in seine Hände. Er nannte diese Aktion „Reunion" – Wiedervereinigung.

Der geschwächte Kaiser des Heiligen Römischen Reiches hatte nicht die Macht, sich gegen dieses Vorgehen zu wehren.

Allianz gegen Ludwig

Als der Kurfürst der Pfalz starb, hatte Ludwig XIV. wieder einen Anlass für einen Krieg gefunden. Für seinen Bruder, der mit Liselotte, der Schwester des verstorbenen Kurfürsten, verheiratet war, forderte er die Pfalz. Dem schnellen Vordringen der französischen Truppen folgte ein umfassendes Bündnis gegen Ludwig: England, die Niederlande, Spanien, Österreich, Schweden und viele deutsche Fürsten wollten dieses Vorgehen nicht hinnehmen. Beim Rückzug befahl der französische Kriegsminister die Zerstörung der aufgegebenen feindlichen Gebiete: Worms, Mannheim, Speyer und andere Städte wurden zerstört. Die Ruine des Heidelberger Schlosses gibt heute noch Zeugnis dieses Vorgehens. Die entscheidende Schlacht fand 1692 auf dem Meer statt. Ludwigs Flotte verlor gegen die englischen und niederländischen Schiffe. Mit dem Spanischen Erbfolgekrieg von 1701 bis 1714 endete Frankreichs Traum von der Hegemonie in Europa.

Die Mächte im Gleichgewicht – Balance of Power

Dass Ludwig XIV. letztendlich das Prinzip der Hegemonie nicht verwirklichen konnte, lag vor allem an der Politik Englands. Immer wieder schlossen die Engländer Bündnisse mit anderen Mächten, um so der Vorherrschaft Frankreichs Einhalt zu gebieten. Für die führende See- und Handelsmacht, die geografisch vom Festland getrennt war, war es von enormer Bedeutung, durch Diplomatie, Geldzahlungen oder durch Truppen Einfluss auf die europäischen Mächte zu nehmen. So verbündete sich England z. B. im Spanischen Erbfolgekrieg mit den Habsburgern, um eine Übermacht Frankreichs zu verhindern. Ihre Vorstellung von einem Gleichgewicht der Mächte (Balance of Power), also dass in Europa eben kein Land die Vorherrschaft ausübt, prägte über Jahrhunderte die englische Außenpolitik.

Bilanz eines absoluten Herrschers

Am 1. September 1715 um 8.15 Uhr starb Ludwig XIV. in seinem Bett. Er war 76 Jahre alt und seit 72 Jahren König. Man zog dem Leichnam frische Wäsche an und setzte ihn aufrecht ins Bett. Dann wurde die Tür zum Schlafgemach geöffnet und sein Hofstaat konnte ihm die letzte Ehre erweisen und an ihm vorbeiziehen. Trotz großer und auch erfolgreicher Anstrengungen, die Wirtschaftskraft Frankreichs zu erhöhen, war das Land finanziell ruiniert. Die vielen Kämpfe mit Nachbarstaaten, die vielen Soldaten, all dies kostete Unsummen. Und doch hatte er es nicht geschafft, sein Land zur führenden Macht in Europa zu machen.

Die Bevölkerung litt Hunger und hatte für den Prunk des Sonnenkönigs wenig übrig. So wurde gejubelt, als die Nachricht seines Todes die Provinzen Frankreichs erreichte. Nur das Ausland blieb von seinem Prunk geblendet, verfolgte weiterhin eine absolutistische Politik und ahmte Versailles und das französische Hofzeremoniell nach.

M 2 Das zerstörte Schloss in Heidelberg aktuelles Foto

Info

Spanischer Erbfolgekrieg (1701–1714)

Nachdem in Spanien König Karl II. (habsburgische Linie) ohne Kinder verstarb, stritten sich die Habsburger und das französische Königshaus um den Thron. Letztendlich wurde dann Philipp V. aus Frankreich Nachfolger von Karl II. Jedoch konnten sich die Franzosen nicht als Gewinner sehen, da vor allem Großbritannien, das auf Seiten der Habsburger kämpfte, als Seemacht mehr Einfluss bekam.

Konfliktparteien	
England, Vereinigte Niederlande	Spanien, Frankreich
Truppenstärke	
32 engl. Linienschiffe, 13 niederl. Linienschiffe, 10 012 Seeleute	15 Linienschiffe, 3 Kriegsgaleonen, 3 Fregatten, 5 kleinere Schiffe, 10 790 Seeleute
Verluste	
800 Tote	2000 Tote

M 3 Bilanz der Seeschlacht bei Vigo im Spanischen Erbfolgekrieg

Aufgaben

Hegemonie

1. Beschreibe die Gründe für Ludwigs Vorgehen im Pfälzischen Krieg.
2. Beurteile, welche Folgen die Politik der Hegemonie für die betroffenen Menschen haben konnte. → M1

Balance of Power

3. Stelle dar, mit welchen Mitteln die Balance of Power umgesetzt worden ist.

M 4 Das Vorgehen im Elsass

Der Kriegsminister Louvois schrieb an den Intendanten[1] im Elsass:

Ich benötige eine sehr sogfältige Übersicht, aus der ich die Namen aller Ortschaften ersehen kann, die im Jahre 1672 noch nicht im Besitz des Königs waren und die zwischen dem Bistum Basel, ..., dem Rhein, der Saar und den Gebieten des Kurfürsten von der Pfalz liegen ..., desgleichen was Ihnen von Souveränitätsansprüchen auf diese Gebiete bekannt ist.

[1] Verwalter

Geschichte in Quellen, S. 522.

M 6 Kriegserklärung

Ludwig XIV. an die Vereinigten Niederlanden vom 6. April 1672:

Das Missfallen Seiner Majestät über das Betragen, das die Generalstaaten der Vereinigten Niederlande seit einiger Zeit ihm gegenüber an den Tag gelegt haben, hat sich so gesteigert, dass Seine Majestät ohne Minderung seines Ruhmes nicht länger seine Empörung über eine Handlungsweise verbergen kann ... Seine Majestät erklärt daher hiermit, dass er sich entschlossen hat, die Generalstaaten der Vereinigten Niederlande zu Meer und zu Lande mit Krieg zu überziehen ...

Geschichte in Quellen, S. 515.

M 5 Zu Straßburg auf der Schanz, Liedtext, 18. Jh.

Gekämpft wurde in dieser Zeit in geschlossener Formation, um u. a. die Fahnenflucht zu verringern. Dennoch versuchten Soldaten die Truppe zu verlassen, um sich dem ungeliebten Dienst zu entziehen:

Zu Straßburg auf der Schanz, da fing mein Unglück an;
da wollt ich den Franzosen desertieren und wollte es bei den Preußen probieren; ei das ging nicht an.
Eine Stund wohl in der Nacht habens mich gefangen bracht;
sie führten mich vors Hauptmanns Haus:
O Himmel, was soll werden draus! Mit mir ists aus! ...
Ihr Brüder alle drei, ich bitt, schießt allzugleich!
Verschont mein junges Leben nicht, schießt, dass das rote Blut rausspritzt, das bitt ich euch!

Otto, U./König, E.: Ich hatt einen Kameraden, S. 205.

M 7 Zitat des Königs

Ludwig XIV. an den Oberbefehlshaber der Ostgrenze:

Ihr Land zu vergrößern ist die würdigste und angenehmste Beschäftigung des Herrschers.

Zit. nach: von Flocken, J.: Als Frankreichs Armeen Deutschland verwüsteten.

M 8 Frankreichs Nordostgrenze vom 16. Jh. bis zum Tod Ludwigs XIV.

M 9 Die Zerstörung Heidelbergs

Der Historiker Frieder Hepp fasst die Zerstörung der Stadt am 22. Mai 1693 folgendermaßen zusammen:

An diesem Tag vollendeten die Truppen des französischen Sonnenkönigs unter ihrem Brigadier[1] Mélac das Zerstörungswerk, das sie vier Jahre zuvor ... begonnen hatten. Nachdem ihnen die Stadt kampflos in die Hände gefallen war, pferchte man die Bevölkerung in der Heiliggeistkirche zusammen und setzte die Kirche in Brand. Auf dem Schloss sprengte man den Pulverturm, der zusammen mit den übrigen Gebäuden des Areals und den Häusern der Stadt in hellen Flammen aufging.
Die Stadt und ihre Bewohner wurden Opfer des großen Brandes, der viele Häuser bis auf die Keller zerstörte. Auf der Suche nach Beutegut und verwertbarem Metall öffnete man sogar die kurfürstlichen Gräber und warf die Gebeine der Bestatteten auf die Straße.

[1] höherer Offizier

Hepp, F.: Medaille auf die Zerstörung Heidelbergs.

M 10 Gewinner und Verlierer im Spanischen Erbfolgekrieg

Zum Spanischen Erbfolgekrieg finden sich viele Bewertungen von heutigen Wissenschaftlern. Der Historiker Heinz Duchhardt beurteilt die Ergebnisse des Erbfolgekrieges folgendermaßen:

Die ... Bestimmungen des Friedens bezeugen eine nachhaltige Verschiebung der Gewichte in Europa: Manche bisherigen Großmächte (Niederlande, auch Spanien) mussten ins zweite Glied zurücktreten und die Führungsrolle Großbritannien überlassen, das letztlich für diesen Frieden die Verantwortung trug (und sich dieser Verantwortung auch in der Zukunft nicht entziehen sollte). Schließlich zeigen die Vorgeschichten des „Kongresses“ und die Texte der Friedensverträge, dass sich in Europa eine neue politische Philosophie durchgesetzt hatte: das Denken in der Kategorie „Europa“, dessen Ruhe und Stabilität wiederhergestellt werden müsse, kam ebenso auf den Tisch wie die an sich ältere Leitvorstellung vom Gleichgewicht der Kräfte in Europa, der „Balance of Power“, der sich jede nationale Außenpolitik unterordnen müsse.

Duchhardt, H.: Staatenkonkurrenz und Fürstenrivalität, S. 9.

M 11 Der Herzog Saint-Simon über das Ende Ludwigs XIV.

In seinen Erinnerungen beschrieb der Zeitgenosse die Reaktionen auf den Tod des Königs:

Der Hof teilte sich in zwei Lager; die einen voller Hoffnung ..., sich einmischen zu können, und also beglückt über das Ende eines Regimes, unter dem sie nichts zu erwarten gehabt; die anderen, des lastenden, drückenden Jochs ... seit Langem überdrüssig, seufzten erleichtert auf ..., kurzum, alle waren froh, endlich von diesem Zwang erlöst zu sein ..., Paris, der lähmenden Abhängigkeit seit Langem müde, atmete auf in der Hoffnung auf einige Freiheit ... Die Provinzen, die über ihren Ruin und ihr langsames Dahinsiechen bereits schier verzagten, schöpften neuen Mut und bebten vor Lebensfreude; die Parlamente und sämtliche Angehörige des Richterstandes, denen durch Edikte und Erlasse die Hände gebunden waren, schmeichelten sich, nun wieder Geltung und Ansehen zu erlangen. Das ausgeblutete, unterdrückte, verzweifelte Volk dankte Gott in fast schon anstößigen Kundgebungen für eine Befreiung ... Europa, das hochbeglückt war, nach so vielen Jahrzehnten endlich eines Monarchen ledig zu sein, der ihm so lange sein Gesetz aufgezwungen.

Die Memoiren des Herzogs von Saint-Simon, S. 338.

Aufgaben

Hegemonie

1. Erkläre das Vorgehen Frankreichs bei den „Vereinigungen“ (Reunionen). → M4, M8
2. a) Erläutere, welche Folgen die Desertion für den Soldaten nach sich zog. → M5
   b) Beurteile das Zitat des Königs vor dem Hintergrund der Kriegserklärung. → M6, M7
3. Erläutere, warum die einzelnen Bevölkerungsgruppen erleichtert über Ludwigs Tod waren. → M11
4. Beurteile die Vorgehensweise der Franzosen bei der Zerstörung Heidelbergs. → M9

Balance of Power

5. a) Erkläre den Begriff „Balance of Power“. → M10
   b) Lege dar, welche „Weichen für die Zukunft“ der Friedensschluss stellte. → M10

Die Belagerung Wiens

Expansion des Osmanischen Reiches

Die Osmanen waren stets darauf bedacht, ihr Reich zu erweitern und zu festigen. Ende des 17. Jh. hatte deren Expansionspolitik den Höhepunkt erreicht. Nach der Eroberung von Teilen Ungarns schien den Osmanen Wien, als Hauptsitz der mächtigen Habsburger, zum Greifen nahe. Dabei stand nicht nur die Eroberung Wiens als Handelsstandort im Mittelpunkt, sondern auch die Stadt in ihrer Eigenschaft als christlicher Vorposten im Osten Europas.

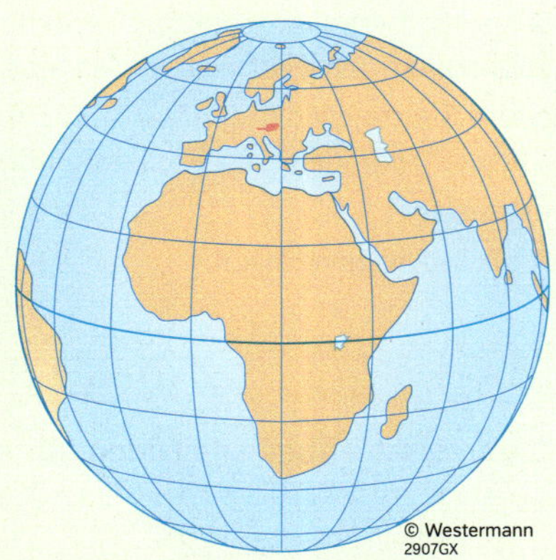

M 1 Lage von Österreich
zur Verortung von Wien

WES-112129-504
Film über die Belagerung Wiens

Die Belagerung Wiens

Im Sommer 1683 standen dann die osmanischen Truppen vor den Toren Wiens. Über zwei Monate dauerte die Belagerung der Stadt, bei der über 120 000 Soldaten Wien erobern wollten. Belagerungsgräben und Minen wurden eingesetzt, das Umland verwüstet. Doch die vereinten Kräfte des Heiligen Römischen Reiches, Polens und v.a. auch Bayerns, unter dem Kommando des Kurfürsten Max Emanuel, konnten im September die Osmanen zum Rückzug zwingen.

Die Westerweiterung des Osmanischen Reiches war bis auf Weiteres gestoppt. Die Habsburger konnten durch diesen Erfolg ihre Stellung als europäische Großmacht ausbauen.

M 2 Belagerung Wiens
zeitgenössisches Gemälde von Frans Geffels

Aufgaben

1. Beschreibe die Gründe für die Belagerung Wiens.
2. Benenne die Auswirkungen dieses Konflikts.

1600 n. Chr. 1620 1640 1660 1680 1700 1720 1740 1760 1780 1800

1618
Prager Fenstersturz

1618–1648
Dreißigjähriger Krieg

1648
Westfälischer Friede

1661–1715
Ludwig XIV.

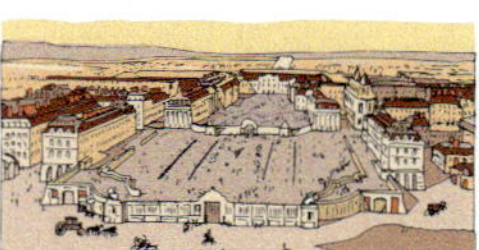

17./18.Jh.: Verbreitung des Absolutismus in Europa

Der **Dreißigjährige Krieg (1618–1648)**, eine Auseinandersetzung der Konfessionen, aber auch um Politik und Macht, die in der Mitte Europas stattfand, stellt für Deutschland eine der Katastrophen seiner Geschichte dar. Erst im **Westfälischen Frieden** von 1648 gelang es, Regelungen zu finden, die ein friedliches Zusammenleben zwischen den Konfessionen ermöglichten. Doch auch in der Folgezeit wurde immer wieder um die Frage des richtigen Glaubens gerungen.

In Frankreich entstand unter König Ludwig XIV. der **Absolutismus**. Er regierte mit uneingeschränkter Macht. Er allein bestimmte über das Land, das Militär, erließ Gesetze und urteilte gleichzeitig als oberster Richter. Der Sonnenkönig Ludwig XIV. wurde zum Vorbild für andere Herrscher, wie die Verbreitung des **Absolutismus in Europa im 17. und 18. Jh.** zeigt. Allerdings war der finanzielle Aufwand für Hofhaltung und das stehende Heer enorm. Um mehr Geld für den König zu erwirtschaften, griff der Minister Colbert mit dem Merkantilismus gezielt in die französische Wirtschaft ein.

In einer Reihe von Auseinandersetzungen stritten die europäischen Mächte, v. a. Frankreich, England und das Heilige Römische Reich, um die Vormachtstellung in Europa. Diese Politik der **Hegemonie** gefährdete den brüchigen Frieden auf europäischem Gebiet. Mit der „Balance of Power“, einer Ausgewogenheit der Macht, wurde versucht, dem entgegenzuwirken.

Lesetipps

- Tilman Röhrig: In dreihundert Jahren vielleicht. Gegen das Elend des Dreißigjährigen Krieges setzt der 15-jährige Jockel seine Liebe zu Katharina und Hoffnung auf Frieden.
- Anne-Marie Desplat-Duc: Charlotte, die Rebellin. Am Hof des Sonnenkönigs. In Versailles erlebt ein Mädchen Abenteuer im Hofstaat.
- Hauke Kock: Tatort Geschichte. Intrige am Hof des Sonnenkönigs. Ein Ratekrimi um Ludwig XIV.

Filmtipps

- Die Deutschen. Wallenstein und der Krieg. Dokumentation über den Dreißigjährigen Krieg und um die politische und religiöse Vorherrschaft in Europa.
- Die Gärtnerin von Versailles, 2014. Eine Landschaftsgärtnerin soll für Ludwig XIV. einen neuen Barockgarten anlegen und gerät in die Intrigen des Hofes.
- ARD Mediathek: Der Staat bin ich - Absolutismus und Merkantilismus.

1. Der Dreißigjährige Krieg

M 1 **Gemälde von Wenzel von Brozik 1889**

M 2 **Roman „Der abenteuerliche Simplicissimus“**

Der Dichter Grimmelshausen beschrieb, wie er als Kind einen Überfall erlebte (1668):

Die Reiter durchstürmten das Haus ... machten von Tuch, Kleidern und allerlei Hausrat große Packe ... Andere schlugen Ofen und Fenster ein. ... Den Knecht legten sie gebunden auf die Erde, steckten ihm ein Querholz in den Mund und schütteten ihm einen Melkkübel voll garstiger Mistjauche in den Leib – das nannten sie einen schwedischen Trunk. ... Nun fing man an, die Feuersteine von den Pistolen loszuschrauben und dafür meine Mutter und Schwester die Daumen festzuschrauben und die armen so zu foltern.

von Grimmelshausen, H. J.: Der abenteuerliche Simplicissimus. Zit. nach: gutenberg.spiegel.de (sprachl. vereinfacht)

Ich kann ...

a) den Anlass und die Gründe für den Ausbruch des Dreißigjährigen Krieges nennen. → M1

b) die Folgen und das Elend für die Menschen während des Dreißigjährigen Krieges beschreiben. → M2

c) die Bedeutung des Westfälischen Friedens erläutern.

2. Absolutismus in Frankreich

Ich kann ...

a) die Stützen der absolutistischen Herrschaft erklären. → M3

b) das politische System des Absolutismus erläutern.

c) die Herrschaft Max Emanuels mit der von Ludwig XIV. vergleichen. → M4

M 3 **Stützen der Macht des Absolutismus**
grafische Darstellung

M 4 **Der bayerische Kurfürst Max Emanuel**
Gemälde um 1700

3. Absolutismus und Barock in Bayern

Ich kann ...

a) den Vorbildcharakter des französischen Absolutismus für andere Fürsten beschreiben. ⤻ M5
b) die Stilrichtung des Barocks erkennen.
c) einzelne barocke Elemente beschreiben.

M 5 Schloss Nymphenburg
Gemälde von Canaletto 1661

4. Hegemonialpolitik in Europa

M 6 Europa um 1700

Ich kann ...

a) die konkurrierenden Mächte in Europa benennen. ⤻ M6
b) die Gefahr der hegemonialen Außenpolitik für den europäischen Frieden beschreiben.
c) den Begriff „Balance of Power" einordnen.

WES-112129-505
Lösungen zum Kompetenzcheck

06

BAUWERKE ALS AUSDRUCK POLITISCHEN UND RELIGIÖSEN DENKENS

Historische Bauwerke sind noch heute an vielen Orten zu finden. Teilweise hat sich aber mit der Zeit ihre Funktion oder Bedeutung verändert. Gemeinsam haben diese Gebäude, dass sie zur Zeit ihrer Entstehung häufig Ausdruck politischer oder religiöser Herrschaft und Überzeugungen ihrer Bauherren waren. Deshalb können diese Bauwerke auch heute noch als Quelle für ihre Bauzeit genutzt werden, um Aufschluss über das Selbstverständnis ihrer Bauherren, das Herrschaftsverständnis oder die gesellschaftliche Ordnung ihrer Zeit zu gewinnen.

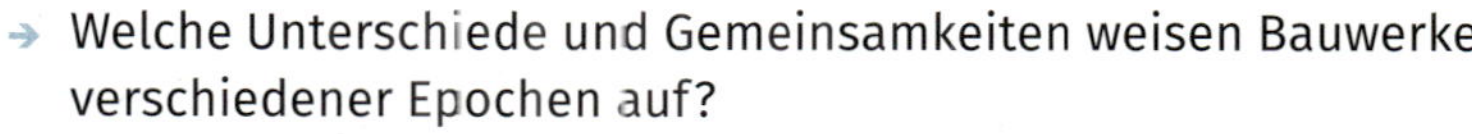

- Welche Unterschiede und Gemeinsamkeiten weisen Bauwerke verschiedener Epochen auf?
- In welcher Form wird mit Bauwerken Macht ausgedrückt?
- Anhand welcher Kriterien können Bauwerke als Quellen näher untersucht werden?
- Aus welchen Gründen verändern sich Bauwerke mit der Zeit?
- Was macht historische Gebäude schützenswert?

M 1 **Lorenzkirche in Nürnberg** erbaut von 1250 bis 1477, aktuelles Foto

M 2 **Asamkirche in München** erbaut von 1733 bis 1746, aktuelles Foto

M 3 **Fürstbischöfliche Residenz in Augsburg** erbaut von 1740 bis 1752, seit 1817 Sitz der Regierung von Schwaben, aktuelles Foto

M 4 **Parthenon Tempel auf der Athener Akropolis** erbaut von 447 bis 438 v. Chr., aktuelles Foto

M 5 **Basilika St. Michael in Altenstadt** erbaut von 1180 bis 1220, aktuelles Foto

M 6 **Reichstagsgebäude in Berlin** erbaut von 1884 bis 1894, umgebaut von 1995 bis 1999, aktuelles Foto

Bauwerke als Ausdruck politischen Denkens

M 1 **Rathaus der Stadt Bad Aibling**
erbaut von 2009 bis 2012

Heute hat jede Gemeinde oder Stadt ein Rathaus. Es ist der Amtssitz des Bürgermeisters und meist auch Sitzungsort des Gemeinde- oder Stadtrates. Dies macht es zum Zentrum der politischen Macht einer Gemeinde. Schon seit dem Mittelalter stellen Rathäuser dies auch nach außen dar. In vielen Fällen lässt sich so bereits am Rathausgebäude erkennen, dass es sich um ein zentrales Bauwerk des Ortes handelt.

Bauwerke als steinerne Zeugnisse der Macht

Auch bei anderen historischen Gebäuden hat der Zweck oft die Erscheinungsform mitbestimmt. Darunter sind in Form und Funktion so unterschiedliche Bauten wie Burgen, Schlösser oder Türme. Solche Bauwerke aus allen Epochen begegnen uns täglich in unserem Alltag und in den Medien. Sie wurden häufig im Auftrag von einflussreichen und mächtigen Personen an einem zentralen Ort erbaut. Zum einen wurden bis in die Neuzeit nur wichtige und repräsentative Gebäude dauerhaft und aus Stein errichtet. Zum anderen war der Bau dadurch entsprechend aufwendig und teuer, weshalb nur Personen, die über das nötige Geld verfügten, solche Bauten errichten konnten.

Gleichzeitig nutzten die Erbauer die Gebäude wiederum, um ihren Machtanspruch nach außen darzustellen. Architektur kann Überlegenheit ausdrücken, sie kann Außenstehende beeindrucken und einschüchtern. Es ist also kein Zufall, dass bei vielen Bauten zunächst die bloße Größe der Anlage ins Auge fällt. Dies ist Teil der beabsichtigten Wirkung eines Bauwerks, die schon seit der **Antike** bewusst erzeugt wird.

Demokratie und Aristokratie: Bauwerke der Antike

Bereits im **5. Jh. v. Chr., zur Blütezeit Athens**, wurde die Wirkung von Architektur zum Ausdruck der Herrschaft eingesetzt. Rund um die Agora, den zentralen Platz der **Polis**, der auch für Volksversammlungen genutzt wurde, wurden Tempel und öffentliche Gebäude errichtet. Dadurch wurde betont, dass die Agora das politische Machtzentrum der **Demokratie** war.

Ein zentrales Gebäude des antiken Roms war das Sitzungsgebäude des Senats am Forum Romanum. In ihm kam die Macht der **Aristokratie** innerhalb der Republik zum Ausdruck.

M 2 **Agora von Athen**
So könnte das Leben rund um die öffentlichen Gebäude um die Agora ausgesehen haben. Aktuelle Illustration

Burg und Rathaus – Herrschaft im Mittelalter

Ein typisches Bauwerk, das im **Mittelalter** für Herrschaft stand, ist die Burg. Sie zeigte weithin sichtbar, oft von einem erhöhten Standort aus, den Anspruch des Burgherrn auf die Macht über das Gebiet um die Burg herum. Gleichzeitig erfüllte sie eine Schutzfunktion für die Bewohner des umliegenden Landes, denn zumeist war der Burgherr auch Grundherr. Außerdem sollte sie Untertanen wie Feinde des Burgherrn gleichermaßen einschüchtern. Die Größe der Burganlage konnte dabei wiederum ein Zeichen für die Macht des Burgherrn sein. Der **König** ließ genauso Burgen erbauen wie Herzöge, Grafen oder der Ritterstand.

Ein weiterer Gebäudetyp, der im Mittelalter Machtanspruch symbolisierte, ist das Rathaus. Es zeigte, dass in der Stadt der Rat, in den meist Ratsherren aus Patrizierfamilien gewählt wurden, und kein Landesherr regierte. Städte strebten im Mittelalter nach dieser Form der Selbstverwaltung und konnten sie durch den Erwerb der Stadtrechte vom Stadtherrn oder durch Krieg erlangen und zu Freien Städten werden. Andere Städte waren Reichsstädte und unterstanden keinem Landesherrn, sondern nur dem **Kaiser** direkt. Beide Formen der Freiheit brachten den Städten Privilegien, z. B. Münzrecht oder Zollrecht, und damit verbundene Einnahmen. Dies schuf bei den Räten der Städte ein Selbstbewusstsein, das sich oft in eindrucksvollen Rathausbauten ausdrückte.

M 3 Altes Rathaus in Regensburg
Der älteste Teil stammt aus dem 13. Jh., als Regensburg eine Freie Stadt war. Der hier abgebildete Reichssaalbau wurde 1360 als Tanzsaal erbaut und später für die Reichstage des röm.-dt. Reiches genutzt.

Barock: Herrschaftsarchitektur des Absolutismus

Im Zeitalter des **Absolutismus in Europa im 17. und 18. Jh.** herrschte der Glaube an das Gottesgnadentum vor und die Herrscher sahen sich als von Gott eingesetzt. Dieser Anspruch auf absolute Macht und Kontrolle schlägt sich auch in der typischen Herrschaftsarchitektur des Barock nieder. Beeinflusst von Schloss Versailles in Frankreich strebten auch im Heiligen Römischen Reich Fürsten danach, die Vorstellung ihrer eigenen Allmacht in Gebäuden auszudrücken. Dabei wollten sie ebenso zeigen, dass sie die Natur beherrschten und beliebig verändern konnten. Teils wurden dazu große Erdarbeiten ausgeführt, Hügel aufgeschüttet oder riesige Flächen planiert sowie Sümpfe trockengelegt, um den Baugrund für Schlossanlagen und Residenzen zu schaffen. Bei der Anlage von Gebäuden und Parks wurde meist streng auf Symmetrie geachtet. Ebenso großer Wert wurde auf die prunkvolle Innenausstattung der Räume gelegt. Die hier verwendeten Materialien, wie z. B. Gold, Marmor oder Stuck, waren kostspielig und sollten den Reichtum und die politische Macht des Erbauers angemessen zur Schau stellen. Hierzu wurde auch aufwendige Technik eingesetzt, um z. B. Springbrunnen und Wasserspiele in den Barockgärten anzulegen.

M 4 Würzburger Residenz
Sie wurde von 1719 bis 1744 als Sitz der Würzburger Fürstbischöfe errichtet. Als eine der wichtigsten Residenzen des Spätbarocks ist sie UNESCO-Welterbe.

Aufgaben

Öffentliche Gebäude der Gegenwart und Antike

1. a) Beschreibe, woran man erkennt, dass es sich um ein öffentliches Gebäude handelt. → M1
   b) Erstelle eine Fotocollage des Rathauses deiner Gemeinde.
2. Begründe, dass öffentliche Gebäude um die Agora herum gebaut wurden. → M2

Bauwerke der Macht in Mittelalter und Neuzeit

3. Erkläre, warum Bürger im Mittelalter Rathäuser in ihren Städten errichteten. → M3
4. Erläutere, warum auch Reichsfürsten wie die Würzburger Fürstbischöfe barocke Schlösser bauten. → M4

M 5 Rekonstruktion des Senatsgebäudes
Dargestellt ist das Forum Romanum mit dem Senatsgebäude zur Zeit des Augustus um 14 n. Chr. Nach einem Brand des Vorgängerbaus hatte Caesar das Gebäude als Curia Iulia neu errichten lassen. Aktuelles 3D-Modell

M 6 Das Forum Romanum heute
Die Curia Iulia im Vordergrund vor der Kirche Santi Luca e Martina. Im 7. Jh. wurde die Curia in eine Kirche umgewandelt und mehrfach umgebaut. Erst in den 1930er Jahren wurden die Umbauten entfernt und die antike Bausubstanz restauriert. Aktuelles Foto

M 7 Burg Prunn bei Riedenburg im Altmühltal
Das Bild zeigt die strategisch günstige Position der Burg auf dem Bergsporn. Aktuelles Foto

M 8 Geschichte der Burg Prunn

Der Archäologe, Historiker und Burgenforscher Joachim Zeune fasst die Geschichte der Burg Prunn knapp zusammen:

Bereits 1037 bzw. 1045 erscheinen ein Werner und ein Adalbert de Prunne. Mitte des 12. Jahrhunderts ging Prunn an die Herren von Laaber. 1288 kaufte Herzog Ludwig von Bayern die Burg, die er 1311 den Fraunbergern von Haag verlieh, die sie 1338 ihrerseits erwarben. 1491 soll Prunn von Herzog Albrecht von Bayern erstürmt worden sein. 1567 kam die Burg an die Ortenberger. In diesem Jahr entdeckte der herzogliche Historiograf Wiguleus Hundt auf der Burg eine wertvolle alte Abschrift des Nibelungenlieds. 1570 erhielt der herzogliche Rat Karl Köckh zu Mauerstetten und Bodenmais die Burg, die gemeinsam mit der Hofmark 1646 an Georg von Truckmiller, 1672 dann an das Jesuitenkolleg Ingolstadt ging. 1822 fiel Prunn erneut an die bayerische Krone. Ab 1946 erfolgten Instandsetzungsarbeiten an der mittlerweile staatlichen Burg. Die Bayerische Schlösserverwaltung restaurierte 2010 den Dachstuhl, erforschte anschließend die Burg und präsentiert die Ergebnisse seit 2012 in einer sehenswerten Dauerausstellung.

Haus der Bayerischen Geschichte, Onlineartikel.

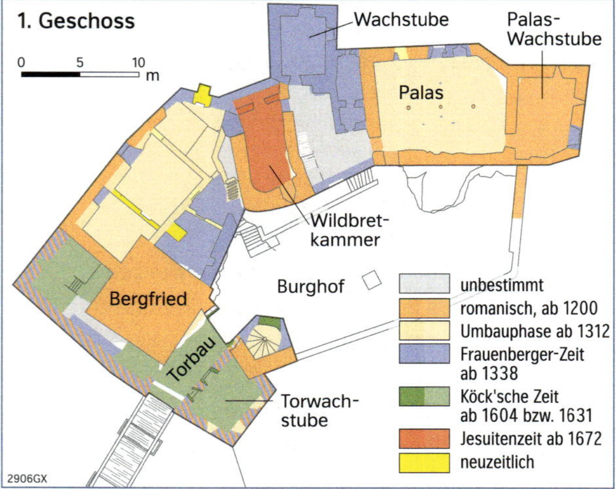

M 9 Grundriss der Burg Prunn
Der Grundriss zeigt die einzelnen Bereiche der Burg und ihre jeweilige Bauzeit.

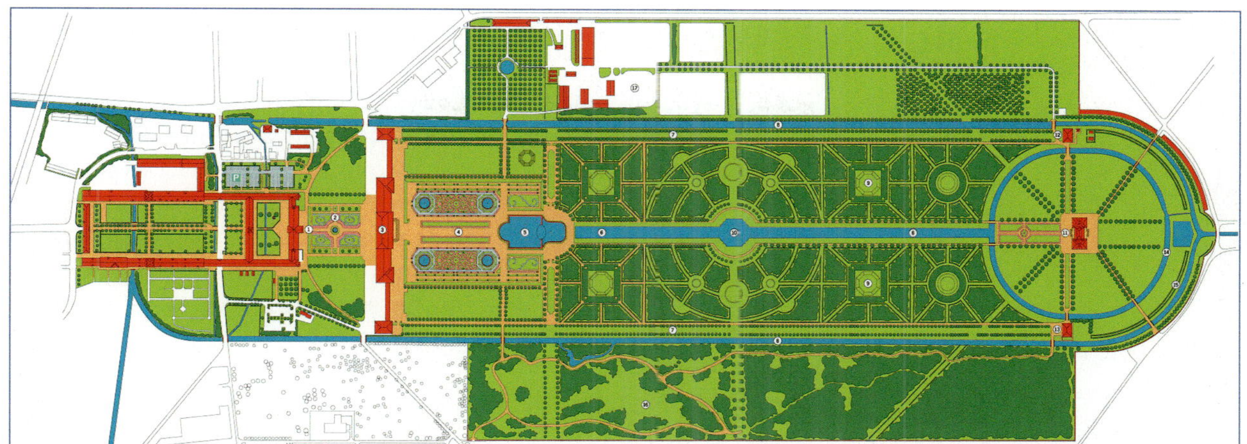

M 10 Plan der Schlossanlage Schleißheim
Schleißheim ist eine typische barocke Schlossanlage mit Park.

M 11 Neues Schloss Schleißheim (erbaut ab 1700)
Das Neue Schloss wurde wie viele Barockschlösser nie vollendet.

Info

Markgräfliches Opernhaus Bayreuth
(erbaut von 1744 bis 1748)
Das innen komplett aus Holz gefertigte Barocktheater mit seiner stuckverzierten und geschnitzten Ausgestaltung sowie seinen Barockmalereien ist vollständig erhalten. Es wurde 2012 zum UNESCO-Welterbe ernannt und bis 2018 komplett saniert.

M 12 Eine Fürstin baut ein Opernhaus

Markgräfin Wilhelmine von Brandenburg-Bayreuth, Auftraggeberin des Markgräflichen Opernhauses Bayreuth, schrieb kurz vor der Fertigstellung:

Dieser Tage habe ich das neue Opernhaus besichtigt. Ich war sehr erfreut darüber. Das Innere ist fast vollendet. [Der Baumeister] Bibiena hat in diesem Theater die Quintessenz[1] des italienischen und französischen Stils vereinigt. Man muss zugeben, dass er in seinem Fach ein unübertroffener Meister ist.

[1]das Wesentliche

Volz, G. B. (Hg.): Friedrich der Große und Wilhelmine von Baireuth, S. 139.

M 13 Innenansicht des Opernhauses
Bayreuth akuelles Foto

Aufgaben

Bauwerke der Macht in Antike und Mittelalter

1. Vergleiche die Rekonstruktion des Forums mit der Situation heute. → M5, M6
2. Stelle die Geschichte der Burg Prunn auf einem Zeitstrahl dar. Nutze für die einzelnen Abschnitte verschiedene Farben. → M8, M9
3. Nimm Stellung zu dem Satz: „Burg Prunn ist eine mittelalterliche Burg." → M7, M8, M9

Barockbauten als Symbole absoluter Macht

4. Zeige anhand typischer Baumerkmale, dass Schloss Schleißheim im Stil des Barocks erbaut wurde. → M10, M11, Barock (Seite 166/167), Placemat
5. a) Weise nach, dass Wilhelmine stolz auf ihr Opernhaus ist. → M12, M13
   b) Stelle dir vor, du bist Baumeister Bibiena. Begründe die Auswahl der Materialien für den Innenausbau. → M13

Bauwerke als Ausdruck religiösen Denkens

Sakralbau
(lat. sacer = heilig) ein Gebäude, das religiösen Zwecken dient.

Kirchen, Synagogen und Moscheen bestimmen das Ortsbild vieler europäischer Städte und Gemeinden. Diese *Sakralbauten* fallen uns meist sofort auf und wir erkennen schnell ihre besondere Funktion. Das liegt nicht nur daran, dass diese im Normalfall an einem zentralen Platz stehen oder sich schon durch ihre Größe von den sie umgebenden Gebäuden unterscheiden. Es liegt auch daran, dass wir unterbewusst die Absicht dieser Bauweise verstehen, die mit Symbolen, z. B. dem Kreuz, einen Teil der Bedeutung dieser Bauwerke transportiert.

Bauwerke als steinerne Glaubensbekenntnisse

Seit der Mensch Architektur gezielt als Ausdrucksform nutzt, baut er Sakralbauten. Allen gemeinsam ist ihre Errichtung zu Ehren des jeweiligen Gottes oder der jeweiligen Gottheiten. Darüber hinaus dienen sie als Orte für religiöse Handlungen, wie z. B. Opfergaben und Gottesdienste. Zusätzlich haben sie aber auch noch folgende Funktionen:

- Sie sind sichtbares Zeichen der religiösen Vorstellungen einer bestimmten Gruppe.
- Als solches stiften sie eine gemeinsame Identität aller Gläubigen und schaffen eine Abgrenzung zu anderen Glaubensgemeinschaften.
- Dadurch betonen sie die Bedeutsamkeit des eigenen Glaubens.
- Außerdem bringen sie den Reichtum und die Macht der religiösen Gemeinschaft innerhalb der Gesellschaft zum Ausdruck.

Die Angehörigen vieler Religionen, auch Christen, glauben daran, dass die göttliche Macht in Sakralbauten besonders präsent ist.

M 1 Tempel des Hephaistos
Der Tempel im Zentrum Athens wurde von 449 v. Chr. bis 430 v. Chr. erbaut und ist heute eine der am besten erhaltenen griechischen Tempelanlagen.

Tempel der griechischen Antike

Klassische griechische Tempel wurden auf einer rechteckigen Grundform errichtet. In der Regel führten drei Stufen zur Grundplatte. Auf dieser standen die Säulen, die den Tempel umrahmten. Innerhalb der Säulen befindet sich der gemauerte Innenraum, die Cella, zu der nur Priester Zutritt hatten. Die Proportionen eines griechischen Tempels waren genau bestimmt und beruhten auf festgelegten Maßeinheiten. Auch das Verhältnis der Säulen an Front und Seiten eines Tempels war festgelegt.

M 2 Romanische Basilika auf dem Petersberg bei Dachau
Die Kirche wurde von Benediktinermönchen erbaut und 1107 geweiht. Die Teilung des Innenraums in drei Längsschiffe mit dem erhöhten Mittelschiff ist deutlich erkennbar.

Christliche Kirchen im frühen Mittelalter

Im Mittelalter waren religiöse Vorstellungen prägend für die Menschen und verknüpft mit weltlicher Herrschaft. Kaiser und Fürsten sahen sich nicht nur als weltliche Herrscher, sondern waren auch eng mit der Kirche verbunden. Sie wollten ihren Machtanspruch daher ebenso durch möglichst große Kirchenbauten sichtbar machen. Auf die mehrheitlich in einfachen, bäuerlichen Verhältnissen lebenden Menschen wirkten diese Kirchen beeindruckend und einschüchternd zugleich, wurden sie doch als Zeichen göttlicher Allmacht verstanden.

Die christlichen Kirchen des Mittelalters orientierten sich zunächst an der Basilika der römischen Antike. Die wuchtige, durch Rundbögen und Kreuzgratgewölbe geprägte Erscheinungsform wurde typisch für den Baustil der Romanik, war aber auch nötig, damit die Kirchen nicht einstürzten.

Kirchenbauten streben in den Himmel

Fortschritte in der Landwirtschaft verbesserten die Versorgung der Bevölkerung mit Nahrungsmitteln. Dies führte zu einem Bevölkerungswachstum und somit zu einer wachsenden Zahl an Gläubigen. Es wurden zahlreiche neue Städte gegründet und bereits bestehende Städte wuchsen beständig. So wurden mit der Zeit zunehmend größere Gotteshäuser mit immer mehr Platz errichtet.

Gleichzeitig stiegen die Frömmigkeit vieler Christen und das Selbstbewusstsein der Städte. Die voranschreitende Entwicklung in Technik, Kunst und Handwerk machte es möglich, dies auch durch Kirchenbauten, die sprichwörtlich in den Himmel strebten, auszudrücken. Nur durch die Skelettbauweise mit ihren für die Gotik typischen Spitzbögen und Kreuzrippengewölben gelang es den Baumeistern, die Kirchen immer höher zu bauen und die Kathedralen weiter aufzubrechen. Erst dies schuf Platz für die typisch gotischen Glasfenster, die bei Sonneneinfall helle Kirchenräume erzeugten.

M 3 Gotische Martinskirche in Landshut
Die zwischen 1385 und 1500 errichtete Kirche hat mit 130 Metern den höchsten Kirchturm Bayerns. Sie ist nahezu vollständig aus Backstein erbaut.

Barocker Prunk im Namen Gottes

Die Kirchen und **Klöster** aus der Zeit des Barocks sind geprägt durch den Zeitgeist der Gegenreformation. In einer Welt der konfessionellen Auseinandersetzungen zeigte die katholische Kirche ihr neues Selbstbewusstsein in der gezielten Abgrenzung zum eher auf Schlichtheit bedachten Protestantismus. Durch die Betonung des Verschwenderischen und die prunkvolle Verbindung von Architektur, Malerei und Skulpturen zu einem Gesamtkunstwerk setzte die Kirche gezielt auf die Wirkung der Kunst auf die Bevölkerung. Diese prachtvolle Inszenierung der göttlichen Allmacht sollte das Volk auf die Seite des in den Augen der katholischen Kirche einzigen rechten Glaubens ziehen. Die Pracht der barocken Bauweise übte auf Kirchenfürsten eine Faszination aus, immer neue Kirchenbauten entstanden.

Sakralarchitektur der Gegenwart

Auch heute entstehen in großen Teilen der Welt neue Sakralbauten der drei monotheistischen Weltreligionen: **Judentum, Christentum** und **Islam**. Einerseits werden bestehende Bauwerke durch Neubauten ersetzt, weil diese nur aufwendig zu sanieren gewesen wären oder abgerissen werden mussten. Andererseits werden aber auch komplette Neuerrichtungen von Gotteshäusern durch den Anstieg der Zahl der Gläubigen in einer Region, oft auch bedingt durch Migration, nötig. Heutige Sakralbauten sind immer noch dem Dienst an Gott gewidmet und sollen gerade in einer die Vielfalt betonenden Gesellschaft den jeweiligen Glauben nach außen darstellen. Trotzdem wird zunehmend darauf geachtet, dass sich die Sakralarchitektur harmonisch in das bauliche Umfeld einfügt.

M 4 Innenansicht der Wallfahrtskirche Vierzehnheiligen bei Bad Staffelstein

Aufgaben

Bauwerke als steinerne Glaubensbekenntnisse

1. Zähle Funktionen eines Sakralbaus auf.
2. Beschreibe den griechischen Tempel des Hephaistos in Athen. → M1

Kirchen des Mittelalters und der Neuzeit

3. Vergleiche die Wirkung der beiden Kirchen. → M2, M3, Think-Pair-Share
4. Beschreibe die Faszination des Barocks auf Zeitgenossen und auf Menschen heute. → M4

M 5 **Bamberger Dom St. Peter und St. Georg**
Der Bamberger Dom vereint die beiden vorrangigen Baustile des Mittelalters – Romanik und Gotik – und gehört zum UNESCO-Weltkulturerbe.

M 6 **Regensburger Dom St. Peter**
Der Regensburger Dom, der dem Freistaat Bayern und nicht der katholischen Kirche gehört, ist das einzige Beispiel französischer Kathedralgotik in Bayern.

M 7 **Westchor des Bamberger Doms**
Deutlich erkennbar ist das Kreuzrippengewölbe.

M 8 **Westportal des Regensburger Doms**
Der Blick hinauf zeigt die typischen gotischen Spitzbögen, die das ganze Bauwerk leicht und luftig wirken lassen.

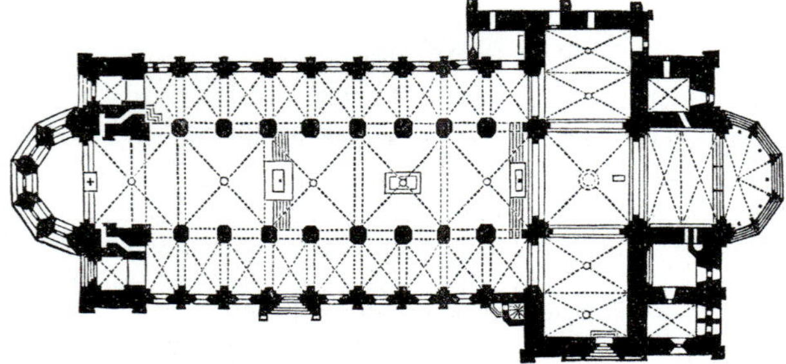

M 9 **Grundriss des Bamberger Doms**
Der Grundriss lässt die Anlage des Doms als romanische Basilika erkennen.

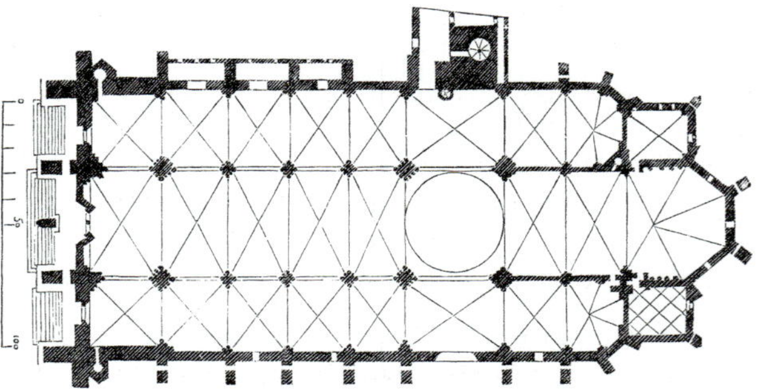

M 10 **Grundriss des Regensburger Doms**
Der Grundriss zeigt die Anlage des gotischen Doms.

M 11 Barocke Benediktinerabtei Kloster Ettal
Seine verkehrsgünstige Lage und die im 18. Jh. zunehmenden Wallfahrten machten Kloster Ettal zu einem der bedeutendsten Benediktinerklöster im Alpenraum.

M 12 Historischer Plan von Kloster Ettal
Der Plan stammt aus dem Jahr 1744 und diente wohl als Entwurf für den barocken Wiederaufbau der durch einen Brand zerstörten gotischen Klosteranlage.

M 13 Architektur und Religion

Der Architekt Stefan Musil schrieb zur Beziehung zwischen Architektur und Religion:

Bauten für Religionsgemeinschaften gehören zu den spannendsten Architekturprojekten. Bei ihnen ist das Symbolische oft wichtiger als das Nützliche. ... Das erlaubt Großzügigkeit und Originalität, verlangt aber auch Einfühlung in spirituelle[1], liturgische[2] und rituelle Themen, die die jeweilige Gemeinde bewegen. Und es verlangt den sensiblen Umgang mit mannigfachen Empfindsamkeiten: etwa den Schmerz von Christen, wenn ihre Kirche nicht mehr als Gotteshaus unterhalten werden kann, wenn sie nur mit einer anderen Funktion Überlebenschancen hat. ... Besonders hoch schlagen die Wogen dort, wo auch Muslime ihren Glauben baulich ausdrücken wollen und Skeptiker das als Bedrohung und Überfremdung sehen. Aber gerade die manchmal hitzigen Streitigkeiten um Moscheen in Köln, Berlin und anderswo haben ihr Gutes: Sie fördern gesellschaftliche Integration. Bei Moscheeprojekten geht es nicht um ein kategorisches Ja oder Nein, sondern letztlich um Kompromisse und gegenseitigen Respekt. ... Moscheegegner lernen in der Diskussion, dass die Lösung nicht in einem kategorischen Nein zur religiösen Ausdrucksweise von Menschen liegen kann, die hier leben und hier bleiben.

[1] geistliche, [2] religiöse Zeremonien betreffend

www.dabonline.de/2010/12/01/architektur-und-religion/

M 14 Kocatepe-Moschee Ingolstadt
Die Moschee wurde 2008 eröffnet und ist die größte Moschee Bayerns.

M 15 Katholische St. Jakobus Kirche Waigolshausen Der Neubau vor dem Turm der Kirche wurde 2015 eingeweiht.

M 16 Neue Hauptsynagoge München Die Synagoge, die Teil des Jüdischen Zentrums ist, wurde 2006 geweiht.

Aufgaben

Kirchenbauten des Mittelalters

1. a) Benenne Stilelemente der Romanik und der Gotik. → M5–M8, Romanik/Gotik (Seite 76/77)
   b) Analysiere Gemeinsamkeiten und Unterschiede der beiden Dome. → M5–M10

Sakralbauten der Neuzeit und der Gegenwart

2. a) Beschreibe die Wirkung des Klostergebäudes. → M11
   b) Stelle dir vor, du bist der Abt des Klosters Ettal 1744. Begründe, warum die Abtei nach dem Brand im Stil des Barock neu aufgebaut werden soll. → M11, M12
3. a) Fasse die Herausforderungen für Architekten beim Bau von Sakralbauten zusammen. → M13
   b) Nimm kritisch Stellung zu folgender Aussage: „Heute muss man beim Bau von Sakralbauten Kompromisse machen, im Mittelalter musste man das nicht.“ → M13
4. Vergleiche die verschiedenen Sakralbauten der Gegenwart. → M14, M15, M16, Stühletausch

M 1 **Schloss Weißenstein**
Innenansicht des Treppenhauses

M 2 **Wieskirche**
Innenansicht mit Kanzel und Hochaltar

Info

Wieskirche
Die „Wallfahrtskirche zum gegeißelten Heiland auf der Wies“ in Steingaden wurde an der Stelle errichtet, an der eine Bäuerin Tränen in den Augen einer Jesusstatue gesehen zu haben glaubte. Der Abt des Klosters Steingaden beauftragte Dominikus Zimmermann, einen Stuckateur und Baumeister des Rokoko, einer verspielten Weiterentwicklung des späten Barock, mit dem Bau der Kirche, der von 1745 bis 1759 erfolgte.

Bauwerke analysieren

Historische Bauwerke sind steinerne Überreste der Vergangenheit, die noch heute das Erscheinungsbild unserer Städte und Dörfer prägen. Neben größeren Gebäuden wie Stadthäusern, Burgen, Residenzen oder Kirchen existieren ebenso viele kleinere Bauwerke wie Brücken, Brunnen oder Denkmäler aus vergangenen Zeiten.

Gerade Bauwerke, die in der Vergangenheit zu Zwecken der Darstellung von politischer oder religiöser Macht errichtet wurden, spielen für das Verständnis von Geschichte eine wichtige Rolle. Sie können uns bis heute als Quellen Aufschluss über das politische oder gesellschaftliche Selbstverständnis ihres Bauherrn oder über die Epoche ihrer Entstehung geben.

Auch Bauwerke sind historische Quellen und müssen der Quellenkritik unterzogen werden. Hierzu ist es nötig, zunächst möglichst viele Informationen über ein historisches Bauwerk zu sammeln. Dazu sollten neben Darstellungen über die Geschichte des Gebäudes wenn möglich auch Quellen, z. B. Schriftquellen, Pläne und Skizzen oder Gemälde und Fotografien, mit einbezogen werden.
Sinnvoll ergänzt werden kann eine Analyse durch einen Besuch vor Ort, da man sich so die beste Vorstellung von der Größe und der Lage eines Bauwerkes machen kann.

Schritte für die Analyse von Bauwerken:

Schritt 1: Art des Gebäudes und Funktion feststellen
- Welche Art von Gebäude (z. B. Kirche, Kloster, Schloss) liegt vor?
- Welche Funktion/ welchen Zweck erfüllte das Bauwerk?

Schritt 2: Die Entstehungsgeschichte erkunden
- Wer war der Bauherr/ Auftraggeber?
- Wann ist das Gebäude entstanden?
- Wer war der Architekt/ Baumeister?

Schritt 3: Das Bauwerk beschreiben
- Beschreibe die Außenansicht. Welcher Baustil liegt vor?
- Beschreibe Details der Innenansicht.
- Welche baulichen Veränderungen gab es im Lauf der Zeit?

Schritt 4: Das Bauwerk deuten
- Was sagt das Bauwerk über das Selbstverständnis des Bauherrn aus?
- Wie könnte das Gebäude auf Zeitgenossen gewirkt haben?
- Beurteile, inwieweit politische oder religiöse Macht durch das Gebäude zum Ausdruck kommt.

Aufgaben

1. Analysiere das Bauwerk „Wieskirche“, indem du die Schritte anwendest.
   → Info, M2, M5, M6
2. Vergleiche die Wieskirche mit Schloss Weißenstein hinsichtlich Baustil und Funktion.

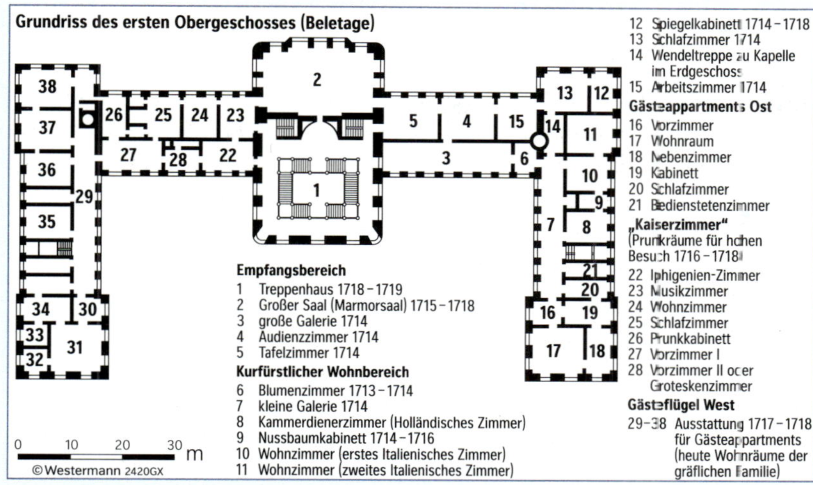

M 3 **Schloss Weißenstein** Grundriss

M 4 **Schloss Weißenstein** Außenansicht

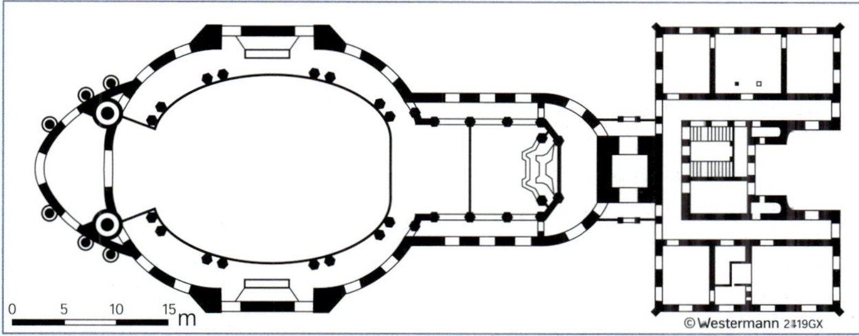

M 5 **Wieskirche** Grundriss

M 6 **Wieskirche** Außenansicht

Mögliche Lösung zur Analyse von Schloss Weißenstein in Pommersfelden bei Bamberg:

Schritt 1:

- Barockes Schloss
- Sommerresidenz des Bauherrn

Schritt 2:

- Lothar Franz von Schönborn, Bamberger Fürstbischof und Kurfürst von Mainz
- 1711 – 1718
- Hauptarchitekt Johann Dientzenhofer, Barockbauten u. a. in Hessen und Bayern

Schritt 3:

- Zentrale Ausrichtung, symmetrische Schlossanlage mit Seitenflügeln, Betonung des Eingangsportals mit Wappen als Zeichen einer typischen barocken Schlossanlage
- Treppenhaus mit Stuckverzierungen und Deckenfresko ebenfalls Merkmale des Barock
- Barocker Schlossgarten im 19. Jh. zu einer Parkanlage umgestaltet

Schritt 4:

- Bauherr als Fürst und Bischof, weltliche Residenz im gerade modernen Baustil
- Einschüchternde Größe, einzelner Mensch klein und unbedeutend
- Starker Ausdruck sowohl politischer als auch religiöser Macht

Denkmalschutz

Kloster Banz

Kloster Banz nahe dem oberfränkischen Ort Bad Staffelstein ist ein gutes Beispiel dafür, wie sich die Funktion historischer Bauwerke mit der Zeit verändern kann. Der Gebäudekomplex der seit 1070 an diesem Platz bestehenden Benediktinerabtei musste nach dem Dreißigjährigen Krieg neu gebaut werden. Im Jahr 1698 begannen die Arbeiten an der im Barockstil erbauten Anlage, die das gesamte 18. Jh. hindurch als Kloster genutzt wurde. Im Jahr 1814 kaufte Herzog Wilhelm in Bayern die Abtei, die in Schloss Banz umbenannt wurde.

In den letzten Jahren des Zweiten Weltkrieges wurden Teile des Gebäudes zudem als Lager genutzt. 1978 ging die gesamte Klosteranlage in den Besitz der Hanns-Seidel-Stiftung über. Sie wird heute als Tagungsstätte genutzt, beherbergt ein Museum und ist Veranstaltungsort für Konzerte. Kloster Banz ist auch ein Beispiel dafür, dass historische Bausubstanz teilweise aufwendig und kostspielig erhalten werden muss. Das ist die Aufgabe des Denkmalschutzes.

Info

Denkmalschutz
Denkmalschutz soll dafür sorgen, dass Kulturgüter dauerhaft und originalgetreu erhalten bleiben. Die Grundlage für den Denkmalschutz in Bayern bildet das Bayerische Denkmalschutzgesetz. Dort ist auch festgeschrieben, unter welchen Bedingungen ein Gebäude zu einem Baudenkmal erklärt werden kann und somit besonderen Schutz genießt. Ob ein Gebäude besonders schützenswert ist, prüft das Bayerische Landesamt für Denkmalpflege. Es führt auch eine Liste aller bayerischen Denkmäler. Außerdem berät und informiert es in allen Fragen rund um den Denkmalschutz. Wenn ein Gebäude unter Denkmalschutz gestellt wird, darf der Eigentümer nur in enger Absprache mit dem Landesamt sanieren und modernisieren.

M 1 **Kloster Banz** aktuelles Foto

Einladung zur Bürgerversammlung auf Antrag des Örtlichen Vereins zur Denkmalpflege (ÖVzD)

THEMA: Barockes Jagdschlösschen

Das im Besitz der Gemeinde befindliche barocke Jagdschlösschen aus dem 18. Jh., das früher als Rathaus genutzt wurde, steht seit dem Rathausneubau vor 30 Jahren leer und verfällt immer mehr.

Es ist an der Zeit, dass das weitere Vorgehen zum Erhalt des Jagdschlösschens durch den Gemeinderat beschlossen wird, gerade weil mittlerweile verschiedene Vorschläge bei der Gemeinde eingegangen sind.

Arbeitet in Gruppen und bereitet euch mithilfe eines Kärtchens auf die Diskussion in der Bürgerversammlung vor.

- Ihr vertretet den Standpunkt auf eurem Kärtchen. Formuliert die Stichpunkte zu schlagkräftigen Argumenten aus und überlegt euch weitere Argumente. Arbeitet dazu nach der kooperativen Lernform Think-Pair-Share
- Überlegt euch gemeinsam Gegenargumente für die anderen Möglichkeiten.
- Anschließend führt ihr in der Klasse die Bürgerversammlung als Rollenspiel durch. Jeder Bürger hat Rederecht, aber die Lehrkraft leitet die Versammlung als Bürgermeister/-in.
- Stimmt zum Schluss ab, welche Möglichkeit ihr als Bürgerversammlung dem Gemeinderat empfehlt.

❶ Das Objekt bleibt im Besitz der Gemeinde, es wird Denkmalschutz beantragt und genehmigt. Anschließend wird saniert und die Anlage zu einem Heimatmuseum ausgebaut.

- wertvolles Kulturgut wird vollständig erhalten
- Park bleibt öffentlich
- Denkmalschutz bringt Fördergelder
- Museum als Ort der Kultur schafft wenige Arbeitsplätze
- Museum bringt der Gemeinde beständig Einnahmen

❷ Das Objekt wird an einen örtlichen Hotelbetreiber verkauft, es wird kein Denkmalschutz beantragt, es wird saniert, aber auch zu einem Hotel modernisiert.

- wertvolles Kulturgut bleibt weitgehend erhalten
- Hotel zieht Touristen an, das belebt die Region
- Abmachung: Park bleibt öffentlich
- Hotel schafft einige Arbeitsplätze
- Verkauf bringt einmalig 1 000 000 €

❸ Das Objekt wird an einen ausländischen Großinvestor verkauft, abgerissen und ein Golfhotel wird auf der Fläche errichtet.

- Wirtschaftlichkeit ist wichtiger als Kultur
- Sanierung rechnet sich nicht
- Golfhotel zieht viele zahlungskräftige Gäste an
- Golfhotel schafft viele Arbeitsplätze
- Verkauf bringt einmalig 2 000 000 €

❹ Das Objekt bleibt im Besitz der Gemeinde, es wird weiter dem Verfall preisgegeben und nichts unternommen.

- Gebäude hat keinen Seltenheitswert
- Sanierung lohnt sich nicht
- keine Kosten bei Verzicht auf Renovierung
- Park bleibt öffentlich
- Gelände ist ein Besitz der Gemeinde und somit auch zukünftig eine Wertanlage

Taj Mahal – Liebe, Macht und Religion

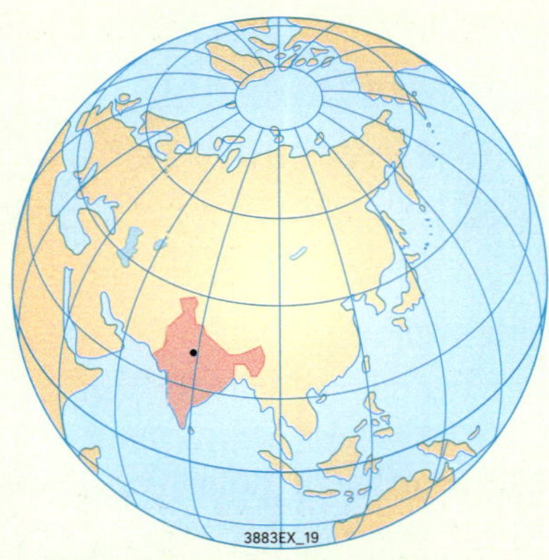

M 1 Lage von Indien mit Standort des Taj Mahal in Agra

M 2 Taj Mahal erbaut von 1631 bis ca. 1648 von verschiedenen Architekten

Unter der Herrschaft eines als Großmogul oder Mogulkaiser bezeichneten muslimischen Herrschers bildete sich ein Staat, der auf dem Höhepunkt seiner Macht beinahe den gesamten indischen Subkontinent und Teile des heutigen Afghanistans umfasste. Eine zentralisierte Verwaltung und die Ausrichtung auf den obersten Herrscher machen das Mogulreich mit absolutistischen Staaten Europas im 17./18. Jh. vergleichbar.

Großmogul Shah Jahan ließ im Jahr 1631 nach dem Tod seiner Hauptfrau und großen Liebe Mumtaz Mahal, die bei der Geburt ihres 14. Kindes verstarb, den Taj Mahal als Grabmal und zu ihrem Andenken errichten. Der Taj Mahal steht am nördlichen Ende eines mit etwa 170 000 Quadratmetern fast 24 Fußballfelder großen Parks mit einem länglichen Wasserbecken im Zentrum. Hinter dem Taj Mahal wird das Gelände durch den Fluss Yamuna begrenzt. Die ganze Anlage ist symmetrisch angelegt und ein Ausdruck der Macht des Großmoguls. Der Taj Mahal selbst ...

- wurde auf einer quadratischen Marmorplattform mit 100 Metern Seitenlänge aus weißem Marmor erbaut,
- ist 58 Meter hoch sowie 56 Meter breit,
- wird von vier 40 Meter hohen Minaretten umgeben,
- hat eine zentrale Zwiebelkuppel mit einem Durchmesser von 18 Metern,
- ist streng symmetrisch gehalten und
- wird von zwei ebenfalls symmetrisch angeordneten Gebäuden flankiert.

Der Aufbau der ganzen Anlage ist eng mit islamischen Vorstellungen vom Paradies verknüpft und symbolisiert den Glauben an ein Leben nach dem Tod.

M 3 Grundrissplan der Anlage des Taj Mahal

Aufgaben

1. Nutze die Methode „Bauwerke analysieren“ auf Seite 186/187, um den Taj Mahal näher zu untersuchen. → M2, M3
2. Recherchiere zu dem Schlagwort „Mogul-Architektur“. Erstelle eine Übersicht über Gebäude und Stilelemente.

500 v. Chr. | 250 | Christi Geburt | 250 n. Chr. | 500 | 750 | 1000 | 1250 | 1500 | 1750 | 2000

ab 500 v. Chr.
griechische Antike

950–1250
Romanik

ab 12. Jh.
Gotik

1600–1780
Barock

19./20. Jh.
Reichstag

Viele historische Bauwerke geben Aufschluss über das politische oder gesellschaftliche Selbstverständnis ihrer Bauherren bzw. über die Epoche ihrer Entstehungszeit. Schon in der **Antike** spiegelten Tempelanlangen wie der Parthenon, der im **5. Jh. v. Chr.** in der **Blütezeit der Polis Athen** errichtet wurde, religiöse Vorstellungen wider. Auch die politische Idee der **Demokratie** wurde durch repräsentative Gebäude rund um die Agora, den Platz der Volksversammlungen, architektonisch ausgedrückt. Die Macht der **Aristokratie** wurde in Rom durch das Senatsgebäude verkörpert.

Auch die Geschichte der Architektur wird in Epochen mit fließenden zeitlichen Übergängen zwischen den einzelnen Baustilen gegliedert.

Der Zeitraum vom Beginn des **Mittelalters** bis weit nach der **Kaiserkrönung Karls des Großen im Jahr 800** stellt baulich einen Übergang von der Spätantike zur Romanik (ca. 1000 – 1250) dar. Bereits hier zeigt sich, z. B. am kreuzförmigen Grundriss, dass auch das **Christentum** religiöse Vorstellungen in Bauwerken ausdrückt. Als Schutzherren der Kirche ließen die römisch-deutschen **Könige** und **Kaiser** viele Gotteshäuser errichten. Durch den Bau mittelalterlicher **Klöster** wird die Grundlage für ein ganz auf Gott ausgerichtetes Leben geschaffen.

Mit dem Beginn der **Neuzeit** und der Zeit des **Absolutismus in Europa im 17./18. Jh.** wurde der Baustil des Barocks (ca. 1600 – 1780) eng mit der Darstellung der absoluten **Monarchie** verknüpft und auch in Deutschland als Mittel zum Ausdruck von Macht genutzt. Die katholische Kirche baute im Stil des Barocks prächtige Kirchen und Klosteranlagen, um ihren religiösen Machtanspruch zu unterstreichen und Gläubige zu beeindrucken.

Andere Religionen, wie das **Judentum** und der **Islam**, nutzen ebenfalls seit jeher zu religiösen Zwecken errichtete Bauwerke, um die göttliche Allmacht sowie die Bedeutung ihrer Religionsgemeinschaft auf Erden auszudrücken.

Lesetipps

- Samone Bos: Faszinierende Bauwerke der Welt und wie sie entstanden.
  Reich bebilderter und mit vielen Zeichnungen gestalteter Überblick über die Architekturgeschichte.
- Dieter Bartetzko: Türme, Paläste und Kathedralen. Eine Zeitreise durch die Geschichte der Architektur.
  Die Zwillinge Iris und Martin geraten in eine spannende Zeitreise durch die Geschichte der Architektur.
- Stephen Biestly / Patrick Dillon: Große Bauwerke. Die Geschichte der Architektur. Das Buch zeigt viele detallierte Zeichnungen.

M 1 Basilika Ottobeuren

M 2 Ulmer Münster aktuelles Foto

M 3 Dom zu Speyer aktuelles Foto

1. Kirchenbauten und das Glaubensverständnis ihrer Zeit

Ich kann ...

a) die Kirchen dem jeweiligen Baustil zuordnen und meine Entscheidung begründen. ⇀ M1, M2, M3

b) die Kirchen mithilfe von Gemeinsamkeiten und Unterschieden vergleichen. ⇀ M1, M2, M3

c) erörtern, wie sich das religiöse Verständnis der jeweiligen Epoche auf die Architektur auswirkt.

2. Methode: Bauwerke analysieren

Ich kann ...

a) die Methode „Bauwerke analysieren" am Beispiel der Basilika Vierzehnheiligen anwenden. ⇀ M4, M5, Seite 183 M4

b) begründen, dass die Basilika Vierzehnheiligen eine typische Kirche ihrer Zeit darstellt.

c) unter dem Aspekt des Denkmalschutzes kritisch dazu Stellung nehmen, dass die Basilika Vierzehnheiligen im 20. Jh. wieder an die ursprünglichen Pläne angepasst wurde.

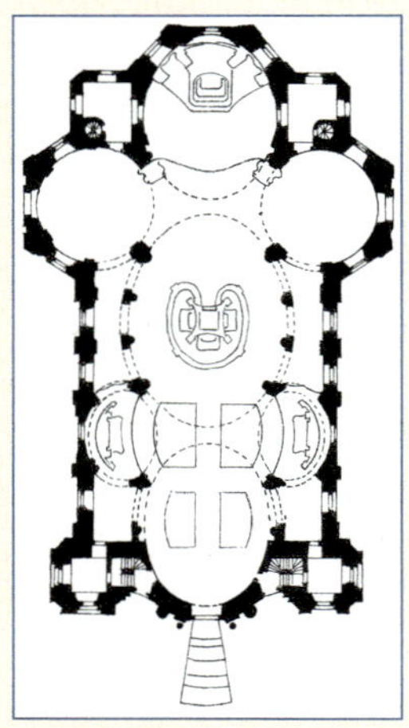

M 4 Grundriss der Basilika Vierzehnheiligen

M 5 Basilika Vierzehnheiligen aktuelles Foto

Info

Basilika Vierzehnheiligen

Die Basilika wurde zwischen 1743 und 1772 im Auftrag des Abts von Kloster Langheim mit Erlaubnis des Bischofs von Bamberg als Ersatz einer älteren Wallfahrtskirche bei Bad Staffelstein erbaut. Der Altar steht im Langhaus, genau an der Stelle, an der einem Schäfer im Jahr 1445 angeblich die vierzehn Nothelfer erschienen waren. 1835 wurde die Kirche durch einen Blitzschlag stark beschädigt und erst ab 1839 renoviert sowie teils umgestaltet. Im Laufe des 20. Jh. wurden durch erneute Renovierungsarbeiten die ursprünglichen Entwürfe des Architekten Balthasar Neumanns wiederhergestellt.

3. Herrschaftsbauten und das politische Selbstverständnis ihrer Zeit

Ich kann ...

a) den jeweiligen Gebäuden Epoche und Herrschaftsform zuordnen und meine Entscheidung begründen.
→ M6, M7, M8

Ratsherrenaristokratie	**Mittelalter**
Absolutismus	**Gegenwart**
Demokratie	**Neuzeit**

b) am Beispiel eines Gebäudes dessen Wirkung beschreiben.

c) am Beispiel eines Gebäudes erklären, wie Architektur genutzt werden kann, um ein Herrschaftsverständnis oder eine gesellschaftliche Ordnung auszudrücken.

M 6 **Reichstagsgebäude in Berlin 19. Jh. Umbau mit Kuppel 1991 bis 1999** aktuelles Foto

M 7 **Schloss Nymphenburg 17. und 18. Jh.** aktuelles Foto

M 8 **Altes Rathaus in Feucht 14. Jh.** aktuelles Foto

4. Ursprüngliche und heutige Funktion historischer Bauwerke und Denkmalschutz

Ich kann ...

a) an einem Beispiel aufzeigen, wie sich die Funktion historischer Bauwerke mit der Zeit verändern kann.

b) die Aufgaben und Zuständigkeiten des Denkmalschutzes erläutern.

c) begründen, dass Denkmalschutz gerechtfertigt und im Interesse der Allgemeinheit ist.

WES-112129-601
Lösungen zum Kompetenzcheck

07

WARENAUSTAUSCH UND KULTURTRANSFER

In allen geschichtlichen Epochen kam es zwischen aneinandergrenzenden Gebieten zu einem intensiven Warenaustausch. Es entstanden auch Handelsrouten zu Wasser und zu Land, die weit entfernte Gebiete verbanden. Selbst Wüsten oder Gebirge stellten für die Fernhändler dabei keine unüberwindbaren Hindernisse dar. Über diese Handelswege wurden Waren wie Bernstein, Gewürze, Seide, Gold oder Kakao transportiert.

Durch diesen Warenaustausch begann auch ein Kulturtransfer, d.h. es wurden Bräuche, die Religion oder Lebensweisen übernommen. An Grenzen oder auf Handelsstrecken begegneten sich z.B. Menschen mit unterschiedlichen Sprachen, die an andere Götter glaubten und voneinander abweichende Wertvorstellungen hatten. Deshalb gab es vereinzelt Konflikte. Oft aber kamen sich die Menschen näher und übernahmen voneinander Dinge, die sie für sinnvoll hielten. Die Folgen und Auswirkungen sind noch in der heutigen Zeit wahrnehmbar.

→ Warum hatten römisch-germanische Begegnungen am Limes merkbare Auswirkungen?

→ Inwiefern prägte der wirtschaftliche Erfolg der Hanse die städtische Kultur?

→ Weshalb brachte das Handelsimperium der Fugger auch einen Kulturaustausch mit sich?

→ Welche Unterschiede gab es in der Antike, dem Mittelalter und der Neuzeit zum heutigen globalisierten Handel?

M 1 **Handel am Limes** Limesmodell im Limesmuseum Aalen
M 2 **Hafenszene in Hamburg** Ausschnitt aus einer Buchmalerei 1497
M 3 **Denkmal für Jakob Fugger in Augsburg** aktuelles Foto
M 4 **Funde aus römischen Städten in Süddeutschland** aktuelles Foto
M 5 **Kakaoernte in Westafrika** aktuelles Foto
M 6 **Nachbau einer Hansekogge** aktuelles Foto
M 7 **Fairer Handel heute** aktuelles Foto

Römer und Germanen begegnen sich

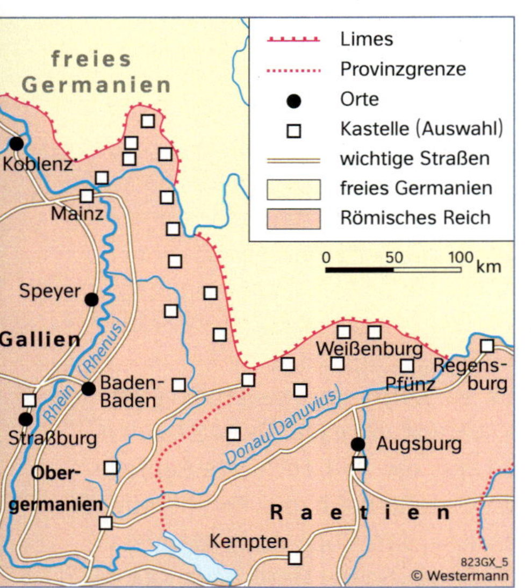

M 1 Verlauf des Limes entlang der Grenzen der Provinzen Obergermanien und Raetien zum freien Germanien

M 2 Rekonstruierter Wachturm des Limes in Hienheim im niederbayerischen Landkreis Kelheim
Der Obergermanisch-Rätische Limes wurde nicht nur zur Verteidigung von Angriffen, sondern auch zur Überwachung der Germanenstämme erbaut.

Bernstein
ein sehr hartes fossiles Harz, das oft bei der Herstellung von Schmuck verwendet wird

Veränderungen in den römischen Provinzen

Ab dem 1. Jh. v. Chr. drangen die Römer in das Gebiet jenseits der Alpen vor und gründeten die **Provinz** Obergermanien und die Provinz Rätien. Um das neu eroberte Gebiet für das Römische Reich zu sichern, wurden in Grenznähe zahlreiche Kastelle platziert, in denen Legionäre lebten und ihren Dienst verrichteten. Diese Soldaten hatten großen Einfluss auf den Alltag in den Provinzen:

- Sie bauten befestigte Straßen, welche die Infrastruktur stärkten und den Warentransport vereinfachten.
- Mit ihrem Legionärssold sorgten sie für eine Steigerung des Fernhandels in den neuen Gebieten, da sie auf Dinge aus ihrer Heimat wie Geschirr aus Keramik, Schmuck oder Wein nicht verzichten wollten.
- Mit den Soldaten kamen oft auch deren Frauen und Kinder in die Provinzen. Durch ihren Kontakt mit den Germanen verbreitete sich die römische Lebensweise.

Aufgrund der neuartigen Produkte und des Umgangs mit den Truppen Roms setzten sich einige Gewohnheiten, wie das Baden in Thermen, sowie lateinische Begriffe durch, die übernommen und angepasst wurden. Dieser Vorgang wird **Romanisierung** genannt.

Der Limes – eine durchlässige Grenzlinie

Überall, wo die römischen Provinzen zu den Germanenstämmen nicht durch eine natürliche Grenze wie einen Fluss von germanischem Gebiet getrennt waren, bauten die Römer eine künstliche Grenzlinie: den **Limes**.

Der Limes sollte der Verteidigung dienen und war auch ein Mittel, um die Grenzen des Römischen Reichs zu kontrollieren: So konnte von staatlicher Seite überwacht werden, welche Personen einreisten, welche Ware in das Imperium eingeführt und was zu den Germanen ausgeführt wurde.

An den Grenzübergängen und an bestimmten Orten in den Provinzen wurde es germanischen Händlern erlaubt, ihre Waren anzubieten. Auf diese Weise gelangten Tierfelle, Schinken oder auch langes blondes Frauenhaar nach Rom, welches von römischen Frauen als Perücken getragen wurde. Dieser intensive Handel ist die Ursache dafür, dass sich aus dem lateinischen Verb caupere das deutsche Wort kaufen entwickelte.

Warentausch auf Germanengebiet

In das Gebiet der Barbaren, wie die Germanen oft in Quellen genannt werden, wagten sich vereinzelt römische Händler, die u. a. Produkte kauften, die nicht im Römischen Reich vorkamen. Zu diesen ist vor allem *Bernstein* zu zählen, der in erster Linie im Norden Germaniens vorkam. Aber auch Felle, Vieh, Wachs, Honig oder germanische Sklaven waren äußerst begehrt. Die Germanen interessierten sich z. B. für Schmuck, Wein, Gewürze oder Glasbecher. Durch den Kontakt mit den Römern lernten viele Germanen die Verwendung von Geld als Zahlungsmittel kennen. Diese Zahlungsart wurde in limesnahen Gebieten schnell übernommen. In limesferneren Regionen wurde hingegen oft der traditionelle Tauschhandel weitergeführt und römische Münzen eingeschmolzen, um Schmuck herzustellen.

M 3 Die fremdartigen Nachbarn

Der römische Geschichtsschreiber Tacitus gibt seinen Mitbürgern um 100 n. Chr. Informationen über die Germanen:

Bei den Germanen gedeiht Getreide; Obst hingegen nicht. Vieh gibt es reichlich, doch zumeist ist es recht klein. ... In den Grenzgebieten kennen sie unser Geld und nehmen es gerne; doch im Inneren des Landes herrscht noch einfacher Tauschhandel. ... Zum Hausbau verwenden sie nicht Bruchsteine oder Ziegel, sondern unbehauenes Holz, ohne auf ein gefälliges oder freundliches Aussehen zu achten. ... Als Getränk dient den Germanen ein Saft aus Gerste oder Weizen, der durch Gärung eine gewisse Ähnlichkeit mit Wein erhält. Die Kost ist einfach; wildes Obst, frisches Wildbret oder geronnene Milch. Ohne feine Zubereitung, ohne Gewürze vertreiben sie den Hunger.

Tacitus: Germania, 5, 16, 17 und 23 (bearbeitet)

M 4 Gelenkter Warenaustausch

Ein Historiker beschreibt das gegenseitige Interesse am Handel zwischen dem römischen Staat und Germanen:

[Es] ergibt sich, dass die Völker jenseits der Grenze ein lebhaftes Interesse an einem Warenaustausch mit den Römern hatten. ... Die Festlegung von Orten und Terminen, an denen ein solcher, wirtschaftlicher Kontakt vonstattengehen konnte, zeigt eindringlich das Bestreben der kaiserlichen Zentrale, die Kontakte auf wirtschaftlicher Ebene zu reglementieren[1] und zu kontrollieren, aber eben auch zu gewährleisten. Eine solche Regulierung musste aber nicht nur aus fiskalischen[2] Gründen im Interesse der römischen Verwaltung liegen, sondern auch, um den Export von Waffen oder waffenfähigem Material aus dem Reich zu verhindern, der ... ein Strafbestand war.

[1] steuern, [2] steuerlichen

Ruffing, K.: Friedliche Beziehungen, S. 160.

M 5 Handel am Limes heutige Illustration

Aufgaben

Veränderungen in den römischen Provinzen

1. Nenne Orte, die sich in den römischen Provinzen Obergermanien und Raetien befanden. → M1
2. Vergleiche die Darstellung des Limes in den drei Rekonstruktionen. → M2, M5, M1 auf Seite 194
3. Stelle den lateinischen Begriffen die deutschen Wörter in einer Tabelle gegenüber. → M5

Latein	Deutsch
radix	Rettich

Waren- und Kulturaustausch am Limes

4. Beschreibe die Gründe der Germanen, mit den römischen Nachbarn zu handeln. → M3, Placemat
5. Bewerte die staatliche Steuerung des Handels mit den Germanen. → M4
6. a) Untersucht in Gruppen mehrere eurer Kleidungsstücke und Schuhe nach den Ländern ihrer Herstellung und markiert diese auf einer Weltkarte.
   b) Diskutiert Ursachen und Folgen dieser Entwicklung des Handels.

Die deutsche Hanse

M 1 **Lübecks Stadtsiegel 1256**
Die Kogge war das typische Handelssegelschiff der Hansekaufleute. Im Fall von kriegerischen Auseinandersetzungen konnten Koggen zu Kriegsschiffen umgerüstet werden.

Nicht nur in der Antike, sondern auch im **Mittelalter** war der Fernhandel mit anderen Ländern wichtig. Im Zuge dessen wechselten viele unterschiedliche Güter über den Land- und Seeweg ihren Besitzer. Die Fuhrwerke oder Schiffe wurden dabei häufig von Wegelagerern oder Piraten überfallen, was für die Händler große Verluste bedeutete. Um das Risiko eines Überfalls zu verringern, verbündeten sich Kaufleute für ihre Handelsreisen. Bald darauf übernahmen die Städte Nordeuropas diese Aufgabe und organisierten die gemeinsame Abwehr von räuberischen Banden. Die Städte profitierten nämlich ebenfalls vom Erfolg der dort ansässigen Kaufmannsfamilien in Form von Steuern und gesteigertem Ansehen.

Aus den Anliegen, die Handelsrouten miteinander zu sichern sowie die städtischen Kaufleute zu schützen, entwickelten sich ab dem 12. Jh. regionale Städtebünde. Der erfolgreichste war dabei die deutsche Hanse, durch welche die zuvor getrennten Wirtschaftsräume von Nord- und Ostsee verbunden wurden. Dadurch war eine vielfältigere Auswahl an Handelsgütern verfügbar, was die Gewinne der Kaufleute stetig ansteigen ließ.

Ein Grenzen übergreifendes Handelsimperium

Die Grundlage für den Reichtum der Hanse bildete der Fernhandel durch Koggen, die typischen hanseatischen Handelsschiffe. Diese steuerten die verschiedenen Hafenstädte regelmäßig an. An vielen ausländischen Orten, wie z. B. in London, bildeten sich sogenannte *Kontore*. Jedoch war die Existenz der Kaufleute oft durch verschiedene Faktoren bedroht:

Kontor
Ein Kontor ist ein Büro eines Kaufmanns, in dem meist auch eine Unterkunft vorhanden war.

- Schneller wirtschaftlicher Erfolg führte zu Neid und Missgunst.
- Gegner der Hanse, wie z. B. der dänische König, versuchten u. a. durch das Anheuern von Piraten, den Handel der Hansekaufleute lahmzulegen und deren Unternehmen zu ruinieren.
- Hoher Warenabsatz bedeutete auch mehr Gewinn. Deshalb war es das Ziel etlicher Kaufleute, ihre Handelsflotte zu vergrößern. Oft gingen sie ein finanzielles Risiko ein. Ein Misserfolg konnte bereits zur Verarmung eines zuvor erfolgreichen Kaufmanns führen.

Bergen, Brügge, London, Lübeck, Nowgorod und Wisby wurden zu den wichtigsten Städten im Hanseverband. Aufgrund der guten Erreichbarkeit von Wisby auf Gotland wurden dort viele Waren der Koggen umgeladen. Die geografische Lage im Herzen der Hanse gab jedoch den Ausschlag, dass Lübeck das politische Zentrum wurde. Dort wurden die Hansetage abgehalten: Vertreter der Städte kamen zusammen, um ihre Vorgehensweise abzustimmen und im Notfall auch über Krieg zu entscheiden.

M 2 **Das Lübecker Holstentor**
Das eigentlich zur Verteidigung gedachte Stadttor wurde aus dem Nachlass eines Lübecker Ratsherrn finanziert. Heute ist im Wahrzeichen der Stadt ein Museum untergebracht.

Reichtum verbindet und verpflichtet

Für viele Kaufleute war es als **Bürger** eine Selbstverständlichkeit, etwas an die Heimatstadt zurückzugeben. So wurden Spitäler eingerichtet, Kirchen ausgestattet, die Befestigung der Stadt unterstützt oder Universitäten gegründet. Als die Hanse zu Beginn der **Neuzeit** durch eine Verlagerung von Handelswegen an Bedeutung verlor, waren etwa 200 Städte in ihr organisiert. Wegen der langjährigen, länderübergreifenden Kooperation erinnern in diesen noch viele Gebäude und Feste an die hanseatische Vergangenheit.

M 3 **Das Handelsnetz der Hanse**

M 4 **Geschäftiges Treiben in Brügge** Buchmalerei 1497

M 5 **Krantor in der Altstadt von Danzig** aktuelles Foto

Aufgaben

Ein Grenzen übergreifendes Handelsimperium

1. Fasse zusammen, was man unter der deutschen Hanse versteht.
2. a) Stelle die gehandelten Waren, die aus dem Ostseeraum stammten, denen des Nordseeraums in einer Tabelle gegenüber. → M3
   b) Markiere darin die Waren, die es ausschließlich im Ost- oder Nordseeraum gab, farbig. → M3
3. a) Beschreibe die Vorgänge im Hansehafen. → M4
   b) Untersuche die Abbildungen auf Gemeinsamkeiten und Unterschiede. → M4, M5

Reichtum verbindet und verpflichtet

4. a) Stellt euch vor, ihr seid eine Lübecker Handelsfamilie, die in Bergen, Brügge und Nowgorod Handel treiben möchte. Diskutiert, welche Erfordernisse z. B. bzgl. der Sprache, Währung etc. nötig sind.
   b) Erörtert, wie ihr euch bei eurer Heimatstadt erkenntlich zeigen würdet. Stühletausch

Die Fugger aus Augsburg

M 1 Jakob Fugger (1459 – 1525)
Gemälde von Albrecht Dürer um 1520

Wer es sich zu Beginn der Neuzeit leisten konnte, ein Porträt von sich anfertigen zu lassen, der hatte meist einen Adelstitel, verfügte über enormen Einfluss oder über ein großes Vermögen. Auf Jakob Fugger, der den Beinamen „der Reiche“ erhielt, trafen alle drei Dinge zu. Von der Fuggerstadt Augsburg aus leitete er einen der ersten länderübergreifenden Konzerne.

Aufbau eines Wirtschaftsimperiums

Im Jahr 1367 zog der Webermeister Hans Fugger in die freie Reichsstadt Augsburg, die das **Stadtrecht** bereits seit mehr als 200 Jahren innehatte. Dadurch entfloh er der **Grundherrschaft**, erlangte in der Stadt das Bürgerrecht und konnte dort sein Handwerk ausüben. Mit der Herstellung von Tuchen wurde die Familie wohlhabend.

Sein Enkel Jakob Fugger, der zuvor u. a. im deutschen Handelshaus in Venedig zum Händler ausgebildet worden war, übernahm das Familiengeschäft. Bald wechselten die Fugger von der Handwerks- in die Kaufmannszunft und verdienten ihr Geld nicht mehr mit der Herstellung, sondern mit der Ein- und Ausfuhr von Waren. Um ihre Gewinne weiter zu steigern, wurden in anderen Handelsstädten Kontore gegründet. Dort kümmerten sich Mitarbeiter um den Transport sowie den An- und Verkauf von Waren.

Grundlegend für den Ausbau des Familienbetriebs zu einem spätmittelalterlichen Wirtschaftsimperium war die von den Fuggern in Deutschland erstmals angewendete doppelte Buchführung: Ein- und Ausgaben werden gegenübergestellt und geben hierdurch sofort einen Überblick über den Stand der Geschäfte.

M 2 Jakob Fugger verbrennt den Schuldbrief Kaiser Karls V.
Holzstich um 1860, nachkoloriert
Der Fugger erließ dem König von Spanien und Kaiser des römisch-deutschen Reiches seine Schulden.

Die Fugger beeinflussten die Reichspolitik ...

Mit dem Anstieg ihres Reichtums wurden die Fugger in immer mehr Handelsbereichen tätig. Bald wurde mit Waren aller Art Fernhandel getrieben. Zudem verlieh der Geschäftsmann Jakob Fugger das zuvor verdiente Geld, obwohl dies für Christen als Sünde galt, und vergrößerte seinen Wohlstand weiter. Mit seinem Geld nahm Jakob Fugger gezielt Einfluss:

- Der spätere Kaiser Maximilian I. erhielt für seine Hochzeit von den Fuggern edle Kleidung geschenkt, wodurch eine zukünftige Zusammenarbeit sichergestellt wurde.
- Als der Tiroler Erzherzog Sigismund seine Kredite bei den Fuggern nicht zurückzahlen konnte, trat er die Abbaurechte in seinen Silberminen an diese ab. Dadurch stand dem Familienunternehmen ein weiteres Handelsgut zur Verfügung.
- Im Jahr 1519 starb Kaiser Maximilian I., ohne dass seine Nachfolge geregelt war. Einige Könige meldeten ihr Interesse an. Durch finanzielle Mithilfe der Fugger konnten die Kurfürsten von Karl V. als Kaiser überzeugt werden. Das Oberhaupt des Reichs stand fortan in ihrer Schuld.

Durch diese geschickten Geschäfte sicherte sich das Augsburger Unternehmen nicht nur zahlreiche Sonderrechte, wie ein *Monopol* auf den Kupferhandel, sondern die Fugger stiegen auch zu einer der mächtigsten Familien im römisch-deutschen Reich auf.

Monopol
Eine Ware ist nur bei einem Händler erhältlich. Dieser bestimmt den Preis.

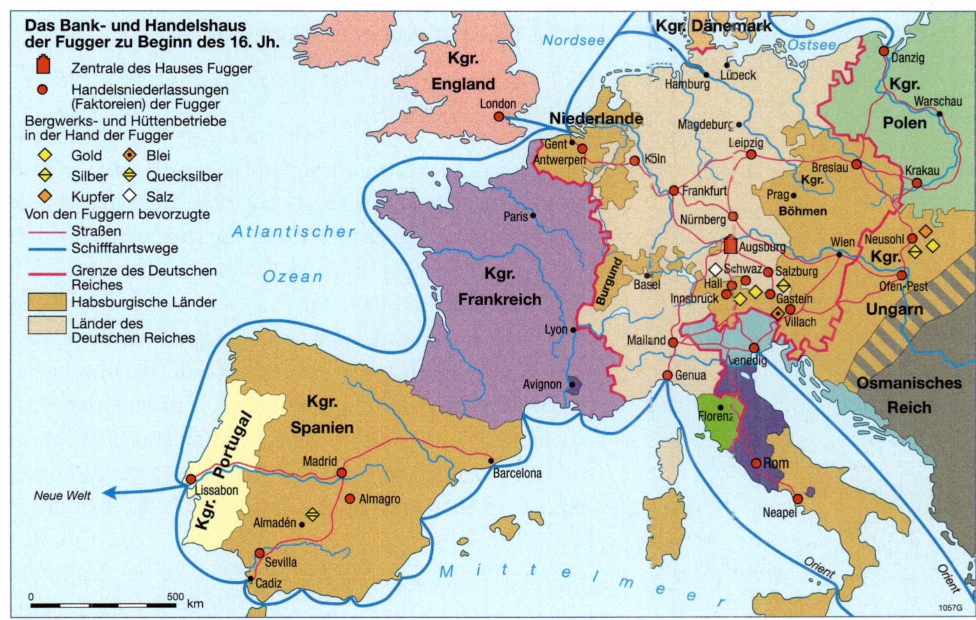

M 3 **Handelsniederlassungen der Fugger** zu Beginn des 16. Jh.

... und zeigten soziales Engagement

Während die Fugger zu großem Reichtum kamen, waren viele Menschen in Augsburg weiterhin arm. Für sie gründete die Kaufmannsfamilie einige Stiftungen:

- Menschen, die sich keine Mietwohnung leisten konnten, wurde die Fuggerei zur Verfügung gestellt. Das waren die ersten Sozialwohnungen in Deutschland. Die jährliche Miete von einem Gulden entsprach dabei etwa dem Wochenlohn eines Arbeiters.
- Für die Bezahlung des Personals und die Gerätschaften im Augsburger Spital kamen ebenfalls die Fugger auf. Dort wurde die medizinische Versorgung der ärmeren Schichten sichergestellt.

Zur Steigerung des Ansehens der Familie und für das eigene Seelenheil wurde in der St. Anna Kirche eine Kapelle gestiftet, in der die Mitglieder der Familie Fugger ihre letzte Ruhe finden sollten. Bei der Ausstattung dieses ersten Sakralbaus der **Renaissance** auf deutschem Boden wurden nur edle Materialien verbaut sowie nur sehr bekannte Künstler engagiert.

Alle neun Fuggerschen Stiftungen existieren noch heute und werden von den Erben Jakob Fuggers betreut. Der Großteil dieser unterstützt Bedürftige, um ihnen aus ihrer Notlage zu helfen und sie in die finanzielle Selbstständigkeit zurückzuführen.

M 4 **Wohnungen in der Fuggerei**
aktuelles Foto

Aufgaben

Aufbau eines Wirtschaftsimperiums

1. Gib den Aufstieg der Fugger von einem Familienbetrieb zu einem Wirtschaftsimperium wieder. → M1
2. a) Benenne Orte, an denen sich die Bergwerks- und Hüttenbetriebe der Fugger befanden. → M3
   b) Beschreibe Ausdehnung und Vernetzung des Bank- und Handelshauses der Fugger. → M3
3. Bewerte die folgende Behauptung: „Die Fugger hatten mächtige Herrscher in der Hand." → M2

Die Fugger zeigten soziales Engagement

4. Recherchiere die heutige Jahresmiete für eine Wohnung in der Augsburger Fuggerei. → M4,
5. Präsentiere die Stiftung einer heute bekannten Persönlichkeit. , Galeriegang

M 5 Jakob Fugger mit seinem Buchhalter
Miniatur 1520

M 7 Kaiserlicher Schutz

In einem Brief Kaiser Karls V. im Jahr 1523 an seinen Verwalter wird die Abhängigkeit des Kaisers von den Fuggern deutlich:

Jakob Fugger [und andere Kaufleute] haben sich bei uns darüber beklagt, dass Du sie ... vor Gericht geladen hast. Jakob Fugger und Andreas Grander sollen einen Monopolhandel betreiben; die anderen sollen unrechtmäßige Einkaufs- und Verkaufspraktiken angewandt haben. Die genannten Kaufleute erheben ... Einspruch gegen die Vorladung. Sie haben uns untertänigst gebeten, das Vorgehen gegen sie zu verbieten. ...

Nun sind wir der Meinung, dass im heiligen Reich kein Monopolhandel betrieben werden soll und dass unziemliche, verbotene Einkaufs- und Verkaufspraktiken abgestellt werden sollen. Dennoch können wir zur Zeit aus bestimmten Gründen nicht dulden, dass gegen die genannten Kaufleute in der geschilderten Weise vorgegangen und gegen sie ein Gerichtsverfahren eröffnet wird.

Deshalb befehlen wir Dir, dass Du ... gegen die genannten Kaufleute bis auf einen weiteren Befehl von uns nichts mehr unternimmst.

Strieder, J.: Studien zur Geschichte kapital. Organisationsformen, S. 370f.

M 6 Eine Mahnung für Kaiser Karl V.

Jakob Fugger erinnerte den Kaiser daran, seinen Kredit zeitnah zurückzuzahlen:

Eure Kaiserliche Hoheit wissen ohne Zweifel, wie ich und meine Vettern bisher dem Hause Österreich zu dessen Wohlfahrt[1] alleruntertänigst zu dienen geneigt gewesen sind. ... Es ist auch bekannt und liegt am Tage, dass Eure Kaiserliche Majestät die Römische Krone ohne meine Hilfe nicht hätte erlangen können. ... Denn wenn ich hätte vom Hause Habsburg abstehen und Frankreich fördern wollen, so hätte ich viel Geld und Gut erlangt. ... Welcher Nachteil aber hieraus Eurer Kaiserlichen Majestät und dem Hause Österreich erwachsen wäre, das haben Eure Majestät aus hohem Verstande wohl zu erwägen.

[1] Gunst

Ehrenberg, R.: Das Zeitalter der Fugger, S. 112.

M 8 Die Fuggersche Buchführung

Aus seiner Zeit in Italien war Jakob Fugger mit der doppelten Buchführung vertraut und wandte diese in seinem Unternehmen an. Aus den Jahren 1511 bis 1527 ergibt sich folgende Bilanz:

1. Vermögenswerte des Unternehmens in Gulden[1]:	
materieller Besitz	671 000
Bargeld	50 000
Forderungen	1 650 000
Depitorengelder[2]	430 000
in laufenden Geschäften	70 000
zusammen	*2 871 000*
2. Abgänge und vorhandenes Kapital:	
teilweise kurzfristige Kredite	- 870 000
Abschreibungen[3] und uneinbringliche Forderungen	- 36 250
Sonstiges (inkl. Rückzahlungen)	+ 56 452
Kapital im Februar 1511	- 196 791
zusammen	*- 1 046 589*
Vermögenswerte	+ 2 871 000
Abzüge	- 1 046 589
Gewinn von 1511 – 1527	+ 1 824 411

[1] Der Jahreslohn eines ausgebildeten Handwerkers betrug etwa 50 Gulden.
[2] Geld, das von Kunden für bereits geleistete Lieferungen noch aussteht
[3] Wertminderung von betrieblichem Besitz aufgrund von Abnutzung

Hering, E.: Die Fugger, S. 190f.

M 9 Der Stiftungsbrief Jakob Fuggers

Mit dem Brief sicherte Jakob Fugger im Jahr 1521 die von den Gewinnen der Firma finanzierte Fuggerei und deren Fortbestand rechtlich ab:

Dafür soll jedes Hausvolk[1] jährlich einen Gulden auf St. Michael[s Tag] und auf St. Georg[s Tag] einen halben Gulden zur Erhaltung der Gebäude geben. Und dazu [soll] ein jeder, das, was er zerbricht, reparieren. Auch [soll] ein jeder Mensch, Jung oder Alt, soweit er es vermag, ein Vaterunser, ein Ave Maria und ein Glaubensbekenntnis täglich sprechen für meinen Vater, meine Mutter, auch für Ulrich und Georg Fugger, meine und unser aller Geschwister und Nachkommen als Hilfe und Trost; dazu soll sich jedes Hausvolk wie bisher gegen mich oder nach meinem Tod gegenüber meinen Vettern und ihren Nachkommen genau schriftlich verpflichten. Ich und nach meinem Tod meine Vettern sollen auch ... zusehen, dass die Häuser gut gehalten, nichts Unehrenhaftes oder Schändliches gestattet wird, vielmehr soll es mit den Almosen[2], wie es von mir vorgesehen und vorgenommen wurde, dem Allmächtigen zum Lob und den Armen zur Hilfe auf ewig gehandhabt werden.

[1] Mieterinnen und Mieter, [2] Geldzahlungen oder Gaben an Bedürftige

Kellenberger, H. (Hg.): Jakob Fuggers Stiftungsbrief, S. 95ff. (bearbeitet)

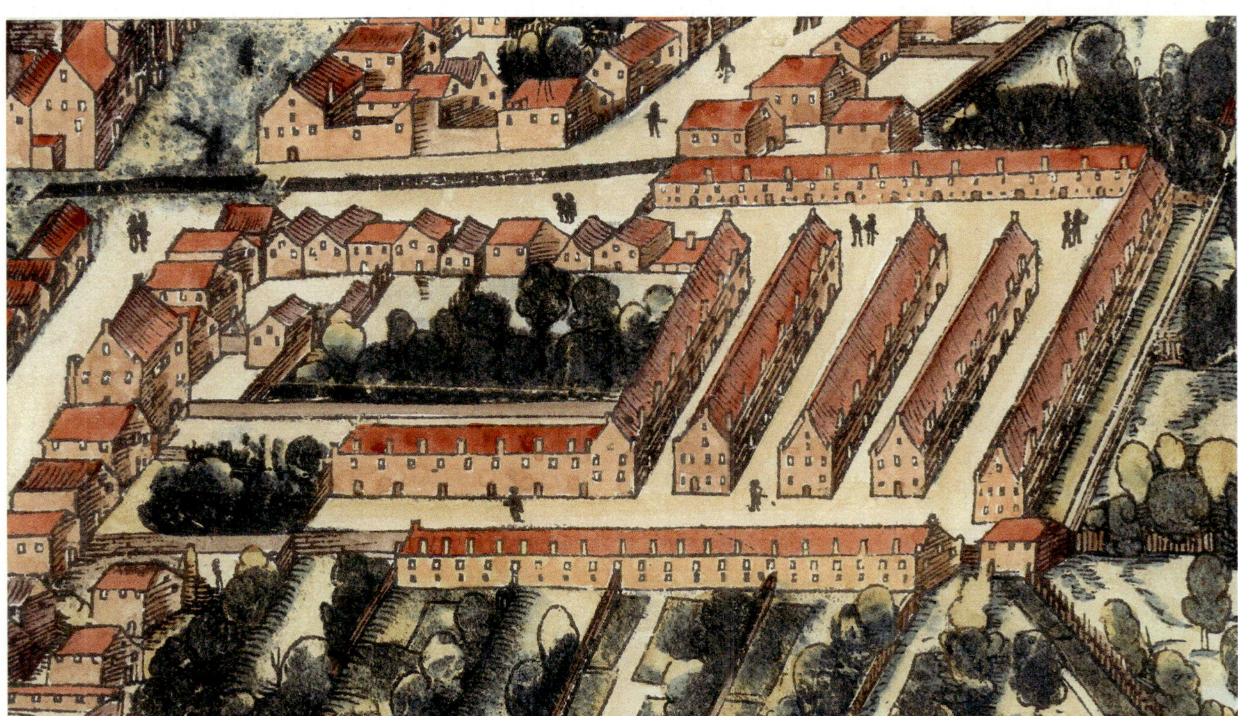

M 10 Die Augsburger Fuggerei in einem Stadtplan von 1521 Holzschnitt

Aufgaben

Das Wirtschaftsimperium der Fugger

1. Stelle die Handelsorte an der Wand hinter Jakob Fuggers Buchhalter in einer Tabelle dar. → M5, 🔍

Name in Quelle	heutiger Name	heutiges Land
Rom	Rom	Italien
...	...	...

2. Stelle die Motive Jakob Fuggers und Kaiser Karls V., den jeweiligen Brief zu verfassen, gegenüber. → M6, M7, Partnervortrag

3. a) Errechne den durchschnittlichen Jahresgewinn der Fugger von 1511 bis 1527. → M8
   b) Finde heraus, wie viele Jahre ein ausgebildeter Handwerker für diesen Betrag hätte arbeiten müssen. → M8

Die Fugger als Wohltäter

4. a) Gib die Forderungen an Mieter in der Fuggerei durch die Vermieter wieder. → M9
   b) Zähle die Selbstverpflichtungen für Jakob Fugger und seine Nachfahren auf. → M9, M10

Einen Geschichtscomic entwerfen

M 1 **Bilder aus einem Comic über Martin Luther**

Ein Geschichtscomic ist eine auf Quellen sowie wissenschaftlichen Texten beruhende Aneinanderreihung von Bildern zu einem geschichtlichen Thema. Darin sind Textelemente enthalten, die als Denk- oder Sprechblasen gestaltet sind. Charakteristisch für Geschichtscomics ist es zudem, dass nicht alle Inhalte der Realität entsprechen, also auch erdachte Elemente enthalten sein können. Die Darstellung von Geschichte in Comics eignet sich zudem, einen Verlauf in der Vergangenheit aus mehreren Perspektiven zu beleuchten.

Schritte zur Erstellung eines Geschichtscomics

Schritt 1: Wissen zum Thema sammeln
- Recherchiere zu deinem Thema und versuche dabei, auf wissenschaftliche Texte oder historische Quellen zurückzugreifen.
- Ordne deine Ergebnisse chronologisch.

Schritt 2: Erzählung entwickeln
- Stelle dir vor, du erzählst deine Forschungsergebnisse einem guten Freund. Versuche dabei, die Erkenntnisse in einem logischen Zusammenhang wiederzugeben.

Schritt 3: Anzahl der Bilder festlegen
- Teile die Handlung deiner Erzählung in kleinere Abschnitte ein. So erhältst du automatisch die Anzahl der Bilder deines Geschichtscomics.

Schritt 4: Geschichtscomic zeichnen
- Mache dich nun an das Zeichnen deiner Bilderfolge. Vergiss dabei nicht, Sprech- oder Denkblasen mit Äußerungen einzuarbeiten.
- Achte darauf, dass deine Darstellung der Ereignisse aus mehreren Perspektiven gezeigt wird.

M 2 **Auszug aus Kolumbus' Bordbuch**

Der unter spanischer Flagge segelnde Kapitän der Karavelle Santa Maria, Christopher Kolumbus, hielt die Eindrücke seiner ersten Fahrt für den spanischen König 1492 in seinem Bordbuch fest:

Freitag, 12. Oktober Um zwei Uhr morgens kam das Land in Sicht, von dem wir etwa 8 Seemeilen entfernt waren. Wir holten alle Segel ein. ... Dann lagen wir bei und warteten bis zum Anbruch des Tages. ... [Auf dem Neuland] erblickten wir alsogleich nackte Eingeborene. Ich begab mich ... an Bord eines mit Waffen versehenen Bootes an Land. Dort entfaltete ich die königliche Flagge. ... Unseren Blicken bot sich eine Landschaft dar, die mit grün leuchtenden Bäumen bepflanzt und reich an Gewässer und allerhand Früchten war. Sofort sammelten sich an jener Stelle zahlreiche Eingeborene der Insel an. ... [Ich] schenkte also einigen unter ihnen rote Kappen und Halsketten aus Glas und noch andere Kleinigkeiten von geringem Werte, worüber sie sich ungemein erfreut zeigten. ... Sie gehen nackend umher ... [und] haben dichtes, struppiges Haar, das fast Pferdeschweifen gleicht, das über der Stirne kurz geschnitten ist bis auf einige Haarsträhnen, die sie nach hinten werfen. ... Einige von ihnen bemalen sich mit grauer Farbe ... andere wiederum mit roter, weißer oder einer anderen Farbe. ... Sie führen keine Waffe mit sich, die ihnen nicht einmal bekannt sind; ich zeigte ihnen die Schwerter und da sie sie aus Unkenntnis bei der Schneide anfassten, so schnitten sie sich.

Kolumbus, C.: Bordbuch (bearbeitet)

M 3 Comic zur Quelle M2

M 4 Die Eroberung der Aztekenhauptstadt

Der Historiker Hanns J. Prem beschreibt die List, durch die der spanische Eroberer Hernán Cortés die Hauptstadt der Azteken, Tenochtitlán, einnehmen konnte:

Im Dezember 1520 brach das erholte ... spanische Heer ... nach Tenochtitlán auf. Es führte, von indianischen Hilfstruppen über einen hohen Pass geschleppt, 13 zerlegte Segelschiffe (Brigantinen) mit. ...
Während die Schiffe zusammengesetzt wurden, wurden die zahlreichen kleinen Städte am Ufer des Sees von Mexiko erobert, und Tenochtitlán wurde so immer stärker von der Versorgung abgeschnitten. ... Im April des folgenden Jahres begann die unmittelbare Einschließung der Inselstadt, wobei die Brigantinen besonders wirkungsvoll waren. Die eigentliche Eroberung war ein langwieriger Vorgang: um sicherzugehen, wurde alles eroberte Terrain[1] eingeebnet, die Häuser wurden zerstört und die Kanäle aufgefüllt.
Mit der Gefangennahme von ... Herrschern zerbrach nach 90-tägigen erbitterten Kämpfen am 13. August 1521 ... der letzte indianische Widerstand.

[1] Gebiet

Prem, H. J.: Die Azteken, S. 115.

M 5 Startbild zum eigenen Geschichtscomic zu M4

Aufgabe

WES-112129-702
M5 als Startbild zum eigenen Geschichtscomic

Gestalte einen Geschichtscomic zur Eroberung von Tenochtitlán, der Hauptstadt der Azteken im heutigen Mexiko, auf Basis von M4. Schließe dazu deine drei eigenen Bilder an das Startbild M5 an. Achte bei deiner Darstellung darauf, dass du die Ereignisse sowohl aus der Sicht der Azteken als auch der Eroberer darstellst.

Kakao damals und heute

M 1 **Kakaoschote und -bohnen**

Der Legende nach wurde der Kakao den mexikanischen Ureinwohnern vom Gott Quetzalcoatl geschenkt. Oft wird die Frucht als das wahre Gold der Azteken bezeichnet. Dieser Vergleich ist nicht abwegig, da Kakao u. a. als Zahlungsmittel in der aztekischen Kultur verwendet wurde. Zudem fanden Kakaobohnen auch als Opfergabe Verwendung.

Mit der Eroberung der Neuen Welt bahnte sich der Kakao seinen Weg in die immer besser vernetzte Welt. Während des europäischen Barocks wurde Kakao noch ausschließlich in Adelskreisen und von wohlhabenden Bürgern konsumiert. Erst eine neue Verarbeitungsmethode einer holländischen Firma machte das Kakaopulver im 19. Jh. für viele erschwinglich.

Liebe Schülerinnen und Schüler,

anlässlich des Firmenjubiläums der K-K-O GmbH möchten wir vier kreative Werbeposter drucken lassen, die jeweils ein Bild und einen ansprechenden Slogan enthalten.
Für die Poster sind folgende Themen vorgesehen:

Plakat 1: **Kakao bei den Azteken**
Plakat 2: **Europäer lernen den Kakao kennen**
Plakat 3: **Luxusgut in Europa vor 1800**
Plakat 4: **Kakao aus fairem Handel**

Bildet Gruppen und erstellt mithilfe der Materialien und eigener Recherche außergewöhnliche Plakate!

M 2 **Azteke mit Kakaoschote**
Steinstatue um 1500

M 3 **Kakao als Zahlungsmittel**

Hernán Cortés (1485 – 1547), der Eroberer Mexikos, beschrieb seinem Geldgeber Kaiser Karl V. die Form und Verwendung von Kakao:

Dies ist eine Frucht wie Mandeln, man verkauft sie gemahlen und schätzt sie im ganzen Lande als Münzen, sodass man auf den Märkten allen Bedarf dafür kaufen kann.

Cortés, H.: Die Eroberung Mexikos, S. 83.

M 4 **Das göttliche Getränk**

Hernán Cortés berichtete seinem Kaiser über die Eigenschaft des Kakaos:

Das göttliche Getränk [also der mit Chili und anderen Gewürzen angereicherte Kakao] stärkt die Widerstandskraft und bekämpft die Müdigkeit. Eine Tasse von diesem kostbaren Getränk erlaubt dem Manne, einen ganzen Tag ohne Nahrung zu marschieren.

Cortés, H.: Die Eroberung Mexikos, S. 94. (bearbeitet)

M 5 Ein Getränk für Schweine

Der italienische Reisende und Historiker Girolamo Benzoni (1519 – 1572) beschrieb die Herstellung von Kakao:

In dieser Provinz werden zwei Dinge produziert, die man nirgends anders ... außer in Guatemala, ... Mexiko und entlang der Küsten von Neuspanien findet. Das eine ist eine Pfauenart, welche bereits nach Europa gebracht wurde und dort Indische Henne genannt wird.
Das andere ist Kakao, den sie als Geld verwenden. ... Dessen Frucht ist mandelähnlich und wächst in einer Schale, die von der Größe her einem Kürbis gleicht. Sie reift in einem Jahr. Wenn sie reif ist, werden die Kerne herausgenommen und auf Matten getrocknet. Dann, wenn [die Azteken] etwas trinken wollen, rösten sie die Samen in einer Tonschale über dem Feuer und benutzen dann die Steine, die sie auch zur Brotzubereitung verwenden, um sie zu mahlen. Diese Paste wird in Gefäße gefüllt ... und nach und nach warmes Wasser zugefügt. Ab und zu geben sie auch eine Prise ihres Gewürzes hinzu. Sie trinken es, jedoch scheint es mehr ein Getränk für Schweine als für Menschen zu sein.

Benzoni, G.: Die Geschichte der Neuen Welt, S. 148ff. (bearbeitet)

M 6 Habsburgisches Schokoladengeschirr
Das neuartige Getränk war zunächst den europäischen Herrschern, Adligen und reichen Bürgern vorbehalten.
Kaiserin Maria Theresia von Österreich ließ dieses Service eigens für den Genuss von Kakao herstellen.

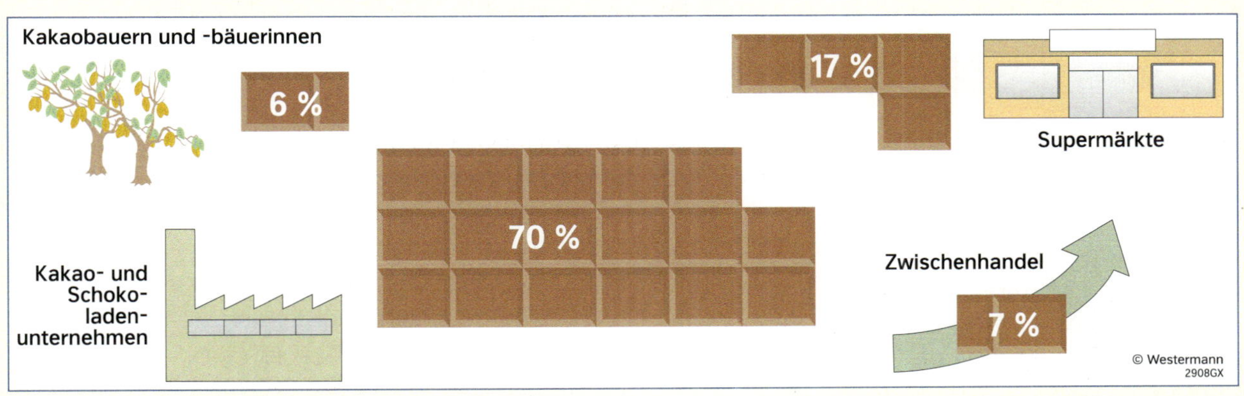

M 7 Gewinnverteilung im Kakaohandel in Prozent

Info

Handel mit Kakao

Der Rohstoff Kakao stammt nahezu komplett von Kleinbauern, deren Anbaufläche selten größer als 5 Hektar, also in etwa 7 Fußballfelder, groß ist. Diese können ihre Erzeugnisse nicht selbst vermarkten und sind auf Zwischenhändler und große Konzerne angewiesen, welche die getrockneten Kakaobohnen zu sehr niedrigen Preisen ankaufen. Um trotzdem einen Gewinn zu erwirtschaften, müssen Kakaobauern nach günstigen Arbeitskräften suchen, die bei der Ernte helfen. Meist fällt die Wahl dabei auf Kinder, da sie mit Abstand die geringsten Löhne ausgezahlt bekommen.

M 8 Logo des Programms „Fairtrade Schools"
Als Fairtrade, also fairer Handel, wird Warenaustausch bezeichnet, bei dem der Produzent – im Falle des Kakaos der Kleinbauer – einen angemessenen Preis für seine Ware erhält. Auch deine Schule kann an der Kampagne „Fairtrade Schools" teilnehmen.

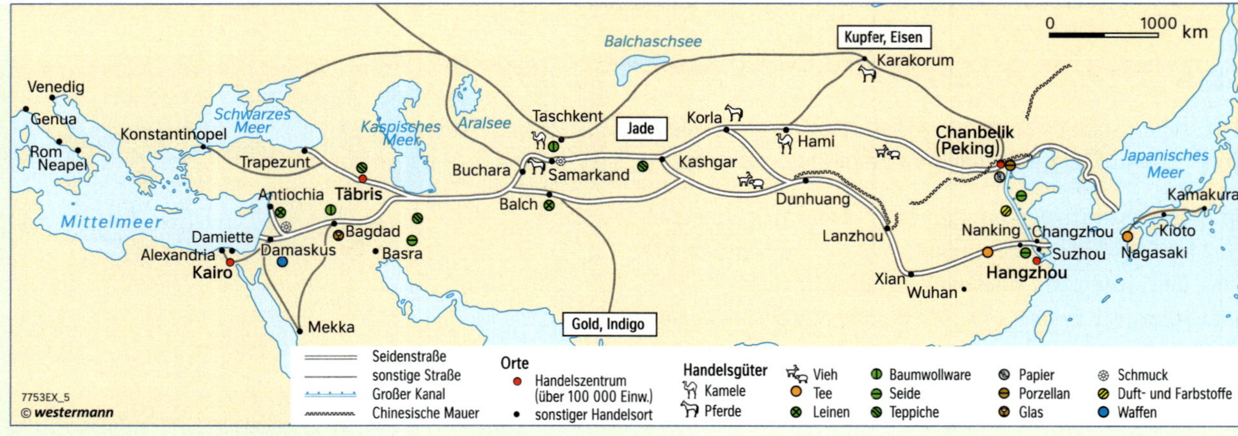

M 1 **Seidenstraße um 1300**

M 2 **Verortung der Seidenstraße**

M 3 **Die neue Seidenstraße** verbindet China und Europa. Aktuelles Foto

Die Seidenstraße

Bereits in der Antike kamen Europäer mit für sie neuartigen und kostbaren Waren aus Asien in Kontakt. Der Grund hierfür war ein weit verzweigtes Netz an Karawanenwegen, die China mit dem Mittelmeer und somit Europa verbanden: die Seidenstraße.

Waren- und Kulturaustausch auf der Seidenstraße

Ihren Namen verdankt die Seidenstraße dem bis in die Neuzeit von den Chinesen gehüteten Geheimnis der Herstellung von Seide. Diese wurde in großen Mengen in den Westen transportiert. Doch auch andere Waren wie exotische Gewürze, Porzellan und der teure Farbstoff Purpur, der aus Schnecken gewonnen wurde, gelangten nach Europa. Die Handelsreisen aber waren beschwerlich und gefährlich:

- Ein Großteil der 7 000 km der Handelswege führte durch Wüstengebiet.
- Sandstürme und andere Unwegsamkeiten verlangsamten die Händler. Dadurch konnten Lebensmittel und Wasservorräte knapp werden, bis die nächste Versorgungsstation erreicht wurde.
- Die mit kostbarer Fracht beladenen Karawanenverbände waren ständig der Gefahr ausgesetzt, von Wegelagerern überfallen und um ihre Handelsgüter gebracht oder sogar getötet zu werden.

Mit dem Transfer von Waren war auch ein Kulturaustausch verbunden: Viele in Europa bis dahin unbekannte Produkte wie Papier oder Schießpulver gelangten in den Mittelmeerraum. Auf der Handelsroute konnten sich zudem verschiedene Religionen wie der Buddhismus, das Christentum oder der Islam verbreiten.

Die moderne Seidenstraße

Um seinen wirtschaftlichen Einfluss auszudehnen, wird von der Volksrepublik China sehr viel Geld in Transportwege nach Europa investiert: Die Seidenstraße soll wiederbelebt werden. Dabei wird der Eisenbahntransport bevorzugt, da eine Verschiffung 25 Prozent mehr Zeit in Anspruch nehmen würde und deshalb weniger gewinnbringend wäre.

Aufgaben

1. Nenne Dinge, die über die Seidenstraße in den Westen kamen. → M1
2. Informiere dich über historische Handelsstraßen, die durch Bayern liefen.

400 v. Chr. | 200 | Chr. Geb. | 200 n. chr. | 400 | 600 | 800 | 1000 | 1200 | 1400 | 1800

ab 1. Jh. n. Chr.
Römer und Germanen handeln am Limes

ab 12. Jh.
Hansekoggen bescheren Kaufleuten großen Reichtum und sozialen Aufstieg

1492
Kolumbus erreicht Amerika; der Handelsraum vergrößert sich

ab 16 Jh.
Fugger beeinflussen die Reichspolitik

Warenaustausch und Kulturtransfer gibt es seit der **Antike** und werden heute durch den Fortschritt bei Fortbewegungsmitteln und anderer Technologien weiter beschleunigt.
Als sich das Römische Reich über die Alpen ausbreitete, bildeten z. B. Flüsse die Grenze zu den Germanenstämmen. Wo es keine natürlichen Grenzen gab, errichteten die Römer den **Limes**. Die Gebiete südlich dieser Grenzanlage waren fortan Teile einer römischen **Provinz**, wo es zur **Romanisierung** kam. Die Übernahme von lateinischen Begriffen und der römischen Lebensweise machte dabei nicht am Limes halt.
Im **Mittelalter** wurde einzelnen Siedlungen das **Stadtrecht** verliehen, wodurch sie an Einfluss gewannen. Die Macht der Städte war eng mit dem wirtschaftlichen Erfolg ihrer **Bürger** verknüpft. Einige städtische Kaufleute schlossen sich zur deutschen Hanse zusammen, was neben wirtschaftlichem Erfolg auch einen kulturellen Austausch zur Folge hatte.
Gegen Ende des Mittelalters siedelte sich die Familie Fugger in der Freien Reichsstadt Augsburg an, um der **Grundherrschaft** zu entfliehen. Im Übergang zur **Neuzeit** gelangte sie durch den Fernhandel zu Reichtum und nutzte diesen aus, die Politik zu ihrem Vorteil zu beeinflussen. Zur Präsentation ihres Wohlstands finanzierten die Fugger den ersten Sakralbau im Stil der **Renaissance** auf deutschem Boden.

Lesetipps

- Margit Auer: Verschwörung am Limes. Kinderkrimi, in dem ein Römerjunge und ein germanisches Kind einem Verbrechen auf den Grund gehen.
- Harald Parriger: Fugger und der Duft des Goldes.
  Die Entstehung des Kapitalismus. Eine Erzählung über das Leben von Jakob Fugger.
- Anke Bär: Endres, der Kaufmannssohn. Eine Bildergeschichte über das Leben in einer mittelalterlichen Hansestadt.

Spieletipps

- Willi wills wissen - Bei den Römern. Spannendes Adventure Game, Computerspiel auf DVD-ROM.
- Michael Schacht: Hansa. Brettspiel mit dem Ziel, die Vorherrschaft in den Hansestädten des 14. Jh. im Nord- und Ostseeraum zu erringen.
- Phil Walker-Harding: Cacao. Legespiel, in dem der Stammeshäuptling durch den Anbau, die Ernte und den Verkauf von Kakao sein Volk zu Wohlstand führt.

1. Romanisierung am Limes

Ich kann ...

a) verschiedene Waren aufzählen, die zwischen Römern und Germanen gehandelt wurden.

b) den Fund römischer Münzen in den Provinzen, aber auch nördlich des Obergermanisch-Rätischen Limes erklären. → M1

c) zur Behauptung „Der Limes war eine undurchlässige Grenze zwischen den römischen Provinzen und dem Land der Germanen“ Stellung nehmen.

M 1 Ein erstaunlicher Fund

Ein Mitglied des Historischen Vereins für Oberpfalz und Regensburg dokumentierte den Fund einer römischen Münze nördlich des Limes:

Im Frühjahr 1977 waren der elfjährige Schüler Michael Feit aus Erbendorf und sein Vater mit Erdarbeiten an der inneren Dammseite ihres abgelassenen Teiches beschäftigt. Lage: ca. 300 m südlich von Guttenberg. ... Der Junge hob aus dem Erdreich einen walnussgroßen, grünlichen, verkrusteten „Batzen“ auf. Nach der gründlichen Beseitigung dieser Kruste kam eine Münze zum Vorschein, die später ... von Fachleuten als römisch erkannt wurde.

Fähnrich, H.: Eine römische Fundmünze, S. 385.

2. Die Hanse

M 2 Kennzeichenkürzel deutscher Hansestädte

Ich kann ...

a) die Kennzeichenkürzel den folgenden deutschen Hansestädten zuweisen. → M2

Greifswald, Hamburg, Bremen, Lübeck, Rostock, Wismar, Stralsund

b) die Gefahren für die Hansekaufleute im Mittelalter und in der Neuzeit aufzählen.

c) erklären, dass durch die Zusammenarbeit von Städten im Hanseverband Vorteile entstanden.

3. Wirtschaftsimperium der Fugger

Ich kann ...

a) das Verhältnis zwischen Jakob Fugger und Kaiser Karl V. beschreiben.

b) die Funktionsweise eines Handelshauses, z. B. der Fugger, anhand des Schaubilds in Grundzügen erklären. → M3, Methode „Schaubilder auswerten“ (S. 62/63)

c) die Stiftertätigkeit der Familie Fugger in der Stadt Augsburg an einem Beispiel, z. B. der Fuggerei, bewerten.

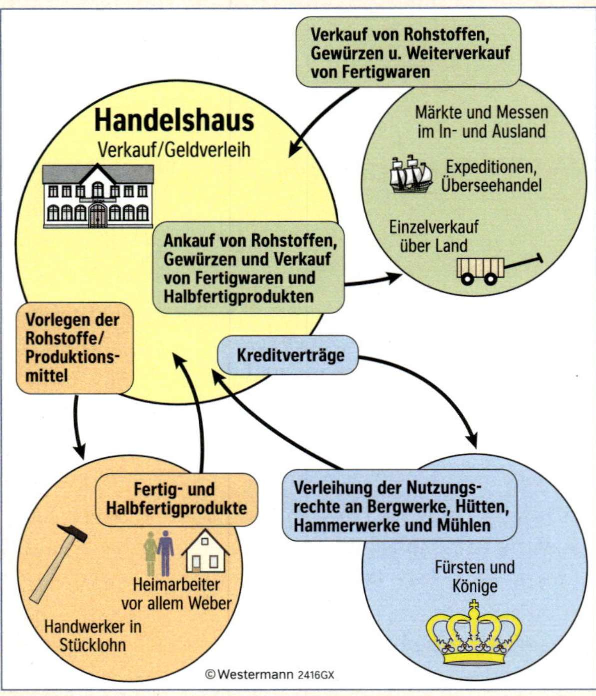

M 3 Organisation eines Handelshauses

4. Warenaustausch und Kulturtransfer bis heute

Ich kann ...

a) die Bedeutung und Verwendung von Kakao bei den Azteken schildern.

b) das Bekanntwerden sowie die Beliebtheit des bis dahin nicht auf dem europäischen Kontinent bekannten Getränks präsentieren.

c) die Gewinnverteilung bei der Verarbeitung von Kakaobohnen untersuchen. → M4

d) Vorteile von fair gehandelter Schokolade für die Menschen in den Kakaoanbaugebieten erörtern.

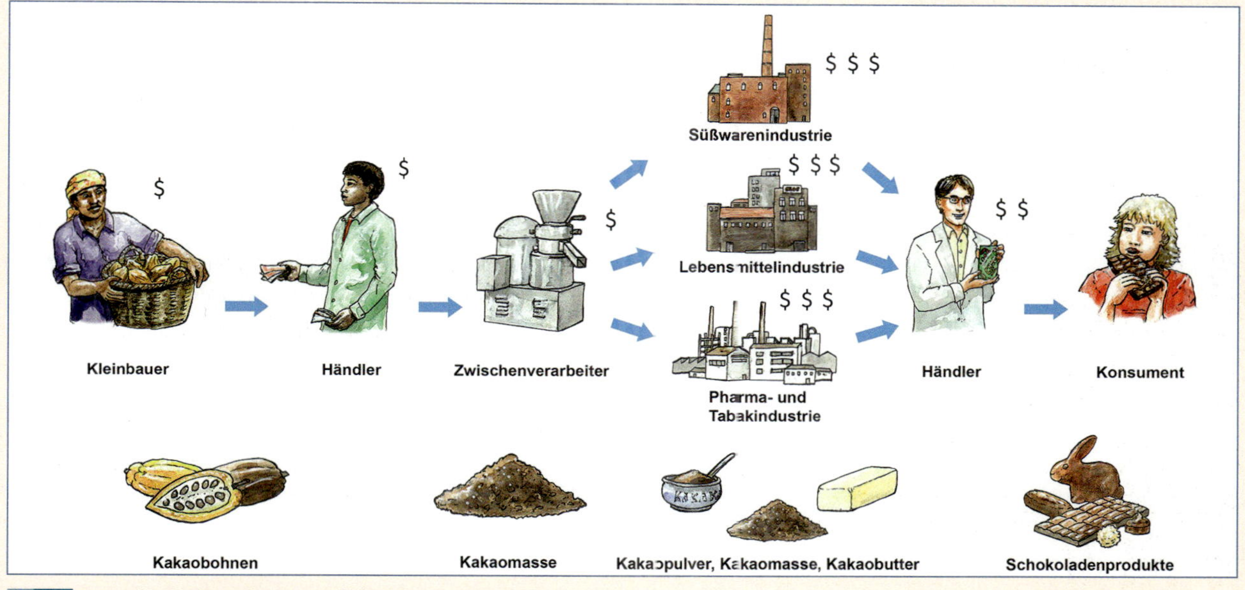

M 4 **Von der Kakaoplantage bis ins Kaufhausregal**

WES-112129-701
Lösungen zum Kompetenzcheck

5. Methode: Einen Geschichtscomic entwerfen

Ich kann ...

a) beschreiben, um was es sich bei einem Geschichtscomic handelt.

b) die vier Schritte zur Erstellung eines Geschichtscomics detailliert wiedergeben.

c) das Leben von Jakob Fugger in einem Geschichtscomic mithilfe von M5 anschaulich darstellen.

M 5 **Startbild zum Geschichtscomic über Jakob Fugger**

Absolutismus in Europa im 17. / 18. Jh.
Der König steht im absolutistischen Herrschaftssystem über dem Gesetz und besitzt die uneingeschränkte Macht. Ludwig XIV. von Frankreich und dessen Staat wurden zum Vorbild aller absolutistischen Fürsten.

Abt / Äbtissin
Vorstand eines Klosters, der die Gemeinschaft der Mönche bzw. Nonnen leitet.

Adel
Zweiter Stand. Die Adligen besaßen Land und herrschten als Grundherrn. Dieses hatten sie vom König als Lehen bekommen. Im Gegenzug leisteten die Adligen Kriegsdienst für den König. An der Spitze des Adels standen die Kurfürsten, zum niederen Adel gehörten die Ritter.

Antike
Die Zeit der griechisch-römischen Kultur im Altertum. Sie reicht von etwa 800 v. Chr. bis 500 n. Chr. Die Epoche der Antike bildet zusammen mit dem Christentum die Grundlage der abendländischen Kultur.

Aristokratie
(gr. = Herrschaft der Besten) Staatsform, bei der im Unterschied zur Monarchie oder Demokratie ein bevorzugter Teil des Volkes herrscht. In der Regel handelt es sich dabei um eine bessergestellte Schicht mit Grundbesitz, die alle wichtigen Ämter besetzt. Häufig wird der Begriff auch für „Herrschaft des Adels" verwendet.

Athen, Blütezeit Athens
Bedeutendste Stadt Griechenlands, bekannt für seine Bauwerke auf der Akropolis, nach den Perserkriegen die mächtigste griechische Polis. Im 5. Jh. v. Chr., der sogenannten Blütezeit der Polis Athen, wurde die Demokratie „erfunden".

Balance of Power
Das Grundprinzip der englischen Politik war die Hegemonie eines Staates, vornehmlich des absolutistischen Frankreichs, auf dem europäischen Kontinent zu verhindern bzw. durch entsprechende Gebietstausche wieder auszugleichen. Es sollte stets ein Gleichgewicht der Kräfte in Europa gewahrt bleiben und hierdurch Kriege der Großmächte verhindert werden.

Bann
Recht des Herrschers, etwas unter Anordnung von Strafe zu gebieten oder zu verbieten. Der Kirchenbann ist der vom Papst verhängte Ausschluss von den Sakramenten (Exkommunikation) und damit der Ausschluss aus der Gemeinschaft der Gläubigen.

Barock
Kunst- und Architekturrichtung im 17. und 18. Jh., die von geschwungenen Formen und reichhaltiger Dekoration geprägt ist. Die bischöflichen oder adligen Auftraggeber ließen Schlösser und Kirchen in diesem Stil errichten.

Burg
Die Burg diente einem Grundherrn oder Ritter als Mittelpunkt und zur Verteidigung seines Besitzes. Es gab unterschiedliche Burgentypen wie die Wasser-, Höhen- oder Felsenburg.

Bürger
Einwohner der freien mittelalterlichen Städte, die nur ihrem Stadtregiment und dem König untertan waren. Die reichsten und einflussreichsten Bürger waren die Patrizier. Auch Handwerker und Bauern in der Stadt gehörten zu den Bürgern. Dagegen waren die Angehörigen des jüdischen Glaubens vom Bürgerrecht ausgeschlossen.

Bibel
Juden und Christen bezeichnen gleichermaßen die schriftliche Grundlage ihres Glaubens als Bibel. Die Bibel bzw. die ersten Bücher des Alten Testaments entstanden wohl um 1200 v. Chr. Im christlichen Glauben schließt sich das Neue Testament an, welches das Leben und Wirken von Jesus Christus enthält.

Canossa
Ehemalige Burg in Oberitalien, in welcher sich während des Investiturstreits Heinrich IV. vom Kirchenbann Papst Gregor VII. befreite.

Christentum
Eine monotheistische Weltreligion, d.h. der Glaube an einzigen Gott. Er gilt als Schöpfer der Welt und der Menschen. Das Leben und Leiden von Jesus Christus verspricht die Erlösung und ewiges Leben. Die Zehn Gebote bilden die Leitlinien für das Handeln des Einzelnen.

Demokratie
(gr. = Herrschaft des Volkes) Diese in Athen entstandene Staatsform beruht auf der Gleichheit aller Bürger, die über politische Entscheidungen in der Volksversammlung (wichtigste demokratische Einrichtung) abstimmen. Der Demos, also die Gesamtheit der Bürger, ist nicht gleichzusetzen mit der Bevölkerung einer Polis. Frauen, ortsansässige Fremde und Sklaven hatten damals keine politischen Mitspracherechte.

Dreifelderwirtschaft
Bei dieser Form des Ackerbaus werden von drei Feldern jeweils nur zwei bepflanzt, damit sich jeweils das dritte Feld bei einer sogenannten Brache erholen und regenerieren kann.

Dreißigjähriger Krieg (1618-1648)
Die Ursachen waren religiöse Meinungsverschiedenheiten sowie das Streben nach Macht und Einfluss von Kaiser und Adligen. Der Krieg wurde rasch zu einem europäischen Konflikt, an dem Schweden und Frankreich beteiligt waren.

Entdeckung Amerikas (1492)
Der italienische Seefahrer Christoph Kolumbus segelte im Auftrag des spanischen Königs mit dem Vorhaben, einen Seeweg nach Indien zu finden, westwärts über den Atlantik. Am 12.10.1492 entdeckte er die Karibischen Inseln, die zum amerikanischen Kontinent gehören. Bereits lange vor Kolumbus hatten die Wikinger den amerikanischen Kontinent entdeckt.

Epoche
Ein bestimmter Zeitraum in der Geschichte. Man unterscheidet drei Epochen: die Antike, das Mittelalter und die Neuzeit. Die Grenzen dieser Zeiträume sind nicht exakt zu benennen, sondern fließend. Sie wurden im Nachhinein festgelegt.

Eroberung Konstantinopels (1453)
Konstantinopel war seit 395 die Hauptstadt des christlichen oströmischen Reiches. Es war ein wichtiger Schnittpunkt von Handelslinien aus Europa mit Arabien und China. Die Eroberung durch muslimische Türken im Jahr 1453 wird häufig als ein Wendepunkt zwischen dem Mittelalter und der Neuzeit gesehen, da es erst in der Folge zu den Entdeckungsreisen der Neuzeit kam.

Fresko
Maltechnik, bei der die Farben auf den noch feuchten Kalkputz einer Wand aufgetragen werden. Trocknet der Putz, wird auch die Farbe hart. Vermalt sich ein Künstler, muss der Putz abgeklopft werden. Um dies zu verhindern, werden Entwürfe in Originalgröße aus Karton ausgeschnitten und an den Putz gehalten.

Frondienste
Der hörige (abhängige) Bauer muss für seinen Grundherrn unbezahlte Arbeit verrichten. Je nach Grundherr und Grundwirtschaft war die festgelegte Zahl der Frontage und die zu verrichtenden Tätigkeiten wie z.B. Mithilfe beim Burgenbau höchst unterschiedlich.

Getto
Stadtviertel in einer mittelalterlichen Stadt, in dem die Angehörigen jüdischen Glaubens lebten. Häufig wurde das Getto von der übrigen Stadt durch Tore abgegrenzt.

Goldene Bulle
Wahlgesetz von 1356, das die Kurfürsten als alleinige Königswähler im römisch-deutschen Reich bestimmte.

Gotik
Bau und Kunststil von Kirchen in Europa (12.–15. Jh.) mit hohen, lichtdurchfluteten Räumen, Spitzbogenfenstern mit bunten Glasscheiben und Verzierungen wie z.B. Figuren. Nachfolgend schließt sich die Epoche der Renaissance an.

Grundherrschaft
Grundherrschaft war die Herrschaft über Land und die darauf lebenden Menschen, die dem Grundherrn hörig waren. Grundherren konnten sowohl Adlige, als auch Klöster und Bistümer sein. Das Land in der Grundherrschaft wurde von den abhängigen Bauern bestellt, die Abgaben und Frondienste an den Grundherrn leisten mussten.

Gutenberg
Johannes Gutenberg (1400–1468) verbesserte den Buchdruck, indem er einzelne Lettern aus Metall herstellte, diese zusammensetzte und schließlich auf Papier druckte. Der Buchdruck wurde durch seine Erfindung beschleunigt und die Verbreitung von Wissen erheblich vereinfacht.

Hanse
Zusammenschluss deutscher Kaufleute zur Sicherung ihrer Handelsinteressen. Die seit 1358 im lockeren Bund organisierten Handelsstädte bauten den Nord- und Ostseebereich als Wirtschaftsraum aus und hatten eine Vormachtstellung in Nordeuropa.

Hegemonie
Das Streben eines Staates nach Vormacht. Ludwig XIV. versuchte, dieses Ziel für Frankreich in vielen Kriegen vergeblich zu erreichen.

heliozentrisches Weltbild
In der Renaissance wurde von Nikolaus Kopernikus das Kreisen der Planeten um die Sonne erkannt und belegt.

Herzog
Bei den Germanen der oberste gewählte Heerführer eines Stammes. Sie lenkten ihre Herzogtümer Bayern, Schwaben, Sachsen, Franken und Lothringen als Kriegsherren, als Richter und Gesetzgeber.

Humanismus
Die Denkrichtung der Renaissance rückte den Menschen mit seinen Fähigkeiten und seinem Wissensdrang in den Mittelpunkt der Betrachtung der Welt. Die Humanisten werteten antike Handschriften aus und orientierten sich an antiken Künstlern.

Investiturstreit
Im Mittelalter war es üblich, dass der König einen Bischof in sein Amt einsetzte und ihm weltliche Herrschaftsaufgaben übertrug. Dies führte 1076 zum langdauernden Streit des Königs mit dem Papst, der erst 1122 im Wormser Konkordat beigelegt wurde. Fortan ernannte ausschließlich der Papst die Bischöfe.

Islam
(arab. = Unterwerfung unter Gott) Eine der großen Weltreligionen, die der Prophet Mohammed im 7. Jh. begründete. Seine Anhänger, die Muslime, bekennen sich zu einem einzigen Gott (Allah) und betrachten den Koran, das heilige Buch, als Glaubens- sowie Lebensgrundlage.

Jesus Christus
Zentrale Gestalt des Christentums. Die Christen sehen in ihm den Sohn Gottes.

Juden / -tum
Juden sind Angehörige des jüdischen Volkes und der jüdischen Religion. In ihrer Frühzeit durchzogen sie als Nomadenstämme Vorderasien und siedelten ab etwa 1250 v. Chr. in Palästina. Dort gründeten sie um 1000 v. Chr. ein Reich mit der Hauptstadt Jerusalem. Nach der Zerschlagung des jüdischen Staates 70 n. Chr. kam es zur Zerstreuung der Juden in andere Länder.

Karavelle
Hochseetaugliche Schiffsform, die auf den Entdeckungsfahrten eingesetzt wurde.

Karl der Große
Als König erweiterte er im 8. und 9. Jh. das fränkische Reich in den Bereichen des heutigen Deutschland und Italien. Karl (747-814) stand in einem engen Schutz- und Vertrauensverhältnis zum Papst in Rom. Hieraus folgte die Erneuerung der antiken Kaiseridee am 25.12.800.

Kolumbus
Christoph Kolumbus (1451–1506) war ein Seefahrer in spanischen Diensten. Im Bestreben, einen Seeweg nach Indien zu finden, entdeckte er am 12.10.1492 die Amerika vorgelagerten Karibischen Inseln. Er löste damit eine Welle weiterer Entdeckungsfahrten und die dauerhafte Besiedlung der Neuen Welt aus.

Kaiser
(lat. Caesar) Bezeichnung für den regierenden Monarchen. Im Mittelalter wurden nach der Erneuerung des Kaisertums durch Karl den Großen im Jahr 800 die vom Papst gekrönten Herrscher des Frankenreiches und später des Heiligen Römischen Reiches als Kaiser bezeichnet. Zudem galt der Kaiser im Mittelalter als Beschützer des christlichen Glaubens und des Abendlandes.

Kaiserkrönung Karls des Großen (800)
Als König erweiterte er das fränkische Reich vor allem nach Osten und Süden, in den Bereichen des heutigen Deutschland und Italien. Karl stand in einem engen Schutz- und Vertrauensverhältnis zum Papst in Rom. Hieraus folgte die Erneuerung der Kaiseridee am 25.12.800. Karl galt bereits im Mittelalter als bedeutender König und Kaiser.

Kaiserkrönung Ottos des Großen (962)
In der Antike verstanden sich die römischen Kaiser seit der Einführung des Christentums als Staatsreligion als Weltenherrscher, die im Auftrag Gottes regierten. Otto der Große übernahm als römisch-deutscher König diese antike Kaiseridee, als er im Jahr 962 vom Papst in Rom gekrönt wurde. Die Kaiseridee prägte das Mittelalter.

Klerus
Der Klerus ist der erste Stand und besteht aus den Angehörigen der Priesterschaft bzw. der Geistlichkeit. Im Mittelalter und in der Neuzeit war der erste Stand von den Steuern befreit.

Kloster
Ein Kloster ist der Ort, an dem Mönche oder Nonnen in einer christlichen Gemeinschaft zusammenleben. Mittelalterliche Klöster bestanden neben der Kirche noch aus vielen weiteren Gebäuden.

Konfession
Beschreibt alle Menschen, die zu einer christlichen Glaubensgemeinschaft gehören. Im heutigen Deutschland sind Protestanten und Katholiken die beiden größten Konfessionen.

König
Bezeichnung für den Anführer in der Staatsform einer Monarchie. Der König steht an der Spitze der Regierung, ist Gesetzgeber und zugleich oberster Richter im Staat. Er kann auch noch geistliches Oberhaupt sein und an der Spitze der Kirche stehen.

Kopernikus
Nikolaus Kopernikus (1473–1543) war ein bedeutender Astronom, der das heliozentrische Weltbild entwickelte.

Koran
Das heilige Buch des Islam, das die von Mohammed verkündeten Offenbarungen Allahs enthält. Er ist in 114 Kapitel (Suren) gegliedert, die Weissagungen, Belehrungen, Predigten und Prophetenerzählungen enthalten. Der Koran ist für die islamische Welt zugleich Gesetzbuch und religiöses Lehrwerk.

Kreuzzüge
Zwischen 1095 und 1291 fanden mehrere Kreuzzüge statt, durch die Jerusalem und die umliegenden Gebiete aus dem Besitz der Araber in christlichen Besitz übergehen sollten. Trotz der kriegerischen Auseinandersetzungen kam es zur Übernahme von arabischem Wissen.

kulturelle Blüte zur Zeit der Staufer um 1200
Im 12. und im 13. Jh. erlebte besonders das Rittertum, aber auch der übrige Adel unter den staufischen Königen eine kulturelle Blütezeit, die von höfischen Sitten und Minnedichtung geprägt war.

Kurfürsten
Sie waren ab dem 13. Jh. eine Gruppe von vier Adligen (Herzog von Sachsen, Pfalzgraf bei Rhein, Markgraf von Brandenburg, König von Böhmen) und drei Bischöfen (Erzbischof von Köln, von Trier und von Mainz), die das alleinige Recht der Königswahl hatten.

Lehnswesen
Der Lehnsherr übergab die Herrschaft über ein Gebiet oder ein Amt oder ein sonstiges Recht an einen Vasallen. Lehnsherr und Vasall waren beide freie Adlige, Bischöfe oder Äbte. Lehnsherr und Vasall schworen sich die Treue und verpflichteten sich zu gegenseitigen Diensten.

Limes
Befestigte Grenzlinie des Römischen Reiches. Umfangreiche Grenzbefestigungen entstanden besonders in Britannien und an Rhein und Donau.

Luther
Martin Luther (1483–1546) leitete mit dem Thesenanschlag in Wittenberg im Jahr 1517 die Reformation ein, die zur Spaltung der Kirche in eine katholische und protestantische Konfession führte. Luther übersetzte die Bibel ins Deutsche. Durch die Erfindung des Buchdrucks wurde diese für die Bevölkerung zugänglich und verständlich.

Manufaktur
Luxusgüter wie z. B. Wandteppiche oder Porzellanservice wurden nicht mehr von Handwerkern als Ganzes, sondern in Manufakturen in arbeitsteiligen Schritten schneller und kostengünstiger hergestellt.

Merkantilismus
Die Wirtschaftsform im Absolutismus versuchte, durch staatliche Eingriffe wie hohe Außenzölle und eine Verbesserung der Infrastruktur das wirtschaftliche Wachstum und

die Gewinne des Staates zu steigern.

Mittelalter

Das Mittelalter bezeichnet den Zeitraum zwischen der Antike und der Neuzeit, umfasst also den Zeitraum von etwa 500 bis 1500 n. Chr.

Mohammed

Begründer des Islam. Predigte von seinen Offenbarungen, die er von Allah bekam.

Monarchie

(gr. = Herrschaft eines Einzelnen) Man bezeichnet damit die Herrschaft eines Königs.

Neue Welt

So wurde und wird Amerika (speziell Nordamerika) bis heute genannt, im Gegensatz dazu wird Europa als die „Alte Welt" bezeichnet. Dies deutet an, dass man vor der Entdeckung durch Christoph Kolumbus nichts von der Existenz eines Kontinents zwischen Europa und Asien wusste.

Neuzeit

Die Neuzeit beginnt im 16. Jh. und dauert bis heute an. Sie grenzt sich vom Mittelalter in der Übergangsphase nicht eindeutig ab. Als Ereignisse werden oft die Erfindung des Buchdrucks (um 1450), die Eroberung Konstantinopels (1453), die Entdeckung Amerikas (1492), die Renaissance oder die Reformation genommen. Die Neuzeit unterscheidet sich zu Beginn des Mittelalters durch einen Umbruch im Denken. Der Mensch rückt mit seinen Fähigkeiten und seinem Streben nach Wissen ins Zentrum des allgemeinen Interesses und löst die Religion ab.

Osmanisches Reich

Das muslimische Großreich entstand zu Beginn des 14. Jh. und wurde von Osman I. begründet. Es dehnte sich nach der Eroberung Konstantinopels im Jahr 1453 über den Balkan in Richtung Zentraleuropa aus. Das Osmanische Reich blieb in der Neuzeit die bestimmende Macht im östlichen Mittelmeerraum.

Patrizier

Sie waren sehr wohlhabende Angehörige der obersten gesellschaftlichen Schicht in einer Stadt. Aufgrund ihres Wohlstandes und Einflusses bildeten sie zumeist auch den Stadtrat und stellten den Bürgermeister.

Pogrom

Im Mittelalter und in der Neuzeit wurden die in Europa lebenden Juden immer wieder verfolgt, aus den Dörfern und Städten vertrieben oder getötet. Derartige gewaltsame Übergriffe gegen eine Bevölkerungsgruppe, meist einer anderen Nationalität oder Volks- bzw. Religionszugehörigkeit, werden unter dem Begriff Pogrom zusammengefasst.

Polis

Im antiken Griechenland bezeichnete man damit eine Stadt einschließlich des umliegenden Landgebietes. Die Polis (Mehrzahl: Poleis) war politischer und religiöser Mittelpunkt ihres Gebietes sowie Tagungsort des Rates und der Volksversammlung.

Protestanten

Die Angehörigen des evangelisch-lutherischen Glaubens werden als Protestanten bezeichnet.

Provinz

Die vom antiken Rom erworbenen Gebiete außerhalb Italiens hießen Provinzen. Die Provinzbewohner galten als Untertanen ohne römisches Bürgerrecht und hatten Steuern zu entrichten.

Reformation, Beginn der Reformation (1517)

Von Martin Luther mit der Veröffentlichung seiner Thesen begonnene Erneuerung der Kirche, die in der Spaltung der Kirche in die katholische und protestantische Konfession endete.

Renaissance

Zeitabschnitt am Ende des Mittelalters und Beginn der Neuzeit, der von einem Wandel des Weltbildes, von einem Aufbruch im Denken der Menschen, von Erfindungen und Entdeckungsreisen geprägt ist. Die Gebildeten entdeckten das antike Wissen für sich und rückten den Menschen und seine Fähigkeiten in den Mittelpunkt.

Ritter

Die berittenen Krieger mit schwerer Rüstung waren freie Adlige und Angehörige des zweiten Standes. Über das Lehnswesen waren die Ritter an den König gebunden. Mit den Einkünften aus einem derartigen Lehen finanzierte ein Ritter seine Ausrüstung und seinen Lebensunterhalt. Die Ausbildung des Ritters endete nach der Zeit als Page und Knappe mit der Schwertleite. Den Lebensmittelpunkt eines Ritters bildete in der Regel eine Burg.

Romanik
Bau und Kunststil von Kirchen (10.–12. Jh.) mit wuchtigen Außenmauern und gedrungenen Räumen mit Rundbogenfenstern.

Romanisierung
Mit der Vergrößerung des Römischen Reiches war auch die Ausbreitung der römischen Kultur und der lateinischen Sprache zur Zeit des Römischen Reiches verbunden. Dieser Sachverhalt sowie auch die Übernahme der römischen Kultur von einem Volk wird als Romanisierung bezeichnet.

Sachsenspiegel
Der Sachsenspiegel ist eines der ältesten schriftlichen Rechtsbücher des Mittelalters. In volkstümlicher Sprache und mit vielen Bildern werden Rechtsgrundsätze veranschaulicht.

Stadtrecht
Im Mittelalter konnten sich Städte von ihrem Grund- oder Stadtherrn lösen. Die Bürger verwalteten eigenständig die Stadt mithilfe eines gewählten Stadtrates und Bürgermeisters. Das Stadtrecht schloss die Freiheit der Bürger innerhalb der Stadtmauern mit ein.

Stände
Die Gesellschaft des Mittelalters und der Neuzeit gliederte sich in drei Stände von Klerus, Adel und den dritten Stand mit unterschiedlichen Rechten. Die strenge Ordnung galt als von Gott gegeben. Außerhalb der Ständeordnung standen sogenannte Unehrliche wie Bettler, Spielleute sowie Juden.

Synagoge
In den Dörfern und Städten im Mittelalter gehörten die jüdischen Gotteshäuser zum vertrauten Bild. Sie waren religiöses und kulturelles Zentrum für die Angehörigen des jüdischen Glaubens. In den Synagogen wurden neben kulturellen Gegenständen auch die Tora, eine Schriftrolle mit den jüdischen Glaubensinhalten, aufbewahrt. Bei Pogromen im Mittelalter und der Neuzeit wurden viele der damaligen Synagogen zerstört.

Territorialstaat
Die Fürsten im römisch-deutschen Reich (Heiliges Römisches Reich Deutscher Nation) zogen immer mehr Rechte an sich, die ursprünglich dem König zustanden. Hierdurch bildeten sich fürstliche Herrschaftsgebiete und gleichzeitig wurde das Königtum geschwächt.

Vasall
Der Vasall erhielt vom Lehnsherrn die Herrschaft über ein Gebiet überantwortet. Er verpflichtete sich dem Lehnsherrn gegenüber zu Treue und Diensten.

Versailles
Das Schloss lag damals außerhalb von Paris und wurde unter Ludwig XIV. zu einem prachtvollen Regierungssitz ausgebaut, an dem auch der französische Adel lebte. Ludwig nutzte Schloss Versailles für die Darstellung seines absolutistischen Herrschaftsverständnisses.

Wahlrecht
Anders als in anderen europäischen Reichen wurde im Mittelalter im Römisch-Deutschen Reich die Wahl des Königs durch die Mächtigen des Reiches entschieden. Jeder römisch-deutsche König zwischen 919 und 1806 wurde in sein Amt gewählt. Ab 1336 wählten allein die sieben Kurfürsten den König und erhielten dieses Recht in der Goldenen Bulle 1356 endgültig garantiert.

Westfälischer Friede
In Münster und Osnabrück wurden 1648 Friedensverträge geschlossen, mit denen der Dreißigjährige Krieg beendet wurde.

Zunft
Die Handwerker in den Städten schlossen sich zu Gemeinschaften zusammen, um ihre Interessen gemeinsam zu vertreten. Die Zünfte regelten neben der Qualität und dem Preis der Waren auch die Ausbildung von Lehrlingen und die Aufnahme als Meister in die Zunft.

17 M8 Karl-Heinz Günther: Quellen zur Geschichte der Erziehung, Volk und Wissen Verlag, Berlin 1971, S. 38f.

20 M5 Walter Koschorrek: Der Sachsenspiegel in Bildern, Insel Verlag, Frankfurt am Main 1976, S. 118f.

21 M7 Günther Franz (Hg.): Quellen zur Geschichte des deutschen Bauernstandes im Mittelalter. Ausgewählte Quellen zur deutschen Geschichte des Mittelalters - Band XXXI, Wissenschaftliche Buchgesellschaft, Darmstadt 1967, S. 17.

24 M5 Wilfried Hartmann/ Rainer A. Müller (Hg.): Deutsche Geschichte in Quellen und Darstellung - Band 1: Frühes und hohes Mittelalter 750-1250, Reclam, Stuttgart 1995, S. 143ff.

24 M6 Ebenda, S. 154ff.

25 M8 Ludwig Weiland: Constitutiones et acta publica imperatorum et regnum, In: Ebenda, S. 158ff.

30 M6 Quellen zum Investiturstreit – Teil 1: Ausgewählte Briefe Papst Gregors VII., Wissenschaftliche Buchgesellschaft, Darmstadt 1978, S. 149ff.

30 M8 Wilfried Hartmann/ Rainer A. Müller (Hg.): Deutsche Geschichte in Quellen und Darstellung - Band 1: Frühes und hohes Mittelalter 750-1250, Reclam, Stuttgart 1995, S. 294ff.

31 M9 Ebenda, S. 297f.

34 M6 Marc Bloch: Die Feudalgesellschaft, Propyläen Verlag, Frankfurt am Main 1982, S. 384.

34 M7 Zirclaria, Thomasin: Der wälsche Gast, hg. v. Heinrich Rückert, Basse, Leipzig 1852, S. 211.

35 M10 Johannes Siebert: Der Dichter Tannhäuser. Leben, Gedichte, Sage, Niemeyer, Halle/ Saale 1934, S. 194ff. (modernisiert)

35 M11 Herr Reinmar der Alte: Swaz ich nu niuwer maere sage, In: Walter Koschorreck (Hg.), Codex Manesse, Insel-Verlag, Frankfurt am Main 1979.

39 M7 Heinrich Pleticha: Ritter, Burgen und Turniere. Arena Verlag, Würzburg 1969, S. 25 (bearbeitet).

41 M4 Arno Borst: Lebensformen im Mittelalter, Propyläen Verlag, Frankfurt am Main 1987, S. 319f.

41 M5 Francesco Gabrieli: Die Kreuzzüge aus arabischer Sicht, Artemis Verlag, Zürich 1973, S. 49f.

41 M6 Raymond d'Aguilers: Historia Francorum qui ceperunt Iherusalem, hrsg. von John Hugh Hill/ Laurita Lyttleton Hill, (Memoirs of the American Philosophical Society, Bd. 71), American Philosophical Soc., Philadelphia 1968.

45 M4 Wilfried Hartmann/ Rainer A. Müller (Hg.): Deutsche Geschichte in Quellen und Darstellung - Band 1: Frühes und hohes Mittelalter 750-1250, Reclam, Stuttgart 1995, S. 405ff. (gekürzt und modernisiert)

45 M5 Jean-Marie Moeglin/ Rainer A. Müller (Hg.): Deutsche Geschichte in Quellen und Darstellung - Band 2: Spätmittelalter 1250-1495, Reclam, Stuttgart 2000, S. 199ff. (bearbeitet)

53 M2 Michaela Diers: Hildegard von Bingen, Deutscher Taschenbuch Verlag, München 1998, S. 49f.

53 M3 Gustav Freytag: Bilder aus der deutschen Vergangenheit – Band 1, neu hg. von Heinrich Pleticha, Bertelsmann-Lexikon-Verlag, München 1998, S. 197ff. (bearbeitet)

53 M4 Heinz Dieter Schmid (Hg.): Fragen an die Geschichte – Band 2, Hirschgraben-Verlag, Frankfurt am Main 1975, S. 15.

53 M5 Arno Borst: Lebensformen im Mittelalter, Ullstein Verlag, Frankfurt/Berlin 1979, S. 273f. (bearbeitet und gekürzt)

56 M4 Ebenda, S. 189.

56 M6 Johannes von Winterthur, In: Rudolf Hadorn: Aus dem Mittelalterlichen Leben, Zytglogge, Gümlingen 1989, S. 83f.

60 M5 Tarokic, Angelika: Kleine Stadtgeschichte Rothenburgs, http://www.rothenburg.de/stadtportrait/geschichte/ (07.11.2017)

60 M6 Evamaria Engel/Frank-Dietrich Jacob: Städtisches Leben im Mittelalter - Schriftquellen und Bildzeugnisse, Böhlau, Köln [u.a.] 2006, S. 32.

60 M7 Ebenda, S. 32.

61 M9 Hans Max von Aufsess: Vorbild und Vormacht des Alt-Nürnberger Patriziats. In: Bayernland: Festschrift – Sonderausgabe, Bayerland Verlag, München 1963, S. 330ff.

61 M10 Franz Xaver Remling: Urkundenbuch zur Geschichte der Bischöfe von Speyer – Band 1, Scientia-Verlag, Aalen 1970, S. 57.

65 M3 Historische Kommission der Bayerischen Akademie der Wissenschaften (Hg.): Chronik der deutschen Städte - Band 4, Verlag S. Hirzel, Leipzig 1869, S. 211.

65 M4 Werner Dobras: Lindau, Reichsstadt, 04.10.2010, In: Historisches Lexikon Bayerns, URL: http://www.historisches-lexikon-bayerns.de/Lexikon/Lindau, Reichsstadt (31.10.2017).

68 M5 August Schoop: Rechts- und Wirtschaftsgeschichte der Stadt Düren bis zum Jahre 1794, Hanstein, Bonn 1920, S. 117.

68 M6 Ernst Döll: Städte und Bürger im Mittelalter, Klett, Stuttgart 2007, S. 44f.

69 M9 Autor unbekannt: Mitgliedschaft bei den Handwerkskammern, 03.09.2008, http://www.hwk-bayern.de/artikel/mitgliedschaft-bei-den-handwerkskammern-74,4418,3798.html (31.10.2017).

69 M10 Friedhelm Weinforth: Die rheinische Stadt, Boss, Kleve

1988, S. 33ff.

74 M6 Arno Borst: Alltagsleben im Mittelalter, Insel Verlag, Frankfurt am Main 1965, S. 135.

74 M7 Autor unbekannt: Zahlreiche Pesttote in Madagaskar, 17.01.2017, In: aerzteblatt.de, http://www.aerzteblatt.de/nachrichten/72501/Zahlreiche-Pesttote-in-Madagaskar (31.10.2017).

75 M10 Axel Bojanowski: Europas härtestes Jahrzehnt, In: spiegel.de, 28.12.2016, http://www.spiegel.de/wissenschaft/natur/klimakatastrophe-im-mittelalter-europas-haertestes-jahrzehnt-a-1126832.html (31.10.2017).

75 M11 Siegfried Epperlein: Bäuerliches Leben im Mittelalter, Böhlau, Köln 2003, S. 24.

75 M12 Barbara Kink, in: www.historisches-lexikon-bayerns.de/Lexikon/Ernährung/Spät mittelalter (04.12.2018).

78 M7 Ken Follet: Die Säulen der Erde, Bastei-Lübbe, Bergisch Gladbach 2010, S. 15f.

88 M8 Kenneth Clark: Leonardo da Vinci: mit Selbstzeugnissen und Bilddokumenten, Rowohlt, Reinbeck bei Hamburg 2003, S. 167f. (vereinfacht)

89 M10 Peter Thielen: Der Mensch und seine Welt, Dümmler, Toisdorf 1974, S. 105.

92 M6 John Rigby Hale: Fürsten, Künstler, Humanisten. Renaissance: Anbruch der Neuzeit, Rowohlt, Reinbeck bei Hamburg 1973, S. 26. (bearbeitet)

92 M7 Aristoteles (384/83-322 v. Chr.), in: Was ist was?, URL: https://www.wasistwas.de/archiv-sport-kultur-details/aristoteles-384-83-322-v-chr.html (12.03.2018).

93 M11 Giovanni Pico della Mirandola: Oratio de hominis dignitate, hrsg. und übers. von Gerd von der Gönna, Reclam, Stuttgart 1997, S. 9.

95 M4 Marco De Micheli: Siegeszug der E-Books: Wird das gedruckte Buch verschwinden? In: Huffingtonpost.de, 10.04.2014, http://www.huffingtonpost.de/marco-de-micheli/siegeszug-der-ebooks_b_5089332.html (07.03.2018).

99 M4 Richard F. Kreutel (Hg.): Leben und Taten der türkischen Kaiser. Die anonyme vulgärgriechische Chronik Codex Barberinianus Graecus 111 (Anonymus Zoras), Styria Verlag, Graz Wien Köln 1971 (Osmanische Geschichtsschreiber 6), S. 98.

99 M5 Bennet Müller: Der Fall von Konstantinopel, in: geschichte-wissen.de, 11.11.2010, http://geschichte-wissen.de/blog/der-fall-von-konstantinopel/ (08.03.2018).

102 M5 Christoph Kolumbus: Bordbuch. Insel Verlag, Frankfurt am Main 1981, S. 46 und 49.

103 M8 Die Toscanelli-Briefe 1474 und 1480, in: Wolfgang Lautemann und Manfred Schlenke (Hg.): Geschichte in Quellen – Band 3, Bayerischer Schulbuch-Verlag, München 1976, S. 40.

103 M9 Heinrich Pleticha: Christoph Kolumbus: der Beginn der Neuzeit, Herrsching, Gütersloh 1987, S. 184ff. (bearbeitet)

106 M7 Bartolomé De las Casas: Kurzgefaßter Bericht über die Verwüstungen der Westindischen Länder, Insel Verlag, Frankfurt am Main 1981, S. 28.

111 M7 Zvi Dor-Ner: Kolumbus und das Zeitalter der Entdeckungen, Egmont VGS-Verlag, Köln 1991.

116 M5 Walther Köhler: Dokumente zum Ablassstreit von 1517, Mohr, Tübingen 1934, S. 125f.

116 M6 Helmar Junghans (Hg.): Die Reformation in Augenzeugenberichten, ©dtv Verlagsgesellschaft, München 1980, S. 43.

116 M7 Adolf Bucher/Walter Schmid (Hg.): Reformation und katholische Reform 1500-1712, Sauerländer, Aarau 1958, S. 3.

117 M9 Friedrich Myconius: Friderici Myconii Historia Reformationis, hrsg. von D. Dr. Otto Clemen, Voigtländers Quellenbücher Band 68, R. Voigtländers Verlag, Leipzig 1914, S. 14f. (bearbeitet und gekürzt)

120 M5 Eberhard Büssem/Michael Neher (Hg.): Arbeitsbuch Geschichte - Neuzeit 1, Saur, München 1977, S. 1.

121 M9 Die Erklärung Karls V. am 19. April, in: Ulrich Köpf (Hg.): Deutsche Geschichte in Quellen und Darstellungen – Band 3, Reformationszeit 1495-1555, Reclam, Stuttgart 2001, S. 176f.

125 M3 Die zwölf Artikel der Bauern, Februar 1525, in: Wolfgang Lautemann und Manfred Schlenke: Geschichte in Quellen – Band 3, Renaissance, Glaubenskämpfe, Absolutismus, Bayerischer Schulbuchverlag, München 1976, S. 144f. (vereinfacht und gekürzt)

125 M4 Martin Luther: Wider die räuberischen und mörderischen Rotten der Bauern, in: Wolfgang Lautemann und Manfred Schlenke: Geschichte in Quellen – Band 3, Renaissance, Glaubenskämpfe, Absolutismus, Bayerischer Schulbuchverlag, München 1976, S. 154f. (gekürzt und vereinfacht)

128 M5 Heinrich Bornkamm (Hg.): Das Augsburger Bekenntnis, Mohn, Gütersloh 1978, S. 18f. (bearbeitet und gekürzt)

128 M6 Michael Becker: Die Durchsetzung der Gegenreformation im Bistum, 11/1998, www.ijon.de/echter/biogra08.html (07.11.2017).

128 M7 Alfred Kohler (Hg.): Quellen zur Geschichte Karls V., WBG, Darmstadt 1990, S. 466ff. (bearbeitet)

131 M4 Wolfgang Behringer: Hexen: Glaube, Verfolgung, Vermarktung, Beck, München 1998, S. 96f.

131 M5 Friedrich Spee: Cautio criminalis oder Rechtliche Bedenken wegen der Hexenprozesse, Wissenschaftliche Buchgesellschaft, Darmstadt 1967, S. 96.

133 Materialien: Textnachweis zur „Allg. Erklärung der Menschenrechte“: www.un.org/depts/german/menschenrechte/aemr.pdf; Textnachweis zur Aussage des Ehemanns der getöteten Inderin: TV-20171008-2320-0601.webxl.h264; Textnachweis zum Zitat von Peter Mutharika: weltN24 16.6.2016, Titel: „So soll die Welle von Morden an Albinos gestoppt werden“
134 M3 Joachim Schäfer: Artikel Thomas Morus, Ökumenischens Heiligenlexikon, 13.09.2015, URL: https://www.heiligenlexikon.de/BiographienT/Thomas_More_Morus.html (08.03.2018).
137 M5 Harald Parigger: Die Hexe von Zeil, ©dtv Verlagsgesellschaft, München 2008, S. 87ff.
142 M7 Walter Wulf (Hg.): Geschichtliche Quellenhefte mit Überblick. Die Welt im Wandel. Heft 4/5, Diesterweg Verlag, Frankfurt am Main 1966, S. 102f.
142 M8 Treffpunkt Geschichte, S. 49.
144 M1 https://de.wikipedia.org/wiki/Einwohnerentwicklung_von_Hamburg#Von_950_bis_1870 (15.12.2017).
145 M3 https://de.wikipedia.org/wiki/Einwohnerentwicklung_von_Magdeburg#Von_1400_bis_1870 (15.12.2017).
148 M5 Wulf Scherrinsky: Renaissance, Reformation und Glaubenskämpfe, Diesterweg, Frankfurt am Main 1975, S. 110f.
148 M6 Andreas Gryphius: Gesamtausgabe der deutschsprachigen Werke, Band I, hrsg. von Szyrocki/Powell, Niemeyer Verlag, Tübingen 1963, S. 48.
149 M8 Hans F. Nöhbauer: Die Chronik Bayerns. Übersichtsartikel von Prof. Dr. Ludwig Hüttl, Hannes S. Macher, Dr. Rudolf Reiser, Werner A. Widmann. Chronik-Verlag, 2. Auflage, Dortmund 1987, S. 214.
154 M5 Jean Longnon/ Leopold Steinfeld (Hg.): Ludwig XIV. Memoiren, Kompass-Verlag, Basel/Leipzig 1931, S. 137.
155 M8 Wolfgang Lautemann/Manfred Schlenke (Hg.): Geschichte in Quellen, Bd. 3, Bayerischer Schulbuch-Verlag , München 1976. S. 426.
155 M11 Bossuet: Die Politik nach den Worten der Heiligen Schrift, 1682, In: Wolfgang Lautemann/Manfred Schlenke: Geschichte in Quellen - Band 3, Bayerischer Schulbuch-Verlag, München 1976, S. 451.
155 M12 Paul Hartig: Auf der Suche nach dem besten Staat, Klett, Stuttgart 1989, S. 30.
159 M2 Liselotte von der Pfalz: Briefe, Frankfurt 1811, S. 86.
159 M5 Louis Herzog von Saint-Simon, In: Sigrid von Massenbach (Hg.): Die Memoiren des Herzogs von Saint-Simon – Band 3, Ullstein, Frankfurt am Main u.a. 1979, S. 331f.
162 M4 Grundsätze der Colbertschen Handelspolitik, in: Wolfgang Lautemann/Manfred Schlenke: Geschichte in Quellen - Band 3, Bayerischer Schulbuch-Verlag, München 1976, S. 448.
163 M7 Wilhelm Weigand (Hg.): der Hof Ludwigs XIV.: nach den Denkwürdigkeiten des Herzogs von Saint-Simon, Insel-Verlag, Leipzig 1913, S. 446f.
163 M8 Sébastien Le Prestre de Vauban: Projekt eines königlichen Zehnten, Akademie-Verlag, Berlin 1994, S. 18. (vereinfacht)
170 M4 Das Reunionsprogramm für das Elsaß, in: Wolfgang Lautemann/Manfred Schlenke: Geschichte in Quellen - Band 3, Bayerischer Schulbuch-Verlag, München 1976, S. 522.
170 M5 Uli Otto und Eginhard König: Ich hatt einen Kameraden, Militär und Kriege in historisch-politischen Liedern in den Jahren von 1740 bis 1914, ConBrio-Verlag, Regensburg 1999, S. 205.
170 M6 Kriegserklärung Ludwigs XIV. an die Vereinigten Niederlande, 6. April 1672, in: Wolfgang Lautemann/Manfred Schlenke: Geschichte in Quellen - Band 3, Bayerischer Schulbuch-Verlag, München 1976, S. 515.
170 M7 Jan von Flocken: Als Frankreichs Armeen Deutschland verwüsteten. 24.07.2015. welt online, URL: https://www.welt.de/geschichte/article144374056/Als-Frankreichs-Armeen-Deutschland-verwuesteten.html (15.12.2017).
171 M9 Frieder Hepp: Medaille auf die Zerstörung Heidelbergs. Kurpfälzisches Museum, Heidelberg 2007, Nr. 262.
171 M10 Heinz Duchhardt: Staatenkonkurrenz und Fürstenrivalität - Krieg und Frieden in Europa 1700-1714, in: Johannes Erichsen/Katharina Heinemann (Hg.): Die Schlacht von Höchstädt. Brennpunkt Europas 1704. Thorbecke, Ostfildern 2004, S. 9.
171 M11 Sigrid von Massenbach (Hg.): Die Memoiren des Herzogs von Saint-Simon – Band 3, Ullstein, Frankfurt am Main u.a. 1979, S. 338.
174 M2 Hans Jakob Christoffel von Grimmelshausen: Simplicius Simplicissimus. Zit. nach: http://gutenberg.spiegel.de/buch/simplicius-simplicissimus-5248/5 (12.03.2018).
180 M8 Joachim Zeune: Burg Prunn, Riedenburg – Geschichte, In: Haus der Bayerischen Geschichte, Burgen in Bayern, https://www.hdbg.eu/burgen/burgen_suche-burgen_detail.php?id=brn-0052 (20.11.2017).
181 M12 Gustav Berthold Volz (Hg.): Friedrich der Große und Wilhelmine von Baireuth - Band II, Briefe der Königszeit 1740-1758, Köhler, Leipzig 1924, S. 139.
185 M13 Stefan Musil: Architektur und Religion, 01.12.2010, In: Deutsches Architektenblatt, www.dabonline.de/2010/12/01/architektur-

und-religion/ (20.11.2017).
197 M2 Publius Cornelius Tacitus: Germania, 5, 16-17, 23.
197 M3 Kai Ruffing: Friedliche Beziehungen. Der Handel zwischen den römischen Provinzen und Germanien. In: Feindliche Nachbarn. Rom und die Germanen, hg. von Helmuth Schneider, Böhlau, Köln 2008, S. 160.
202 M6 Richard Ehrenberg (Hg.): Das Zeitalter der Fugger. Geldkapital und Kreditverkehr im 16. Jahrhundert, Bd. 1, Fischer, Jena 1912, S. 112.
202 M7 Jakob Strieder: Studien zur Geschichte kapitalistischer Organisationsformen. Monopole, Kartelle und Aktiengesellschaften im Mittelalter und zu Beginn der Neuzeit, Duncker und Humblot, München/Leipzig 1914, S. 370f.
202 M8 Ernst Hering: Die Fugger, Wilhelm Goldmann Verlag, Leipzig 1939, S. 190f.
203 M9 Heinz Kellenberger (Hg.): Jakob Fuggers Stiftungsbrief von 1521. In: Zeitschrift des Historischen Vereins für Schwaben 68 (1974), Kommissions-Verlag Bücher Seitz, Augsburg 1974, S. 95ff.
204 M2 Christoph Kolumbus: Bordbuch. Insel Verlag, Frankfurt am Main 1981, S. 46 und 49.
205 M4 Hanns J. Prem: Die Azteken. Geschichte – Kultur – Religion, C. H. Beck, München 2006, S. 115.
206 M3 Hermann Homann (Hg.): Hernan Cortés. Die Eroberung Mexikos. Eigenhändige Berichte an Kaiser Karl V. 1520 bis 1524, Horst Erdmann Verlag, Tübingen 1978, S. 83.
206 M4 Ebenda, S. 94. (bearbeitet)
207 M5 Robert C. Schwaller und Jana Byars (Hg.): The History Of The New World. Benzoni's Historia del Mondo Nuovo, übers. von Jana Byars, The Pennsylvania State University Press, University Park 2017, S. 148ff. (bearbeitet)
210 M1 Harald Fähnrich: Eine römische Fundmünze aus der nördlichen Oberpfalz. In: Verhandlungen des Historischen Vereins für Oberpfalz und Regensburg. Band 120. Laßleben, Kallmünz 1980, S. 385.

|A1PIX - Your Photo Today, Ottobrunn: JTB 186 M2. |Abtei Weltenburg, Kehlheim: 17 M11. |akg-images GmbH, Berlin: Titel (Nürnberg), Titel (Ritterkampf), 4, 7 M2, 12 M2, 21 M8, 24 M7, 30 M5, 31 M10, 32 M1, 32 M2, 33 M3, 34 M8, 35 M12, 35 M9, 37 M3, 40 M1, 44 M1, 47, 50 M3, 50 M4, 52 M1, 57 M8, 60 M4, 67 M4, 72 M1, 72 M2, 81, 84 M1, 84 M4, 86 M2, 86 M3, 87 M5, 88 M9, 89 M12, 91 M3, 94 M1, 94 M2, 97 M1, 98 M1, 100 M3_rechts, 108 M3, 109, 109, 110 M1, 110 M4, 112 M2, 116 M8, 117 M8, 124 M1, 126 M1, 126 M2, 131 M3, 135, 135, 139 M3, 140 M2, 141 M2, 142 M6, 143 M11, 148 M7, 149 M9, 152 M2, 153 M3, 162 M6, 163, 168 M1, 173, 173, 174 M1, 174 M1, 195, 200 M2; (Bildarchiv Monheim) 83 M5_3; Album/Kurwenal/ Prisma 54 M1; Album/Prisma 75 M9; Balage Balogh/archaeologyillustrated.com 178 M2; Bildarchiv Monheim 23 M3, 51 M2, 76 M1, 83 M5_5, 167 M5, 183 M4, 185 M11, 186 M1, 191, 192 M1; Bildarchiv Monheim/Peter Eberts 76 M2; bilwissedition 184 M9; British Library 15 m3, 47; De Agostini Picture Lib. 34 M5; De Agostini Picture Lib./Veneranda Biblioteca Ambrosiana 89 M11; De Agostini Picture Library 98 M2; Drechsel, Stefan 192 M3; E. Lessing 49 M5, 110 M2, 141 M3, 163 M10; Erich Lessing 6, 113 M6, 114 M1, 138 M1; Heine, Heiner 10 M1; Heritage-Images/ The Print Collector 134 M2; Herzog Anton Ulrich-Museum 202, 209; Lessing, Erich 93 M10, 109, 138 M2, 142 M9, 146 M1, 147, 150 M2, 159 M3, 173; Marc Deville 159 M4; MPortfolio/Electa 73 M4, 90 M1; Quagga Media UG 184 M10; Rabatti & Domingie 72 M3; Tristan Lafranchis 51 M6; Yvan Travert 50 M1. |alamy images, Abingdon/ Oxfordshire: Friedrich Stark 133 M5; Gorulko, Andrii 206; Granger Historical Picture Archive 97 M6_2; Gunter Kirsch 199 M5; Ian G Dagnall 110 M3; imageBROKER 80 M3; Lanmas 97 M6_1; Peter Forsberg 185 M16; Photo 12 83; TP 151 M3_2. |Albertina, Wien: 115 M2, 135. |Amnesty International Deutschland e.V., Berlin: https://www.amnesty.de; Grafik: Yayo Kawamura 133 M3. |Artothek, Spardorf: Blauel/Gnamm 157 M2, 166 M1. |Bayerische Schlösserverwaltung, München: Helicolor-Luftbild GmbH 166 M4; Nordmann, Norbert. Bildmotiv: Plan des Gartens, Zeichnung von Norbert Nordmann, 2009. Bayerische Schlösserverwaltung, Planarchiv der Gärtenabteilung 181 M10; Rainer Herrmann/Ulrich Pfeuffer/Maria Scherf, München 167 M4. |Bayerische Staatsbibliothek, München: Clm.13001, f. 24 v. 28 M2. |Blinde Kuh e.V. / www.blinde-kuh.de, Hamburg: 97 M3. |bpk-Bildagentur, Berlin: 17 M9, 103 M7, 104 M2, 109, 123 M3, 124 M2, 136 M1_1, 136 M1_2, 198 M1, 199 M4, 209, 209; British Library Board/Robana 48 M1; Deutsches Historisches Museum 68, 146, 146, 146, 146; Katz, D. 50 M5; Lutz Braun 64; Scala 92 M8; Scala Archives 90 M2; SMB/Kunstbibliothek/K. Petersen 105 M3; SMB/Kupferstichkabinett/J.P. Anders 16 M5. |Bridgeman Images, Berlin: 11, 43 M3, 61 M8_1, 74 M8, 143; Archives Depart. des Pyrenees-Orientales, Perpignan, France 18 M2; Biblioteca Estense, Modena 59, 81; British Library, London 14 M2, 73 M5; Brooklyn Museum of Art, New York/ Museum Collection Fund 206 M2; Chateau de Versailles 152 M1, 173; Collection Gregoire 154 M7; Giraudon 61 M8_2, 61 M8_3; Musee Carnavalet, Paris 161 M3; National Library,Kairo 43 M2; Vatikanische Museen und Gallerien 29 M3; Wallraf-Richartz-Museum, Köln 88 M6. |Carls, Claudia, Hamburg: 100 M3 li. |Christoph Clasen Illustration, Hamburg: 164, 164, 165, 165, 165, 165, 165, 165, 165.

|dreamstime.com, Brentwood: Borna Mirahmadian 106 M5; H. Damke 100 M1. |duisport.de / Duisburger Hafen AG, Duisburg: Rolf Köppen 208 M3. |Eckhardt, Hans-Wilhelm, Hameln: 194 M1, 209. |Ettaler Klosterbetriebe GmbH, Ettal: 185 M12. |Fischer Kinder- und Jugendbuch Verlag GmbH, Frankfurt/Main: Achim Bröger und Constanze Schargan, Meyers großes Kinderlexikon. © 2017 97 M5. |fotolia.com, New York: 95; Ana 158 M1; blickwinkel2511 139 M4; Christian Fiedler 192 M5; Edler von Rabenstein 184 M5; Hans und Christa Ede 180 M7; Jörg Hackemann 193 M7; kameraauge 198 M2; l-pics 119 M4; LianeM 64 M2; line-of-sight 139 M5; lonesurfer 169 M2; nickolae 86 M1; nmann77 179 M4; Otto Durst 193 M8; refresh(PIX) 6 M1, 92 M9, 176; Thomas Otto 184 M7; Visions-AD 195 M6. |Germanisches Nationalmuseum, Nürnberg: 85 M3. |Geschäftsstelle „Luther 2017", Lutherstadt Wittenberg: 5 M4, 113, 135. |Getty Images, München: AFP/Antonio Scorza 106 M9; AFP/Solaro, Andreas 151 M3_5; Anadolu Agency 151 M3_1; Soccrates Images 107 M12; Tibor Bognár 106 M6. |Geus, Elmar, Gochsheim: 26 M1, 26 M2, 89 M11_1, 185 M15. |Herzog August Bibliothek, Wolfenbüttel: Bibel-S. 4° 11, Blatt lr 120 M7; Cod. Guelf. 3.1 Aug 2°, ff. 65r 4, 11 M2, 20, 20; Cod. Guelf. 3.1 Aug 2°, ff. 66v 20 M4; Cod. Guelf. 3.1 Aug. 2°, folio 10r 28 M1, 47. |Holland, S., Bamberg: 194 M3, 201 M4. |Huber Images, Garmisch-Partenkirchen: R. Schmid 83 M5_6. |Humboldt Universität zu Berlin, Berlin: digitales forum romanum, Forschungs- & Lehrprojekt des Winckelmann-Instituts, Leitung Susanne Muth, 3D-Modell: Armin Müller, http://www.digitales-forum-romanum.de 180 M5. |Interfoto, München: A. Koch 175 M5; Hermann Historica GmbH 141 M5; Sammlung Rauch 121 M8. |iStockphoto.com, Calgary: delectus 195 M4; hrstklnkr 156 M1; jodiecoston 100 M2; JSSIII 83; juergen2008 76 M3; manfredxy 83 M5_2; rupaghosh 132 M1. |JOKER: Fotojournalismus, Bonn: Walter G. Allgoewer 192 M2. |Kassing, Reinhild, Kassel: 9. |Keis, Heike, Rödental: 87 M4_l, 87 M4_r. |KHM-Museumsverband, Wien: (SK XIV 122) 44 M3; Kunsthistorisches Museum Wien 207 M6. |Kracke, Burkhard, Hannover: 49 M5, 95. |Kranenberg, Hendrik, Drolshagen: 204 M1. |Kunstsammlungen der Veste Coburg, Coburg: www.kunstsammlungen-coburg.de 136 M2. |laif, Köln: Rosenthal, Daniel 194 M5. |Landesarchiv Sachsen-Anhalt, Magdeburg: U 1 Erzstift Magdeburg, I Nr. 23/ Hans-Wulf Kunze 23 M4. |Landesmedienzentrum Baden-Württemberg, Stuttgart: 14 M1. |Langner & Partner Werbeagentur GmbH, Hemmingen: 66 M2_1, 66 M2_2, 66 M2_3, 66 M2_4, 81, 161 M2. |Lookphotos, München: H. & D. Zielske 181 M13. |mauritius images GmbH, Mittenwald: Filser, Wolfgang 196 M1; imageBROKER/ Bildverlag Bahnmüller 182 M2, 191; imageBROKER/Raimund Kutter 127 M3; Nägele, Edmund 177 M4. |MEV Verlag GmbH, Augsburg: 190 M2. |Mittelalterliches Kriminalmuseum, Rothenburg o.T.: 67 M3. |Niedersächsische Staats- und Universitätsbibliothek (SUB) Göttingen, Göttingen: 12 M1. |Nußbaum, Dennis, Koblenz: 210 M2. |photothek.net GbR, Radevormwald: Thomas Imo 151 M3_3. |Picture-Alliance GmbH, Frankfurt/M.: akg-images 36, 106 M8, 121 M10, 154 M6, 200 M1, 203 M10; akg-images/E. Lessing 44 M2; Bundeswehr/dpa 151 M3_4; CPA Media/Pictures From History 40 M2, 47; dpa/A. Weigel 29 M4; dpa/Armin Weigel 129 M9, 183 M3; dpa/Feix 113 M5; dpa/ Gregor Fischer 25 M11; dpa/Maurizio Gambarini 151 M3_6; EPA/Sedat Suna 99 M6; Iranian Presidency Office/AP 151 M3_3; ZB/J. Kalaene 177 M6; ZB/J.Woitas 193 M6; ZB/W. Grubitzsch 15. |Riß, F., Todtenweis: 22 M1. |Römisches Freilichtmuseum Hechingen-Stein, Hechingen-Stein: 194 M4. |Scala Archives, Bagno a Ripoli/Firenze: 88 M7; courtesy of the Ministero Beni e Att. Culturali e del Turismo 83 M5_1. |Schröfel, Karin, Belm: 42 1, 42 2, 42 3, 42 4. |Schwarzstein, Yaroslav, Hannover: 174 M3. |Seipelt, Andrea, Vechelde: 58 M1. |Shutterstock.com, New York: Sailorr 91 M4. |Spangenberg, Frithjof, Konstanz: 8, 8, 9, 9, 38 M1, 42 M1, 48 M3, 63 M4, 79, 82 M2, 94 M3, 189 M2, 205, 205, 205, 205 M5, 211 M4, 211 M5. |Staatlich Graphische Sammlung, München: Inv.Nr. 46922 D 167 M3. |Stadtbibliothek im Bildungscampus Nürnberg, Nürnberg: Amb. 279.2° Folio 17 v. 66 M1.1; Amb. 279.2° Folio 61 v 66 M1.3; Amb. 317.2° Folio 20 v 66 M1.2; Amb. 317.2° Folio 47 v 66 M1.4. |stock.adobe.com, Dublin: C. Delbert 182 M1, 191; Marco2811 95 M5_2; nikhg 180 M6; refresh(PIX) 184 M6; ulldellebre 46 M2; World travel images 179 M3, 191. |TESSLOFF VERLAG, Nürnberg: Onlineredaktion www.wasistwas.de 97 M4. |The Art Archive, Berlin: University Library Istanbul/Gianni Dagli Orti 80 M2. |Tonn, Dieter, Bovenden-Lenglern: 8, 13 M3_1, 13 M3_2, 13 M3_3, 13 M3_4, 13 M3_5, 19, 43 M4, 47, 47, 47 ZL_2, 47 ZL_3, 47 ZL_4, 54, 81 ZL_1, 81 ZL_2, 81 ZL_3, 81 ZL_4, 81 ZL_5, 109 ZL_1, 109 ZL_2, 109 ZL_3, 109 ZL_4, 109 ZL_5, 115 M2, 135 ZL_1, 135 ZL_2, 135 ZL_3, 135 ZL_4, 135 ZL_5, 173 ZL_1, 173 ZL_2, 173 ZL_3, 173 ZL_4, 173 ZL_5, 191, 191 ZL_2, 191 ZL_3, 191 ZL_4, 197 M4, 209 ZL_1, 209 ZL_2, 209 ZL_3, 209 ZL_4; Dieter Tonn 191 ZL_5. |TransFair e.V., Köln: Fairtrade Deutschland 207 M8. |Trummer, R., Freilassing: 77 M5, 81. |ullstein bild, Berlin: 82 M1, 112 M3, 130 M1, 130 M2; AKG Pressebild 112 M1; Archiv Gerstenberg 105 M4, 118 M1, 147 M4; CHROMORANGE/M. Rädlein 11 M3; EUROLUFTBILD.DE 188 M1; Granger Collection 16 M6, 46 M3, 123 M2; histopics 5 M5, 10 M4, 84; imagebroker.com/ Seyfferth, Peter 37 M4; imageBROKER/Dr. W. Bahnmüller 176 M2; imageBROKER/M. Moxter 177 M5; imageBROKER/M. Siepmann 111 M6; imageBROKER/O. Stadler 184 M8; imageBROKER/R. Kutter 176 M3; imageBROKER/Sommariva, Frank 39 M6; imagestate 119 M2; Mayall 178 M1; TopFoto 108 M2; Westend61/Delta Image 181 M11. |Universitätsbibliothek Heidelberg, Heidelberg: Cod. Pal. germ. 164, B/CC-BY-SA 3.0 10 M3, 21 M9; Cod. Pal. germ.848, fol. 146r / CC-BY-SA 3.0 33 M4. |Weippert, Marc, Estenfeld: 43 M5. |wikimedia.commons: anagoria 172 M2; C2RMF - Galerie de tableaux en très haute définition 91 M5; Citronalco/Creative Commons-Lizens CC 3.0 185 M14; Fewskulchor/CC BY-SA 3.0 de 120 M6; Landeshauptarchiv Koblenz, Bestand 1 C Nr. 1 25 M9; Luc Viatour (www.Lucnix.be) 84 M2; Patrick Huebgen 187 M6; Rainer Lippert/Creative Commons CC0 1.0 187 M4; Wolfgang Sauber 36 M2. |www.zum.de, Gerabronn: https://klexikon.zum.de/wiki/ Michelangelo/Hans Weingartz, CC 3.0 97 M2. |© Europäische Zentralbank (EZB), Frankfurt/M.: 77, 77, 77 M4, 77 M6.
Wir arbeiten sehr sorgfältig daran, für alle verwendeten Abbildungen die Rechteinhaberinnen und Rechteinhaber zu ermitteln. Sollte uns dies im Einzelfall nicht vollständig gelungen sein, werden berechtigte Ansprüche selbstverständlich im Rahmen der üblichen Vereinbarungen abgegolten.

Hinweise zur Bearbeitung der Aufgaben

Die Aufgaben in diesem Buch beginnen in der Regel mit einem Operator. Operatoren sind Verben, mit denen ein Arbeitsauftrag eingeleitet wird. Falls euch nicht klar ist, was von euch verlangt wird, findet ihr hier eine Erklärung und Tipps zu den Operatoren.
Die Operatoren sind nach verschiedenen Anforderungsbereichen gegliedert.
Die einfachen Aufgaben finden sich im Anforderungsbereich I. Hier sollt ihr Sachverhalte wiedergeben und bekannte Arbeitstechniken anwenden, z. B. den Umgang mit Texten und Grafiken.
Bei den Aufgaben im Anforderungsbereich II sollen bekannte Inhalte selbstständig untersucht und danach erklärt werden.
Bei den schwierigen Aufgaben im Anforderungsbereich III sollt ihr euch mit neuen Inhalten und Problemen auseinandersetzen, um sie dann zu bewerten.

Christliches Mittelalter und
3. Beschreibe Vorteile, die sic
antike Wissen der Römer bo
4. Begründe die unterschiedlic
Seiten der Münze. ⤳ M10
5. Erörtere mithilfe aller Quel
Eroberer des Römischen
Stühletausch

Anforderungsbereich I

- **nennen, aufzählen**
  Im Schulbuchtext oder der Quelle sind Informationen enthalten, die du herausfinden sollst und dann z.B. in Stichpunkten angeben kannst.
  Im Text/der Quelle wird Folgendes genannt: ...

- **zusammenfassen, wiedergeben, skizzieren**
  Die wichtigen Informationen des Darstellungstextes oder der Quelle sollen von dir erfasst und mit eigenen Worten dargestellt werden. Du sollst ganze Sätze formulieren.
  Der Verfasser schreibt, dass ...

- **schildern, berichten**
  Du sollst den Sachverhalt in eigenen Worten formulieren. Achte dabei besonders auf Verläufe, Begebenheiten und Zusammenhänge. Sammle Informationen zu den Fragen Wer? Wann? Was? Wo? Warum?
  Zuerst wird im Text/der Quelle ...Dann berichtet der Autor ...

- **beschreiben, darstellen**
  Die wichtigsten Informationen der Quelle oder des Darstellungstextes sollen von dir zusammenhängend, in eigenen Worten und geordnet wiedergegeben werden. Orientiere dich bei Quellen an den vorgegebenen Methodenschritten.

Anforderungsbereich II

- **begründen, nachweisen, widerlegen**
  Eine vorgegebene Aussage soll von dir mithilfe einer Quelle oder des Darstellungstextes belegt oder abgelehnt werden. Du benutzt dabei immer die Quelle oder den Schulbuchtext und nennst z.B. die Zeilennummer oder das entsprechende Merkmal.
  Die Aussage wird in Zeile XY des Textes/der Quelle belegt, da ...

- **charakterisieren**
  Aus einer Quelle oder Darstellung sollst du die prägenden Merkmale sowie die wichtigsten Informationen entnehmen und diese dann in eigenen Worten zusammenfassen.
  Die wichtigste Aussage der Quelle/des Textes ist ...

- **einordnen, gegenüberstellen**
  Du sollst die aus einer Quelle entnommenen Informationen mit anderen historischen Informationen oder Sachverhalten verbinden.
  Das dargestellte Ereignis im Text/der Quelle gehört zu ... oder ist mit ... zu verbinden, da ...

- **erklären**
  Ein geschichtlicher Vorgang wird von dir mithilfe der Quelle oder des Textes knapp, genau und geordnet dargestellt. Mithilfe deiner Erklärung sollen andere die Information verstehen können.
  Zuerst ..., dann ..., darauf ... Daher erkennt man, dass ...

- **erläutern**
  Ein geschichtlicher Vorgang wird von dir erklärt, doch zusätzlich zur Erklärung finden sich weitere Informationen im Schulbuchtext oder der Quelle und du nennst die Zeilennummer.
  Zuerst ..., dann ..., darauf ... Dies wird durch den Text/die Quelle in Zeile XY deutlich, da der Autor ...